高职交通运输与土建类专业规划教材

土木工程实用应用文写作（第二版）

TU MU GONG CHENG SHI YONG YING YONG WEN XIE ZUO DI ER BAN

主 编 朱 旭
副主编 冯晓芳 朱晓荣 杨小岑

人民交通出版社
China Communications Press

内 容 提 要

本书以高职教育教学改革和人才培养目标为出发点,针对交通土建类专业中本课程教学特点和专业需要,精心编写而成。本书以交通土建类专业学生学习和工作期间应知应会的应用文写作为主体,注重实践和应用,强化读写训练。内容包括:绪论、就学期间应知应会应用文、求职期间应知应会应用文、就职上岗应知应会应用文、日常生活应知应会应用文的写作等。

本书可供高职交通运输与土建类各专业学生作为相关基础课程教材使用,亦可供相关专业工程师在工作中参考。

图书在版编目(CIP)数据

土木工程实用应用文写作/朱旭主编. —2版. —
北京:人民交通出版社,2013.8
ISBN 978-7-114-10836-5

Ⅰ.①土… Ⅱ.①朱… Ⅲ.①土木工程—应用文—写作—高等职业教育—教材 Ⅳ.①H152.3

中国版本图书馆 CIP 数据核字(2013)第 186714 号

书　　名:	土木工程实用应用文写作（第二版）
著 作 者:	朱　旭
责任编辑:	杜　琛　卢　珊
出版发行:	人民交通出版社
地　　址:	(100011)北京市朝阳区安定门外外馆斜街3号
网　　址:	http://www.ccpress.com.cn
销售电话:	(010) 59757973
总 经 销:	人民交通出版社发行部
经　　销:	各地新华书店
印　　刷:	北京市密东印刷有限公司
开　　本:	787×1092　1/16
印　　张:	18.75
字　　数:	598 千
版　　次:	2008 年 1 月　第 1 版 2013 年 8 月　第 2 版
印　　次:	2019 年 6 月　第 8 次印刷　累计第 17 次印刷
书　　号:	ISBN 978-7-114-10836-5
定　　价:	39.00 元

(有印刷、装订质量问题的图书由本社负责调换)

第二版前言 Preface of 2nd Edition

在本书修订前,编者考察了近年来出版的高职高专应用文写作教材,得到很多启示。虽然从整体上来看,绝大多数教材还没有突破传统的路数,体系庞大,内容繁杂,其中涉及的日常应用文极其有限,但也出现了很多实用性强、注重训练、选择的例文接近学生日常学习和生活的教材。编者又结合一年来本书第一版使用院校师生反馈的信息在内容上做了一些修改,在编写中特别注意并努力实现下述两个目标。

一是突出实操性。在理论知识够用、管用的前提下,尽量简化理论知识的介绍,尽可能比较细致地介绍各个文种的写作规范,以期最大限度地提供指导性。同时强化实训的分量,不再只是设置传统意义上的思考练习题,而是强化写作实训:其一是病文评析训练,提供具有典型性、易发性的病文,让学生通过"错中学"体会应用文应该怎样写,不应该怎样写;其二是情境拟写训练,提供与学生日常学习和生活相关的写作情境,让学生依据规范、借鉴例文练写出符合要求的应用文。

二是增强亲近感。选择与学生群体或个体日常学习和生活密切相关的例文,而且写作主体绝大多数就是学生本身,让他们感受到应用文就在自己的身边,每时每刻都可能要使用应用文;此外,还选择了与学生今后职业生涯可能相关的例文,以开阔学生的视野。所以,在例文的选择上,此次并未独尊传统的"经典",如果它离学生的学习和生活太远,那么决不纳入选择之列。

本书的主编仍由哈尔滨铁道职业技术学院朱旭担任。西安铁路职业技术学院临潼校区冯晓芳、朱晓荣,哈尔滨铁道职业技术学院杨小岑担任副主编。哈尔滨铁道职业技术学院孟令文参编。全书由朱旭负责统稿。各章具体编写分工如下:第一章由朱旭编写;第三、四、五章由杨小岑编写;第二章由冯晓芳、朱晓荣编写;附录由孟令文编写。

在本书的编写过程中,编者参考、借鉴了许多相关的教材、教参及资料文件,从中得到了许多启发,在这里恕不能一一列出,谨对各位作者表示由衷的感谢。

希望各位老师在使用的过程中随时提出宝贵意见和建议。谢谢!

编 者
2013 年 5 月

前言 Preface

  为贯彻落实《国务院关于大力推进职业教育改革与发展的决定》的精神,进一步推进高等职业教育的发展,以及为实现培养适应现代社会需要的应用型人才的教育目标,我们以"学以致用"为宗旨,总结多年来从事语文应用文教学的经验和体会编写了这本教材。

  本教材突出了应用文在材料、主题、语言、结构、修辞、表达方式等方面的特点,并结合我国交通运输和土建工程建设实际,选取了针对交通土建职业技术相关专业学生应知应会的应用文体编写而成。同时考虑到学生毕业后可能从事的交通土建技术工作和管理工作的特点,因此选取的例文也多有交通土建行业特点。本教材的另一个主要特点是加强了读写训练,尤其加强了练习的力度,注意对学生写作能力的训练和培养,也便于教师根据不同的教学需要和专业要求,各取所需。本教材内容丰富,题型多样,材料新颖有趣,易学易练,突出了本书重在学练指导的题旨。

  本书2008年1月出版,2009年进行了修订,本书由哈尔滨铁道职业技术学院朱旭担任主编。西安铁路职业技术学院临潼校区冯晓芳、朱晓荣、陕西铁路工程职业技术学院花妮娜担任副主编。全书由朱旭负责统稿。石家庄铁道学院马超教授和陕西铁路工程职业技术学院王爱玲老师分别审阅了全书并提出了修改建议,在此表示衷心感谢。

  本书各章编写分工如下:第一、三、五章由朱旭编写;第二章由冯晓芳、朱晓荣编写;第四章由王爱玲、花妮娜编写;附录由孟令文编写。

  在本书编写过程中,参考、借鉴了许多相关的教材、教参及资料文件,从中得到了许多启发,在这里恕不能一一列出,谨对各位作者表示由衷的感谢。

  另外,在编写过程中,因时间仓促,有许多不够完善的地方,希望广大读者在使用的过程中提出宝贵意见和建议,以便日后修订和增补。

编　者
2009年12月

目录 Contents

第一章　绪论 ··· 1
　　第一节　土木工程应用文写作概论 ·· 1
　　第二节　土木工程应用文写作基础 ·· 3
　　第三节　写好土木工程应用文的方法和要求 ··· 19

第二章　就学期间应知应会应用文 ·· 23
　　第一节　条据 ·· 23
　　第二节　启事 ·· 27
　　第三节　计划 ·· 30
　　第四节　总结 ·· 34
　　第五节　主持词 ·· 39
　　第六节　演讲稿 ·· 44
　　第七节　实习报告 ·· 50
　　第八节　调查报告 ·· 54
　　第九节　毕业设计说明书 ·· 63
　　第十节　毕业设计论文 ·· 66
　　章末练习 ·· 73

第三章　求职期间应知应会应用文 ·· 78
　　第一节　个人简历 ·· 78
　　第二节　求职自传 ·· 91
　　第三节　求职信和应聘信 ·· 94
　　第四节　竞聘辞 ·· 102
　　章末练习 ·· 106

第四章　就职上岗应知应会应用文 ………………………………… 107

- 第一节　行政公文 ……………………………………………… 107
- 第二节　规章制度 ……………………………………………… 120
- 第三节　策划书 ………………………………………………… 123
- 第四节　招投标书 ……………………………………………… 129
- 第五节　市场调查报告 ………………………………………… 135
- 第六节　可行性研究报告 ……………………………………… 139
- 第七节　经济合同 ……………………………………………… 151
- 第八节　商务谈判方案 ………………………………………… 158
- 第九节　铁路科技论文 ………………………………………… 162
- 第十节　铁路工程等专业常用应用文 ………………………… 167
- 章末练习 ………………………………………………………… 182

第五章　日常生活应知应会应用文 ………………………………… 185

- 第一节　日用书信 ……………………………………………… 185
- 第二节　个人博客 ……………………………………………… 189
- 第三节　名片与请柬 …………………………………………… 194
- 第四节　邀约信与庆贺信 ……………………………………… 201
- 第五节　诉状类文书 …………………………………………… 210
- 章末练习 ………………………………………………………… 235

附录一　党政机关公文处理工作条例 ……………………………… 239
附录二　党政机关公文格式(GB/T 9704—2012) ………………… 245
附录三　标点符号用法(GB/T 15834—2011) …………………… 257
附录四　校对符号及其用法(GB/T 14706—1993) ……………… 271
附录五　出版物上数字用法(GB/T 15835—2011) ……………… 273
附录六　国务院公文主题词表 ……………………………………… 279
附录七　中国铁路工程总公司公文主题词表 ……………………… 286
附录八　应用文常用术语 …………………………………………… 290

参考文献 ……………………………………………………………… 291

第一章 绪 论

第一节 土木工程应用文写作概论

一、应用文写作的含义

首先从应用文谈起。

应用文历朝历代都有,而"应用文"这一名称,则首见于清代文艺理论家刘熙载的《艺概·文概》。文中说:"辞命体,推之即可为一切应用之文。应用文有上行、有平行、有下行。重其辞乃所以重其实也。"在这里,刘熙载不但明确提出"应用文"这个概念,并且将之科学地分为"上行"、"平行"、"下行"三大类,应该说,这在应用文的研究史上,具有重要的地位,至今依旧被各种专著所采纳。

关于应用文的概念,2010年上海辞书出版社出版的《辞海》的解释是:应用文是人们在日常生活、工作和学习中所应用的简易通俗文字,一般有固定款式,包括书信、公文、契约、单据等。定义很简单,但没能概括出应用文的本质特征,所谓"简易通俗文字",这也只是应用文一个方面的特征,而不是全部特征。

人们通常把实用型文章的写作称为应用写作,而实用型文章是同欣赏型文章相对而言的,是指为解决实际问题而撰写的各类文章,是在社会生活中有着特定用途的文章。实用型文章一般被通称为应用文。根据国务院办公厅颁布的《党政机关公文处理工作条例》中对公文的定义,推而广之,应用文的定义应为:应用文是机关团体、企事业单位以及人民群众在日常工作、生产和生活中办理公务以及个人事务时,交流情况、沟通信息,具有直接实用价值和惯用格式的一种书面交际工具。这个定义规定了应用文的本质特征,使它明显区别于其他文体,又明确了应用文的基本特性。

随着时代的发展,特别是中国社会进入改革开放的新时期以来人们对"文学写作"之外、应用于日常工作与生活中的各种文体,日益需求并倍加关注,进而从理论上加以总结,在实践上进一步探讨,于是就有了应用文写作这门学科。

应用文写作,是写作学科的一个重要分支,其以实用性为明确目的。因此,有人这样概括,应用文,"应"付生活,"用"于实务。应用文写作课程以应用文写作为学习和研究对象。那么,什么是土木工程应用文写作呢?

土木工程是建造各类工程设施的科学技术的统称。它既指所应用的材料、设备和所进行的勘测、设计、施工、保养维修等技术活动,也指工程建设的对象,即建造在地上或地下、陆上或水中,直接或间接为人类生活、生产、军事、科研服务的各种工程设施,如房屋、道路、铁路、运输管道、隧道、桥梁、运河、堤坝、港口、电站、飞机场、海洋平台、给水和排水以及防护工程等。

从狭义的角度上来说,土木工程应用文写作就是土木工程建设过程中所使用的应用文的写作。而正是这些在土木工程建设过程中所使用的应用文,为工程的顺利完成立下了"汗马功劳",同时也为今后对于土木工程的建设和研究保存了重要的历史资料。可以说,土木工程建设离不开应用文,土木工程应用文写作课程是每一位土木工程专业学生必修的一门课程。

从广义的角度上来说,土木工程应用文写作是每一位土木工程专业的学生在学习和从事与土木工程有关的工作的全过程中应知应会应用文的总称。

二、土木工程应用文的特点

(1)实用性

土木工程应用文写作运用到土木工程建设工作中,具有很强的实际用途。这是应用文特别是土木工程应用文最大、最本质的特点,也是区别于文学作品和其他文体的主要标志。

(2)规范性

规范性是指土木工程应用文必须严格符合各种相关文体的格式要求与语言要求,土木工程应用文的处理也必须遵照有关规定来执行。简而言之,要写得规范、用得规范。

(3)真实性

土木工程应用文写作的内容必须完全真实,文章所涉及工程的时间、地点、人物、事实、数据都要真实,不能有任何虚构的东西。

(4)科学性

土木工程应用文写作不仅要讲究数据、结论的科学性,更要讲究事实要素与判断、结论的因果关系,以及是否符合客观规律。土木工程应用文写作对科学性的要求,是与一般的应用文写作不同的。

(5)时效性

土木工程是在一定时间内进行的,所以它更强调时效问题。土木工程应用文的写作只在一定的时间范围内有效,超过了这一时间段,该文就失去了应有的现实作用。

三、土木工程应用文写作的作用

1. 公关交际、加强交往的作用

在当前的社会活动中,任何人、任何单位都免不了要与外界接触、打交道。比如在土木工程承发包过程中,需签订承发包合同、协议书等,都需要使用应用文,以此来促进业务的开展,协调各方的关系。应用文表达清晰、准确,无疑会给企业树立良好的形象,促进企业的发展。

2. 宣传教育、指挥管理作用

土木工程项目监理通过应用文下达各种办法、细则,用以指挥管理某方面工作。

3. 传递信息、沟通协调的作用

土木工程应用文是加强上下级联系的纽带，也是与各有关方面联系的有效工具。比如上下级之间的上情下达、下情上报；项目报批过程中的函与复函；各单位之间的信息交流、经验交流，以此取人之长，补己之短，互相促进，共同提高，推动社会主义现代化的建设等。

4. 提供、保存凭证资料作用

在社会生活中，土木工程应用文也是开展工作，解决、处理问题的依据和凭证。向下级传达的文件、党和政府颁布的法规、有关方面的规章制度，都可作为开展工作和检查工作的依据；而合同文本、协议书、招投标书等，也是业务中的凭证，一旦出现问题、纠纷，依靠这些凭证，可通过法律追究对方责任，维护自身利益。

第二节 土木工程应用文写作基础

一、土木工程应用文的主题

主题，即用意或目的，又叫旨、旨意，是对文章中心的一种称谓。不论是谁，他只要动笔写作，总会有个"意图"、"宗旨"、"目的"。或者是为了宣传某一种思想，或是为了表彰某一个人物，或是为了介绍某一桩事情，或是为了传播某一项经验……总之，他需要说明点什么意思，表达点什么想法，反映点什么意见，灌输点什么主张。而这"意思"、"想法"、"意见"、"主张"等，就表示着作者对生活的理解，对事物的认识，表示着作者赞成什么，反对什么的鲜明倾向。这些，就是文章的"主题"了。

应用文的主题是指通过整篇应用文文章所表现出来的作者的意图、主张或看法。主题也指应用文的行文目的、文本内容或对客观事物的态度等。在议论文中，观点常称之为论点或中心论题，在记叙文或文学作品中，观点常称之为中心思想或主题思想。应用文的观点非常明确，它一般采用对客观事物直接表明态度和提出意见的方法来直陈观点，行文主题是十分明确的。这是由于应用文是适应工作、社会生活的需要，带有十分具体的业务性质和事务性质决定的。

土木工程应用文的主题与其他应用文的主题一样，都是贯穿于一篇应用文中的核心思想或主要意图。也就是通过文章的具体材料所表达的中心思想、基本观点或要说明的主要问题，表达作者对土木工程各个环节中问题的评价和态度。主题的作用主要表现在两个方面：①主题是文章的灵魂和生命；②主题对行文产生制约作用。主题制约了材料的取舍、布局谋篇、技巧运用，乃至拟订标题、遣词造句等。没有确定主题就写作难免"手忙脚乱"，甚至无法成篇。

土木工程应用文随文种的不同，对主题的要求是不同的。但对所有土木工程应用文而言，也应有共同的要求。这种共同要求就是得到学术界公认的"主题四原则"：正确、鲜明、深刻、集中。

(1)主题要正确

要求土木工程应用文的主题符合国家的法律、法规,符合国家、省、部颁布的专业规范。符合客观实际情况,能反映客观事物的本质规律,经得起实践和时间的检验。

(2)主题要鲜明

要求土木工程应用文的主题要表述得明确、清晰,赞成什么,反对什么,要观点鲜明,决不能含糊其辞、模棱两可,也决不能吞吞吐吐、"犹抱琵琶半遮面"。这就要求土木工程应用文的撰写者头脑要清楚,思维要敏捷,对土木工程中的问题有明确的认识。同时,要求撰写者具有较高的文字功底,能把话说清楚,在表达时不出现歧义。

(3)主题要深刻

要求土木工程应用文的主题不能只是停留在事实表面、数据罗列上,要从事实中归纳出观点,提炼出思想。这当然是对那些思想内容比较复杂、篇幅较大的土木工程应用文而言,如可行性研究报告、施工组织设计、招投标书等。此类土木工程应用文的主题要深刻,能反映某些规律性的问题,帮助人们对某一工程达到深刻、全面的认识。

(4)主题要集中

要求一篇土木工程应用文的主题要单一、重点要突出。对于某些篇幅短小的应用文,要做到一文一事,不能表达多种意图。对于那些内容比较复杂、篇幅较长的应用文,主题也要集中。就是说,虽然其具体观点可能不止一个,但这些观点在一篇文章中应存在着一定的逻辑联系,它们共同表达一个中心思想。例如,一篇竣工总结,其具体经验可以有好几条,但这几条经验围绕一个核心,共同表达某种观点。

土木工程应用文显示主题的主要方法与一般应用文一样,有以下几种。

(1)标题点题

标题点题即用标题概括点明主题。要求概括缘由或概括主题的文字要严密、准确。

(2)开宗明义,开门见山

①使用主题句,开宗明义。清晰、准确地表达主题的句子,叫"主题句"或"主旨句"。主题句以介词结构"为了……"为特征。在正文开头用主题句引出写作主题,是一种开宗明义、开门见山的方法。

②不出现主题句,直陈观点。有的应用文书首句并不出现主题句,而是直接阐述意义、主张或基本观点。

(3)小标题显示主题

小标题显示主题的形式,是将文章主题分解成几个部分,每个部分用一个小标题来显示。值得注意的是,各个小标题的排序,必须注意体现合理的逻辑关系。各个小标题均是其下文字内容的提炼和概括。

(4)过渡之处,揭示主题

在文章的内容转换之处揭示主题,可同时起着承上启下的过渡作用,如在分析问题到解决问题的过渡之处揭示主题等。

(5)呼应显示主题

呼应显示主题的写法多是开头提出与主题相关的问题,篇末与之呼应。

(6)篇末点题

篇末点题即在应用文正文的结尾点明写作主题。

二、土木工程应用文的材料

材料是构成文章的要素之一,是大家在日常生活中收集到的、为准备写作用的、有意义、有价值的资料。材料是形成主题的基础,又是表现主题的支柱。一篇文章的内容如何,首先取决于作者掌握材料的多少和好坏。常言道:"巧妇难为无米之炊",就说明了这个道理。

材料是作者为了特定的写作目的而搜集或积累的能够表现文章主题的事实或证据。材料是应用文写作的基础,没有材料,主题就不能确定。应用文的材料是指写进文章的事实,包括时间、地点、人物、事件、背景、原因、结果、目的、根据、措施、办法、意见、规定、数据等。材料是应用文的基本要素之一。它不同于议论文中的论据,也不同于记叙文和文学作品中的题材,更不同于那些尚未提炼、加工的原始素材。一般把尚未写入文章之内,但已被作者搜集到的"事实"或"证据"称为素材,把写入文章里、为表现主题服务的"事实"或"证据"称为材料。

所有文章选材的原则就是材料为主题服务,土木工程应用文也不例外,作为土木工程的从业人员,在具体的土木工程应用文写作实践中,应注意以下几个问题。

1. 材料的要求

(1)真实

真实是指应用文中涉及的人和事必须确有其人,真有其事,甚至连事情的始末细节也绝对真实可靠。如材料是否来源于土木工程建设的第一线;材料是否经过核实,准确无误。要求这些必须实事求是,不能有半点虚假;这也是土木工程人员务实敬业的最好体现。

(2)典型

典型是指最有代表性、最具普遍性、最生动、最能反映事物本质规律、最能表达观点,突出鲜明主题的材料。

(3)规范

规范是指技术数据、施工工艺等必须符合国家、省、部颁布标准。

(4)科学

科学是指来源于土木工程实践中的材料要符合土木工程专业理论,符合土木工程的基本规律要求,经得起专业性的推敲与检验。

2. 材料的来源

材料是构成文章内容,形成、支撑并表达主题的各种事实与理论。善于从材料出发,注意让材料说话,才能言之有据,言之有物,写出内容充实、丰富,有较强说服力的文章。

从材料本身的形态来看,事实与理论是材料的两大类型。如果再作进一步划分,事实则有事件与情况、实物与现象等许多种,理论则有方针、政策、规定及概念、原理、学说等。从材料的来源来看,有第一手材料和第二手材料之分。不同类型的材料往往要通过不同的途径获取。观察、实验和调查是在实践中获取事实材料的主要途径,是得到宝贵的第一手资料的重要渠道;查阅文献则能够集中获取理论材料,第二手材料主要由此或通过调查得到。具体来讲,材料的来源有如下几个方面。

(1)认真观察生活

生活中存在着大量材料,需要自觉地认真地进行观察,将其日积月累起来。观察和做其他事情一样,必须注意方法。总的来说,观察要确立观察点,要有顺序,要抓住事物特征,要具备分析能力。此外,观察要善于思考才能发现问题,提出问题,抓住事物的主要特征,从而对事物进行科学的判断。

(2)深入调查采访

为了反映社会建设中新事物、新经验、新问题,就必须有目的、有计划地进行调查采访,广泛收集材料,这也是写作前的重要准备工作。常用的调查方法有:开调查会、个别采访、实地考察、问卷调查、参加有关会议、阅读有关文件等。

(3)围绕业务进行收集

围绕单位和个人的业务工作,有意识地收集资料,可以为写作提供丰富的材料。一般来说,必须收集的材料有:党和国家各个时期的方针、政策和财经纪律、制度等;本单位的基本情况,有关业务资料,像会计核算、统计与计划指标以及完成情况所提供的有关数字资料、经济活动分析材料等;有关同类单位的对比资料;其他有关情况。

(4)建立材料仓库

为了把占有的材料很好地保存起来,以备查询和使用,每个写作者都必须建立起自己的材料仓库。主要方法有:坚持把所掌握的资料分类备份,可根据材料的特点采用不同的形式,如速写,把生活中新近突然发生的有意义的、有趣的、有影响的事情粗线条地记下来;一事一议,针对所看到或听到的某件事情或多件事情,写出自己的感想认识、揭示事物的内在本质;精要摘抄,摘抄书报、文件中各种事例或文笔精华;提要缩写,根据文章内容的主次,采用概括和综合的方法记下主题、要点;编列索引,把每一份原始材料的主题词,按一定的类别,按一定顺序记录下来;或做资料卡,一张卡片记一件事、一个例子、一个人或一个问题,写上编号,注明出处。

3. 材料的选择和使用

有了材料,并不是要把所有材料都写到文章里去。只有那些能够证明或说明主题的材料,才是撰写者所需要的,其他的都应该舍弃。具体要求如下。

(1)精

精,即围绕主题选择材料。初学应用文写作者常犯的毛病之一就是疏于选材,不忍割爱。他衡量材料的尺度不是主题的需要,而是自己的喜好。收集到足够的材料之后,就要紧紧围绕主题来选择材料。与主题有关并能有力地说明、烘托、突出主题的把它留下,反之则坚决舍弃。

(2)真

真,即选择真实、准确的材料。这是应用文的实用性所决定的。真实是实用型文章的生命,材料的真实又是使文章具有真实性的首要条件。应用写作与文学写作不同,它虽然也要对材料进行加工,但只能是作者根据主题表现的要求,对材料进行形式上的整理、语言上的选择,而不是进行艺术的加工,更不允许"合理想象"乃至虚构。因此,选择材料时须对所选材料的真伪加以甄别,只有真实的、经得起核查的材料才能使用。尤其是材料中的时间、地点、人物、事件(及其过程、因果)、引文、出处及具体的数据,都要做到准确无误。道听途说的东西不能选用,间接引用的东西则最好不用。因为,伪饰虚假的材料最终将导致读者对文章甚至作者的厌恶,而真实的材料合情合理合乎逻辑,文章使用这样的材料才会有力量。

(3)新

新,即选择典型、新颖的材料。能够深刻揭示事物的本质、具有广泛代表性和强大说服力的材料,就是典型材料。反映新事物、新情况、新思想,更符合时代特点的新鲜材料就是新颖的材料。典型材料能够反映事物的共性和特征,揭示事物的本质和规律,对证明观点有很强的说服力,是确立整篇文章主题的基石,能以少胜多、以小显大、起到以一当十的作用,所以写作应用文要选择典型的材料。"吃别人嚼过的馍不香",新颖的材料才能吸引人、打动人。这种清新的材料,具有时代的气息,能引起读者的兴趣——抓住读者的心。事物在变化,生活在发展,时代在前进,写作应用文时要尽量选择能引起读者的阅读兴趣和情感共鸣,给他们以思想上启示的材料。因此,选择典型、新颖的材料是文章的生命力所在。

选择材料之后,还有个如何使用的问题。使用得好,就可以有力地表现主题,使用不好,也会相应地削弱主题。材料的使用要掌握一个原则,即集中、强烈。材料的使用重在一个"活"字,材料吃得透,运用就灵活,笔下功夫深,材料就活脱。如何具体使用材料?一是调动,指的是材料先后顺序的确定,使材料之间依次排列,形成一定的逻辑关系。二是平衡,指材料的详略、轻重的处理,一般行文的详略是从全文着眼,求得内容整体与各个局部之间文字量上的统一和协调。三是匀称,材料文字量的相对齐整,在文章形式上能给读者一种对称、均匀的美感。

使用材料时要特别注意一定要分清主次,根据主题的需要,按照一定的组织形式,安排材料的先后顺序,做到材料与主题的统一。所用的材料必须能够证明主题,与主题保持一致。如果事先没想清楚就下笔,很容易造成主题与材料不一致。例如,某位同学的一份求职信,他要求职的岗位是仓库保管员。在信中他大谈特谈自己特长,如打乒乓球、唱歌、游泳等,而对于和这个岗位有关的内容,如自己的责任心、专业技能等只字未提,结果可想而知。他的问题是,应用文的材料不能为主题服务,即主题与材料不一致。

在应用文写作中,对应用文主题和材料把握上的匠心独运,往往会产生意想不到的效果。

4. 材料处理的常用方法

(1)筛选法

对材料进行鉴别、筛选,从纷繁芜杂的土木工程建设材料中找到最切合主题的材料的方法。

(2)类化法

将材料进行梳理归类。

(3)截取法

选用完整事件的片断或部分。如简报以及土木应用文书中叙事性较强的部分,常用此法。

(4) 撮要概述法

对材料加以概括、压缩，使精华部分更为突出；对叙述性的事实材料，往往保留主干，抓住要点，理清线索，剔除细节，变描写、详述为略述、概述；只要求简要交代事件的概貌和实质，而不用像文学作品那样细腻传神、形象感人。

5. 材料与观点的组织形式

(1) 先列材料，后亮观点

先介绍事实、说明论据或列举数字，然后归纳观点、推出结论。由事到理，说服力强。常用于道桥工程建设中叙事性较强的片断。

(2) 先亮观点，后列材料

常用层、段、条的首句概括观点或问题，然后列举事例、陈述观点；或用理论材料和事实材料论述这个观点。这种写法观点鲜明、头绪清楚、先声夺人、引人注目。

(3) 边列材料，边亮观点

用夹叙夹议的方式写作。既摆事实又讲道理，层层深入，便于理解。

(4) 列数据，画图表

土木工程应用文常运用数据甚至图表作定量说明，使之更生动、直观，更具说服力。

三、土木工程应用文的结构

确立了文章的主题，解决了言之有理的问题；又占有了材料，解决了言之有物的问题。但倘若不把这些纷繁众多的材料依据表达主题的需要适当地加以组织和编纂，解决言之有序这样一个重要的表达问题的话，那么，观点归观点，材料归材料，各自游离而不能有机地统一，始终只能是一些抽象的思想、一堆零散的材料，文章就不能成形。

土木工程应用文的结构和其他应用文一样，如果说主题是应用文的灵魂、统帅，材料是应用文的血肉，那么结构便是应用文的骨骼，三者缺一不可。没有骨骼血肉无所附，灵魂无所依。应用文的骨骼是否有机、和谐地统一成一个整体，直接影响到应用文的表达效果。也就是说，一篇文章只有找到了适当、完美的结构形式，才能按照主题的要求将选定的材料妥善地组织起来，成为一个有机的整体。因此，"谋篇布局"——文章的结构，是文章表现形式的一个最主要问题。动笔之前，需要匠心独运；写作之中，需要惨淡经营。

应用文的结构，是指根据观点表达的需要，将精选出来的材料在系统的、科学的组织安排时所采用的一定的形式与格式。一篇好的应用文，不仅要做到主题鲜明、突出，材料真实、典型，语言准确、生动，还应当有规范的、固定的格式。刘熙载在《艺概》中说："文无定法，因题为局势"，所谓"文无定法"并不是说写作没有规律可寻，而是说没有固定的、一成不变的格式。一篇应用文到底应该采用什么样的结构，是由应用文的主题和文种特点决定的，由于应用文的文种特别多，各文种的结构形式不尽相同，各有各的固定格式，因此它不像其他文体一样有统一的结构形式。它要根据客观实际，按所用文种的结构模式来写。目前广泛使用的应用文格式已经定型，它们的基本结构形式不可随意变更。如调查报告的基本型是：标题、开头、正文、结语；学术论文的基本型是：绪论、本论、结论；公文有它自己独到的格式等。一篇好文章，结构所起的作用功不可没。布局谋篇是每一位应用文撰写者下笔前都要面临的一个基本问题，它对全文的成败起着关键的作用。

1. 结构应遵循的原则

(1)符合客观规律和人们的认识规律

客观事物有其发展、变化的规律,人们对客观事物的认识也有一定的规律。所以,应用文的结构必须遵循这两条规律,反映客观事物的内在联系。

(2)为主题服务

应用文的结构必须为主题服务,主题是全文的"纲",它统帅全篇,能突出表现主题的结构才是好结构。

(3)不同的文种必须有其相应的结构

应用文因其使用的范围、条件、对象的不同,结构形式也不相同,在写作时应该注意这些不同文种的结构特点。

2. 结构安排上的要求

(1)突出主题

主题是贯穿全文的红线,应用文的结构要有助于突出主题,这主要表现在应用文的写作规范上。它一般在标题或开头点明主题,再围绕主题安排层次和段落,有的还在结尾加以总结,升华主题,照应开头。

(2)要求完整

应用文要求各组成部分必须完整,不能省略或缺漏。习惯用语要求齐全,开头结尾,过渡照应,不可或缺。

(3)符合文体特点

各种应用文都有符合自身特点的格式,不能随意混用。

3. 常用的结构模式

(1)标题

公文式标题的三要素:发文机关名称、事由、文种。也可用自由式标题。

(2)正文

表明行文目的、援引行文依据、表明成文程序、概述基本情况、引述话题、阐释话题、提出问题、分析问题、解决问题。

①开头。开头是指文章从什么问题写起,从哪里下笔。由于写作内容、文种、目的等不同,常见的应用文开头方式有如下几种。

a.概述式。概述式是在开头部分用叙述的方法,概括地写出写作对象的基本情况、问题或写出工作的基本过程。这种开头,多用于调查报告、简报、总结、会议纪要、招投标书等。

b.目的式。目的式是开头就开宗明义,说明写文章的目的、缘由或依据。这是许多实际工程应用文采用的开头方法。如通知、请示、批复、函与复函等常用此法。

c. 根据式。根据式是根据法律、法令;文件精神,领导指示;或对方来文;或存在的问题,突发事件等行文。这多用于决定、调查报告、市场预测报告、合同等。

d. 提问式。提问式是开头就开门见山地提出问题,制造一个悬念,发人深思,然后引出正文。情况通报、调查报告、会议纪要、学术论文、新闻等,有时用这种方式开头。

e. 说明式。说明式是开头先对要写的对象的背景、情况作一些说明,在此基础上引出正文。这种开头多见于调查报告、新闻、通讯、广告等。

②主体。主体是应用文的主干所在。在考虑这部分结构安排时,要根据行文的目的,紧紧扣住主题,条理清晰地逐层展开述说,把有关事项的内容、情况、过程、要求、措施、办法、结果、成效、问题、经验、教训等叙述清楚。

主体部分的写法没有固定的模式,可以灵活多变,量体裁衣。但也不是无规律可循,常见的结构方式有如下几种。

a. 时序式结构。时序式是按时间的推移或按事物发展演变的过程来安排结构。各层次之间为"先后"关系。总结、调查报告、情况通报等常用此种方式。

b. 递进式结构。递进式是指内容之间的意思一层进一层,层层推进,其顺序不可颠倒。总结、报告、议案等常用这种方式。例如,一篇关于公路建设过程中的事故报告,其主体分三个层次:第一层,对于此次事故情况的介绍;第二层,在第一层提供的事实基础上,分析此次事故的原因;第三层,关于此次事故的处理结果及善后工作。我们可以看到:第一层是基础,第二层是对第一层的深入,第三层是对此问题的继续深化。从逻辑关系上讲,这三个层次是逐层递进的。

c. 总分式结构。总分式是总述与分述的层次关系。具体运用此方式时,可以是先总提,后分述的"首括式"安排,也可以是先从几个方面分述,最后总括的方式。简报、调查报告、总结、述职报告等常用这种方式。

d. 并列式结构。并列式是文章层次(或段落)之间的逻辑关系是平等的、并列的。从不同的侧面,共同说明某方面的问题。例如,一个施工单位的年终工作总结可以分为政治思想工作、工程施工情况、后勤保障工作三大层次。这三个层次是并列关系,共同反映该单位的工作全貌。而在"工程施工情况"这个层次里,又可由几个段落构成,如施工进度、工程质量、技术改革情况等。这几个段落在逻辑上是平等的,共同说明生产方面的问题。

e. 文字加表格或单纯表格式结构。土木工程应用文比较多地使用文字加表格或单纯的表格行文。这种样式的土木工程应用文在繁杂喧闹的工程建设现场特别实用,更能直观、明了地说明问题,非常实用。

f. 分条列项式或章条式结构。土木工程应用文更多地使用分条列项式或章条式结构。简洁、清晰,没有"繁文缛节",不用过多地讲究布局谋篇,表明观点、解决问题"才是硬道理"。

③结尾。结尾是文章的总收束。常见的结尾方式有如下几种。

a. 总结式。总结式是依据正文的中心内容,进行概括总结,作出结论,点明主题,以加深人们对文章的印象。这多用于总结、调查报告、通报等。

b. 号召式。号召式是在结尾处发出号召,号召人们行动起来去落实文中所提出的要求和任务。这多用于总结、决定、会议纪要等。

c. 说明式。说明式主要是对主体部分的未尽事宜作一些补充说明,或者对与内容有关的问题作一些必要交代。这多用于公告、通报、通告、规章制度等。如"本通告自公布之日起生效"、"这个通知精神,适用于政府机关和事业单位"之类的结尾语句,都是对有关事项的补充说明。

d. 惯用式。惯用式多用于公文的结尾。其中包括上行文中的祈请式,如"妥否,请审查批示"、"以上意见,如无不妥,请批转各地执行"等带有祈请意思的语句,作为公文的结束语;还有下行文中期望式,如"特此公告"、"希遵照执行"、"希参照执行"等带有期望意思的惯用语句作结尾。

(3)具名和日期(有时还要加盖公章)

以上各种结构形式,在一篇应用文中可采用一种,也可以以一种为主,其他几种并用。总之,结构的安排必须为主题服务。力求在不变的结构形式中求变,在变化的结构形式中求稳。

模式是某种事物的标准形式或使人可以照着做的标准样式。应用文写作目标单一而明确,长期的写作实践形成了人们普遍认同的结构模式。形成的原因主要有二:一是"约定俗成",在长期的写作过程中,部分格式、用语等互相效仿,代代相传,就形成了习惯样式,如书信、条据等;二是"法定使成",由权威机构严格规定文本格式,如行政公文、司法文书等。应用文作者在选择结构做文章时,一般不能随心所欲,自行一套,而要根据某个文种的规范样式来选择结构,安排材料。

四、土木工程应用文的语言

1. 土木工程应用文的语言要求

语言是思想的外衣、信息的载体、交际的工具,离开语言,写作就无法进行。在文章的写作中,一方面,语言是文章思想内容的具体表现,构成文章最基本的材料就是语言,没有语言就没有任何文章;另一方面,文章以语言作为表情达意的工具,没有好的语言,任何好思想、好材料、好结构都无法表现。要把语言运用好,必须做到准确无误,意明笔畅,简洁精练,朴素通俗。

应用文语言的特点是准确、鲜明、畅达。我们要认识应用文的语言风格,掌握应用文语言具体要求,写作时力求做到平实、明确、简约、得体。叶圣陶先生说:"公文不一定要好文章,可是必须写得一清二楚,十分明确,句稳词妥,通体通顺,让人家不折不扣地了解你说的是什么。"

不同的文体、不同的使用场合、不同的社会功能,形成了不同的语言特色,亦即语体。语体可分为口语与书面语两大类。书面语体又可分为四类:一是文艺语体,以形象、生动为基本特征;二是科技语体,以准确、严密为基本特征;三是政治语体,以严谨、庄重为基本特征;四是事务语体,以简明、平实为基本特征。应用文的实用性极强,除了演讲稿、广告词、通讯报道及专业技术论文等少数文种兼用其他语体外,一般使用事务语体。这种语体的主要特点如下。

(1)准确、明晰

准确、明晰是土木工程应用文语言的基本要求。所谓准确,就是能恰到好处地表述作者的思想、观点或要求,正确地传递作者所欲传达的信息,不出现歧义;所谓明晰,就是要求表达清楚、明白,不模棱两可,不含糊笼统。

要做到以上要求,需要撰写者有一定的语言文字基本功,不犯语法逻辑错误。同时,要求撰写者下工夫锤炼语言,精心辨析词义,不生造词语,并选择最恰当的词语构成文句。

(2)庄重、规范

所谓庄重、规范,就是要求土木工程应用文的语言要严肃、端庄、凝重,符合普通话的基本规定。为达到此项要求,应注意以下几点:

①用书面语,不用口语俗语。土木工程应用文是写给人看的,它反映的是科学、严谨的土木工程建设过程中的各种现象与问题,并且不少应用文(行政公文)体现了党政机关的执政权威,故宜使用严谨的书面语言,而不用口头语或俗语。

②用土木工程技术术语,忌用外行话。这是专业的应用文写作,要运用土木工程方面的术语写作,也就是行业用语,切不可说一些外行话,贻笑大方。

③用标准语,忌用方言土语。此处所说的标准语,即普通话的书面形式。土木工程应用文的接受者是全国各地的相关人员,方言土语会造成理解上的困难,使人难以读懂或根本看不懂,从而影响人们对文章内容的接受效果。

④用公文语或行业语,不用文学语言。土木工程应用文,要使用公文语或行业语。所谓"公文语"是多年来在工作与生活实践中产生以公文语言为代表的约定俗成的文体。它简洁明快、朴素庄重,以叙述、说明、议论为主,基本不用想象、抒情等表达方式,不用诸如比喻、象征、排比、夸张、仿造等文学作品中常用的修辞手段。当然,在其他应用文中文学语言有时也要用到,特别是在某些需要有一定"文学性"的特定应用文(如新闻稿、演说稿等)中要应用,但不可滥用。

⑤用专门语,慎用通俗语言。土木工程应用文中,也涉及行政公文等一般的应用文。这里所说的"专门语",特指一般应用文常用的带有"程式性"的词汇与短语,其中不少带有文言特征,或是当代汉语中继续使用的文言词汇。使用这些语汇,可以使行文更加简洁,并增强应用文的庄重性。例如,请示的结尾一般为"若无不妥,请批复",这个句子是带有文言特征的"专门语"。如果用随意性的语言取代它,如"前面所说的请求如果没有什么不妥当的话,请求上级批复"。将此两句相比可以看到,两者表达的是同一信息,但就其简洁文雅、庄重性而言,前者大大超过后者。

(3)简洁直白

土木工程应用文的第三个语言特征就是直白。所谓简洁直白,强调的是土木工程应用文的语言必须简洁、明了、直白、清晰,要求语句不拖泥带水,不造冗长句子,不用欧化句式,不堆砌华丽辞藻,要浓缩信息,做到言简意赅。

2. 土木工程应用文专门用语与其他应用文的语体风格一致

人们在长期的应用文写作实践中,适当吸纳、锤炼某些传统与现代语汇,积累、形成了一套应用文专门用语。使用这些词语,可使行文简洁、典雅、庄重,成为应用文语体的一种标准。此处所说的"专门",并非不能用于他处,而是说应用文一旦为行文所需,则必用这些词语。常见应用文专门用语如下。

(1)开头用语

表示目的、依据、原因、行文时空环境等。

表目的:为了、为。

表依据:根据、遵照、按照。

表原因:由于、因为。

表时空环境:目前、当前、兹、兹有、收悉、敬悉。

(2)结尾用语

表示敬意、谢意以及规范化结语等。

表示谢意、敬意:敬礼、致以谢意、谨致谢忱、……为盼、……是荷、……为荷。

规范化结语:此令、此复、特此报告、特予公布、此致、谨此、妥否、请批复、如无不妥、请批准。

(3)全文用语

下列词可用于主体中,亦见于开头和结尾。

①人称用语。

第一人称:本、我。后面加单位名称,如本厅、我局、本厂等。

第二人称:贵、你。"贵"表示尊敬与礼貌,用于平行公文,如贵厂、贵校。"你",用于下行文。

第三人称:该。兼用于单位和人,如该厂、该同志。

②追叙用语。用来引出被追叙的事实:前经、业经、复经、即经、迭经。

③转承用语。承上启下用的关联、过渡性词语:据此、为此、故此、鉴此、综上所述、总而言之、总之。

④祈请用语。用于向收文者表示请求与希望(其中有的多用于结尾):请、敬请、烦请、恳请、希、敬希、望、要求。

⑤受事用语。用于向对方表示感激、感谢:蒙、承蒙。

⑥命令用语。表示命令或告诫,用于下行公文,引起受文者注意。

表命令:责成、着、令、特命、令其。

表告诫:毋违、切切、切实执行、不得有误、严格办理、遵照办理、参照执行、遵照执行。

⑦表态用语。又称回复用语,用于针对下级的请示、问函。

表示明确意见:同意、不同意、可行、不可行、准予备案、特此批准。

杨应丰先生曾很好地总结了一般应用文语言应有的风格,在这里摘录给大家:"指挥性公文的命令、决议、决定注重庄重严肃;法规、规章和管理规章文书讲求严谨、确切、利落;计划性文书必须实在、周密、可行;会议报告应富于鼓动性等;上行文的语言,应尊重而不阿谀讨好;下行文的语言,应谦和但又不失度;与平行机关往来函件的语言,则应以诚以礼相待,多商量,互相尊重;惩戒坏人坏事的通报,语言应言之凿凿,义正词严;表彰好人好事的决定,语言则应热情、稳重;对上级的情况报告,不必有过多的宣传议论;对下级布置工作的通知,又不可过于原则、空洞,应实实在在,切实可行,有可操作性;有选择地使用模糊词语、委婉用语,有时反使应用文书的语言更得体;语言还应随社会的变化发展而有所变化,与时俱进。"

下面这篇例文,最能反映一般应用文的结构和语言的特点。

例文：

××省计划委员会、××省交通运输厅

关于××公路二级路段变更设计为

一级公路标准请予批准的报告

川计〔××〕交××号

国家计委、交通运输部：

  ××省××至××公路（简称××公路）工程建设项目，××年××月国家计委计交〔××〕××号《关于××公路设计任务书的批复》，××年××月交通运输部〔××〕交公路字××号《关于××公路初步设计的批复》审批的建设规模和技术标准为：××两市近郊为一级公路88.2km，中间路段25km为二级公路，路基宽12m。根据××沿线交通量的迅猛增长和经济发展的情况，以及××省加快改革的需要，××省人民政府多次研究，拟将××公路原设计的二级路段变更设计为一级公路标准。

  现随文上报《××公路二级路段变更设计为一级公路标准的报告》，请予审批。

  附件：《××公路二级路段变更设计为一级公路标准的报告》

××省计划委员会
××省交通运输厅
××年××月××日

五、土木工程应用文的表达

例文：

书 与 酒

  一套书的价格只相当于一瓶酒，但价值及效用却大为不同。尤其是花一瓶酒的代价，买一套最新的管理知识和有效管理技巧的书，使你的企业能提高效率，增加利润，快速成长，无论如何都是值得的。因为，酒香固然令人陶醉，但不过是短暂的，是刹那的美妙。书香却能咀嚼品味，历久弥新，源远流长，一本好书，能为你带来智慧与启示，让你解惑去忧，触类旁通，左右逢源。

  所以，与其花钱买醉，不如斗室书香。《企业管理百科全书》正是为每一位经营者准备的，它是140位经理、学者智慧的结晶，由20位专家联合编纂。拥有一套"企业管理百科全书"，任何企管新知，伸手可得，真正是对付经济不景气与同业竞争最有利的武器。

——摘自余永祥主编《应用文写作》，有改动以上例文是台湾张永诚先生为一本书撰写的广告词。它用"酒香固然令人陶醉,但不过是短暂的,是刹那的美妙。书香却能咀嚼品味,历久弥新"来诉求于人的理智性,表现了作者高超的写作技巧。

表达方式,就是由写作目的、对象所决定的使用语言文字的方法和形式。写作的表达方式是多种多样的,主要有叙述、描写、抒情、说明、议论。这五种表达方式各具特点,它们在写作中,有的单独使用,有的交互使用,更多的是交互混合使用。

应用文根据它的写作目的,多采用事务语体写作,这就决定了在写作中要综合运用叙述、说明、议论三种表达方式。一般情况下,反映情况时侧重叙述,提出要求时侧重说明,阐明观点时侧重议论。但不论哪一种应用文,大多以说明作为最基本的表达方式,以达到给对方通报情况,阐明事理,提出要求、措施等行文目的。至于描写和抒情这两种表达方式,在日用书信、演讲稿和广告词等有所使用,使用目的是增强文章的感染力,使文章要更为生动、形象。

土木工程应用文在表达方式上与普通应用文一样,主要使用叙述、说明、议论三种表达方式。

1. 叙述

叙述是对人物的经历和事件的发生、发展、变化过程所作的叙说和交代,包括写人和叙事两个方面。在应用文写作中,叙述这种表达方式与其他文体的写作一样,应该具备时间、地点、人物、事件、原因、结果这六个要素。如果叙述的要素残缺,就会造成表意不清。叙述这种表达方式是应用文体写作常用的一种方法。有的以叙述事实作立论的依据,如通报、经济活动分析报告、市场调查、总结等;有的以叙述事实为依据进行决策和预测;有的对事实作如实反映和记载,如会议纪要、合同、诉讼公文等。

叙述在应用文写作中有如下几个特点。

(1)主要用于记事

应用文写作反映现实,解决问题,与记叙文以写人为主不同,而是多以记事为主,如反映经济活动状况、市场情况、经济信息、介绍典型经验、阐述事情原委、总结工作等,采用叙述来记事。

(2)叙述客观真实

文学作品的叙述可作艺术加工,所述事件不必是客观存在的事实。但应用文不同,其所述事实,必须客观真实,不允许对事实夸大或缩小,更不能歪曲事实或主观臆造,否则就会导致决策失误,使经济活动混乱,使企业和消费者蒙受损失。如市场预测所依据的市场事实失真,那么预测结果必定出现很大的偏差,从而导致决策的失误。

(3)叙述多用顺叙

为使应用文条理清晰,让读者掌握理解所述的客观事实,在文章中常常使用顺叙。在叙述时有的按照时间顺序,有的按事件发展的顺序,有的按人们认识事物的客观过程来叙述,这样叙述能使较复杂的事实头绪清晰、一目了然。

(4)以概述为主

应用文写作中的叙述要求简明扼要、绝对真实,带有明显的概述性。应用文写作是通过叙述为文章得出正确结论作依据。叙述本身不是全文的核心所在,因而应用文写作的叙述大多用简明扼要的概括叙述。它所要求的是用简洁的语言,扼要地叙述事实本身。在进行叙述时要用最简短的语言陈述特定时空的信息,概述事实的主干,而不应纠缠于耗时费事的具体情节之中。如有一篇表彰通报是这样写的:"×××在科学研究上走的是一条不平凡的路,他全心扑在科研上,而忘记了个人的事。有一次孩子病了,他妻子在家里忙着护理,打电话到×××单位叫他赶回家把孩子送医院治疗。×××接了电话答应后,他把电话筒一放又埋进了实验。他妻子在家中左等右等等不到他回家,急得像热锅上的蚂蚁,又往×××单位打电话,这时×××正潜心做实验,电话铃声都没听见了。他妻子又急又气只好打120急救中心的电话,才把孩子送往医院治疗。他的小孩高烧退后,还在问他妈妈,爸爸是又出差了还是还没下班……"该公文将×××先进事迹作为表彰决定的理由时,不懂得以最简洁的文字陈述特定时空的信息,用概述来叙述事实的主干,而仍用记叙文常用的详述的方法表述公文事实,结果摆脱不了耗时费字的情节纠缠,公文内容冗长,不简明扼要,失去了公文的品位,违背了文约事丰的要求。

2. 说明

说明是以简明的文字将被说明对象的形态、性质、特征、构造、成因、关系、功能等解说清楚的一种表达方式。让人们认识、了解被说明对象,是运用说明这种表达方式的目的。在应用文的表达方式中,说明占的比重最大,使用率最高,几乎每一篇文章都有完整的说明文字。说明这一表达方式在应用文中是与叙述相结合的,起到对客观事物真实介绍说明的作用,有很多文种都依赖这一表达方式。如说明书、报告、请示、经济活动分析、合同、自荐书等,都离不开说明。

说明在应用文写作中表现出以下几个特征。

(1)说明客观、科学

通过说明真实客观地反映事物的真实面貌、本质特征,这就要求说明需客观、科学、严肃。应用文的说明要实事求是,客观、公正地解说事物,阐明事理,以反映事物的本来面目;同时要抓住说明对象的特征,用语要恰当,归类要正确,能够将说明对象与其他相似事物区别开来。此外,还应该注意说明的科学性,内容要正确,选择的说明方法要得当。

(2)多用数字进行说明

说明不但要客观真实,而且要做到准确无误,用数字进行说明就能起到这样的作用。因此在应用文写作中就少不了运用数字进行说明,特别是需要反映量的变化时,数字的作用就尤为突出。

(3)综合使用多种说明方法

应用文常用的说明方法有定义说明、诠释说明、分类说明、比较说明、举例说明、数据说明、图表说明等。

①定义说明法。定义说明法是通过下定义来说明某一事物的方法。例如:"人,是能制造工具并使用工具进行劳动的动物。"这是用下定义的方法来说明什么是"人"。下定义的公式是:被定义的概念=(是)种差+最邻近的属概念。种差,是被定义概念与同一属概念下其他种概念的差异。在上例中,"人"是被定义的概念;"动物"是与"人"最接近的属概念,"能制造工具并使用工具进行劳动"是"种差"。

②诠释说明法。诠释说明法是对被说明事物的属性、特点等进行解说与阐释的方法。例

如:"'冻石'在矿物学上被称为附叶蜡石。因其在灯光映照下如同冻冰,因得意命名。此石属硅酸盐类矿物,是由酸性火山岩经高温蚀变而成。一般呈黄、苹果绿等色,半透明,美丽如玉,质地细腻,色彩斑斓,化学性质稳定,极易雕刻。"这段话用诠释的方法对"冻石"的属性、特点进行了说明。

③分类说明法。分类说明法是把要说明的事物,按一定标准,划分成不同的类别加以说明的方法。例如:"刺绣是我国的传统技艺之一。我国的刺绣品种主要有:苏州的苏绣,湖南的湘绣,四川的蜀绣和广东的粤绣等。"这段话用分类的方法对"刺绣的品种"进行了说明。

④比较说明法。比较说明法是通过比较事物或事理之间异同来说明某一对象的方法。例如:"苏州园林建筑不讲究对称,而我国古代宫殿和近代住房都讲究对称,这可说是苏州园林建筑布局的一大特点。"这段话,把苏州园林与古代宫殿及近代住房相比较,说明了苏州园林在建筑上的特点。

⑤举例说明法。举例说明法是通过列举典型例子来说明某一事物或事理。例如:"地震是破坏性最惨烈的地质灾害。例如,1923年日本发生的东京大地震,使整个东京市夷为平地,死伤人数难以统计;1976年我国发生的唐山大地震,整个城市的地面建筑基本被毁,数十万人死亡。"这段话是列举东京大地震和唐山大地震的例子,来说明地震这一破坏性最惨烈的地质灾害。

⑥数据说明法。数据说明法是通过统计数字来说明某一问题的方法。例如:"中国是一个缺水较严重的国家。淡水资源总量为$28\times10^{13}m^3$,占全球水资源的6%,但人均只有$2\,200m^3$,仅为世界平均水平的1/4、美国的1/5,在世界上名列121位,是全球13个人均水资源最贫乏的国家之一。"这段话用一系列数据说明了我国是世界上人均水资源最贫乏的国家之一,从而呼吁人们节约用水。

⑦图表说明法。图表说明法是通过图表来说明某一问题的方法。例如:想要说明2007年、2008年两年间,整个工程各个环节、各个项目的时间安排,如果用文字表述可能比较复杂,又不容易表达清楚,用图表则可以很直观、很清晰地表达出来,如表1-1所示。

从中可以看出整个工程各个阶段、各个项目以及计划的时间,让人一目了然。

以上所述,是应用文常用的说明方法,更是土木工程应用文常用的方法。在具体写作实践中,要根据文种的需要选择合适的方法加以运用。说明要做到准确、科学、简明、客观。

3.议论

议论,是揭示事物本质的一种表达方式。它可以帮助读者深刻地认识事物,使文章的主题得以深化。应用文写作常常用议论的方式进行评论、分析,探寻事物发展的规律,阐述主题。议论就是说理和评断,是作者通过事实证明及逻辑推理来分辨是非、阐发道理、表明见解的一种表达方式。一段完整的议论,由论点、论据和论证三要素构成。议论可以用来对客观事物进行分析和评论,以表明作者的观点和态度。在应用写作中,议论也运用得相当普遍。通报、报告、总结、调查报告等文种,经常要在叙述、说明的基础上,表明对人物、事件、问题的评价,以便更鲜明、正确地表达观点。决定、决议、指示性通知、会议纪要等公文,也经常要用议论来阐明道理,贯彻上级的意图,更好地教育群众。论证的方法很多,常用的有以下几种。

①举例法。举例法是用具体事例或统计数据来证明论点的方法。

②引典法。引典法是用别人的话或有关文字资料来论证观点的一种方法。

施工总体计划表　　　　　　　　　　　　　　　　　　　　　　　表 1-1

都汶公路龙池互通连接线工程 LJX 合同段

年度 　　　　月份 主要工程项目	2007年			2008年									
	10	11	12	1	2	3	4	5	6	7	8	9	10
1.施工准备	━												
2.路基处理		━━━											
3.路基填筑			━━━━										
4.涵洞													
5.通道													
6.防护及排水				━━━━━━━━━━━━━━━									
7.路面基层													
(1)底基层										━━			
(2)基层											━━		
8.路面铺筑											━━		
9.路面标志标线												━━	
10.隧道工程													
(1)洞口工程		━											
(2)洞身开挖				━━━━━━━━━━━									
(3)洞身衬砌					━━━━━━━━━━								
(4)防水与排水											━━━		
11.其他											━━━━━		

③比较法。此方法分为两种：一种是横行比较，即将两种截然相反的事物进行比较；另一种是纵向对比，是将某一事物在不同时间里的不同情况进行比较。通过比较，说明某一观点。

④反正法。反正法是从相反的角度分析问题，假设一个与正面论点相反的观点，并通过议论推翻该观点，从而肯定正面论点的方法。

议论有以下几个特点。

(1)重数据、重材料

与议论文的议论不同，应用文中议论不是靠言论的雄辩，而是需要无可辩驳的事实材料和数据为依据，正可谓"事实胜于雄辩"。应用文反对不切实际的议论。邓小平同志在《关于科学和教育工作的几点意见》中，讲到我国科研人员少、队伍小时用了三个数字，"美国科研队伍有120万人；前苏联是90万人；我们是20多万人"。这三个数字勾勒出三个国家科研队伍的基本状况，十分清晰地说明了我国科研人员少、队伍小的现状。这段文字在议论时采用了数据材料，材料充分，议论切合实际，得出的结论有说服力。

(2)常与说明、叙述等方式结合使用

在应用文写作中，最主要的表达方式是说明和叙述，议论处于从属地位，一般只是在叙述、说明的基础上进行，不能作长篇大论，不需作复杂的逻辑推理，也不一定具备论点、论据、论证这样完整的议论过程。夹叙夹议、叙议结合，是应用文中的议论特点。应用文写作往往不单独进行完整的议论，议论依赖于所叙述的事实和说明的现象，是在事实和现象的基础上进行议论。如在一篇《靠名牌赢得市场》的调查报告中，文章是这样写的："浙江省慈溪市总工会对全市劳动安全卫生问题调研后发现，近3年来，仅从工矿企业发生事故的统计情况看，90%以上的事故发生在小企业包括家庭作坊式企业，工伤受害者85%以上为农民工。中小企业往往缺乏安全措施，劳动环境恶劣，事故隐患严重；由于新职工上岗转岗教育欠缺、工厂三级安全教育欠缺、特种作业岗位持证上岗率低，再加上外来工自身安全意识差，外来工便成为事故伤害的主要群体。而企业职工缺乏安全感的另一重要原因，在于劳动合同成为工伤发生后如何妥善处理的关键。相关调研还发现，外来职工合同在中小企业中的签订率仅为50%，而一些企业自行制订的合同内容往往显失公平，甚至塞入'霸王条款'，合同短期化倾向严重"。这段文字采用夹叙夹议方法，材料具体，剖析深入，语言生动活泼。

4. 描写与抒情

描写是把描写对象的状貌、情态描绘出来，再现给读者的一种表达方式，能收到如见其人、如闻其声、如临其境的效果，是文学创作的主要手法。在应用文写作中，描写很少使用。只是在日用书信、广告词和通讯等少数几种应用文文种中，为了增强形象性，描写同叙述结合在一起，经常使用。

抒情就是抒发和表现作者的感情，对读者有很强的感染力，是文学创作中重要的表达方式。应用写作中抒情也很少使用（尤其是公文）。但是在日用书信、广告词、通讯等文种中，为了增强情意性而使用。可以直接抒情，也可以间接抒情。其他应用文种即使用到抒情，也一般采用间接抒情，很少直抒胸臆。

第三节　写好土木工程应用文的方法和要求

土木工程应用文的写作学习因为其内容不具备文学性特点，不够生动、有趣，给教与学带来了一定的难度：一是学生难有兴趣，对应用文学习产生抵触情绪；二是缺乏必要的情境，学生对具体范式不易理解。学生往往得到的仅仅只是知识的要点，丧失了感性认识和自觉判断能力发展的机会，体会不到自主学习成功的喜悦，难免感到学习的枯燥乏味。

现今社会需要我们要学好应用文的写作，所以我们必须掌握写好应用文的方法，实现应用文的社会作用。

一、学习土木工程写作应用文的意义

科学技术发展到今天，社会分工已经越来越精细，不同的行业、不同的岗位，需要不同的文件资料。各行各业都迫切需要高素质的、具有较高应用写作能力的从业人员。高效率的管理工作、日益重要的信息交流，都需要规范的高质量的应用文。所以应用文写作是为适应社会主义建设事业对在职从业人员的要求，使教育直接有效地为社会服务而设置的。正如叶圣陶先生所说的那样："大学毕业生不一定能写小说诗歌，但是一定要能写工作和学习中实用的文章，而且非写得既通顺又扎实不可。"

土木工程建设土木工程建设离不开应用文。土木工程建设过程中所使用的应用文，为工

程的顺利完成立下汗马功劳,同时也为今后土木工程的建设和研究保存了重要的历史资料。

二、写好土木工程应用文的方法

1. 要端正学习态度

土木工程应用文写作,并不是非常难学,但也不能把它看得非常简单,认为没什么可学的,只要知道一般格式就行。应用文在格式上有一套习惯用法,需要学会使用,而且它有自己的特点。人们在长期的写作实践中,形成了有别于其他文体的写作规律,因此更需要下点功夫才能掌握。但如果具有一定的思想水平,有写作一般文章的能力,也就不难学会了,关键是要端正态度。我们一定要明确为适应社会需要,实现人生价值而学习的目的,从思想上给予重视。熟悉方针政策,提高思想水平。应用文既是贯彻、执行党和国家的方针、政策的工具,又是向有关单位和人民群众进行宣传、借以指导工作的工具,掌握并运用这种工具,是一项基本功,也体现了新时期土木工程从业者的基本修养。

2. 加强基本功的训练,提高应用文写作能力

简而言之,提高应用文写作能力的主要途径,可概括为:结合讲授,加强自学;研究问题,把握情况;领会政策,熟悉业务;掌握规律,善于表达;善于借鉴,勤于实践。

(1)发挥学习的自主性,联系实际进行写作

自学是这门课程学习的重要途径。听课与自学相结合,以自学为主。课堂只能学习些典型文种,做些基本练习,要学得好主要靠自学。要不断提高努力学习的自觉性,在教师的指导下,再结合自学成果,写出高水平的应用文。

(2)要有调查研究,收集材料的能力

有价值的应用文总是调查研究的产物。注重深入社会实际,进行调查研究是我党的优良作风,也是我们从事应用写作人员应该坚持的好作风。因为只有从调查研究中,才能获得大量的第一手资料,才能写出解决实际问题的应用文。在起草文章之前,对所写的对象必须有全面的了解:开始怎样?现在怎样?是怎样发展的?其中发生过什么样的矛盾和斗争?这些矛盾后来有了什么发展?人们的认识有了什么发展等。在这个前提下,才能反映事物的本质,揭示事物的发展规律,抓住问题的关键,有针对性地提出解决问题的具体步骤和方法。我们在社会生活中,如果不进行调查研究,不注意本部门以及与业务有关的部门的一些动态,不注意了解各种社会信息,不善于掌握那些最能说明问题的典型材料,是绝不可能写出有实际指导意义的、有价值的应用文。因此,要学好应用文,就应学会社会调查,学会收集材料,这是写作的基本功。

(3)要有认识问题和分析问题的能力

土木工程应用文写作主要是运用抽象思维,对所掌握的材料通过分析、综合、概括、抽象,从中找出规律性的东西。这就需要必须具备一定的政治理论水平和认识问题、分析问题的能力。而要掌握这些能力,就必须学习社会科学的基本原理,学习唯物辩证法,这样才能从错综复杂的现象中,抓住事物的本质,辨别出是非曲直,才能从纷繁复杂的材料中归纳出正确的观点或提出解决问题的具体方法。

(4)要有从事本职工作的业务能力和社交能力

土木工程应用文是在从事本职工作和社交活动中形成和使用的。土木工程应用文的材料来自相关的工作实践和社交活动,要写好工作、业务的文书,就要熟悉本行业、本部门、本单位的实际情况,具有从事本职工作的业务能力和社交能力。这样,撰写土木工程应用文才能得心应手,使内容和文字都切合实际,达到实用的目的。土木工程应用文写作,必然要涉及某一方面或某些工作的业务,这就要求写作人员必须具备一定的业务知识,熟悉本行业和本部门的工作规律,能理论联系实际,否则,将写不出文章或会造成一定的损失。

(5)要有一定的文字表达能力

土木工程应用文的写作必须使用规范的书面语言,因此必须掌握明确、简约、严谨的事务语体。学习的过程中,还要甩掉"学生腔",注重对事务语体的琢磨、领会,注重文字表达能力的锻炼和提高。在学习应用文写作的过程中,既要认真学习写作方面的理论知识,又要注重自身的实践;既要重视语言文字的学习研究,又要重视每一文种的基本格式和写作要求,还要掌握有关的专业知识。这样,行文才能明白晓畅、严谨简明。同时,要反复认真地阅读例文,反复认真地练习写作,反复认真地订正修改,做到坚持不懈,才能不断提高写作水平。

三、土木工程应用文写作的具体要求

1. 材料必须真实

应用文写作的取材十分严谨,主要是现实的、与本部门有关的材料。文学作品的题材也要求真实,但那是艺术真实,允许虚构,是社会生活中可能有的,应该有的,但不一定实有其人,实有其事。而应用文,材料必须绝对真实,不允许有一点儿虚构,如时间、地点,甚至细枝末节都不能有所谓"合理想象",只有保证材料的绝对真实,才有说服力,才有利于问题的解决。

2. 主题专一集中

一般地说,应用文要求一文一事,就是较长的文件,也要求只有一个中心思想。这样,可以使重点突出,防止行文关系混乱,提高工作效率,利于问题的解决。写作时,要扣紧主题,围绕中心,一气贯通。防止多中心,防止下笔千言,离题万里。应用文还要求开门见山、旗帜鲜明地亮出自己的观点,表明自己的态度。

3. 结构完整,眉目清楚

应用文结构要完整,简单明了,层次清楚。动笔前先构思,把那些零散材料分析、归纳,根据内容与需要,把它们组织成为一个有机整体。此外要注意划分段落,做到各段既有单一性,又有完整性,即每段只能有一个中心思想,不能把一些互不相干的意思放在一个段落里,同时,一个意思要在一个段落里说完全,说透彻,不要把一个完整的意思拆散。做到既有"断",又有"联",分之为一段,合则为全篇。

4. 文字准确,简明扼要

正确的思想,要通过准确的语言文字来表达。各种文体对语言文字的要求不尽相同。应用文由于它的特殊作用,在文字表达方面,要求有节制,有分寸,做到准确、鲜明。同时要求不写错字、别字,正确使用标点符号。文面也要求清楚美观,不乱涂乱改,潦草马虎。应用文的务实功能决定了它的篇幅一般较短,要写得简明扼要。用最少的文字,准确、严密地表现最丰富的内容。

5. 政策明确,风格庄重

应用文是工作中的公务文书,它的政策性很强。因此,在写作前,要认真学习有关方针、政策,领会政策精神,掌握政策界限。在写作中,要处处注意以政策为准绳,根据政策分析问题、解决问题。应用文由于它内容与功能的特点,决定了它庄重、典雅、朴实、自然的风格。

应用文是一种实践性很强的文体,其写作能力应该说是一种经验的获得,或者说是一种写作范式的掌握,学生必须经过反复的操练方可掌握。这里没有捷径可走,没有秘诀可寻。因此,在学习应用文写作时,一定不能急于求成,不能敷衍了事。在校期间,应先奠定一定的知识基础,初步把握主要文种写作的基本技能,在今后的工作实践中,不断地运用、充实、提高,才能熟练地把握应用文的写作技能。

第二章　就学期间应知应会应用文

第一节　条　据

一、文体知识

条据是写条人交给对方的一种书面凭据。它一是具有说明性,告诉他人某事、某种情况或某种意见;二是具有凭证性,作为给他人的一种信用凭据。

根据内容性质,条据可分为两大类,即便条和凭证条据。

便条是一种简单的书信,是人们临时遇到某件事情要告诉对方,又不能面谈,或是由于手续的需要,所写的一种说明条据。便条内容简短,往往只用一两句话。一般不用邮寄,不用写信封,直交、代交、留交收便条人即可。常用的便条有请假条、留言条、托事条、意见条等。

凭据条据是人们在生活、学习和工作中,借到、领到、收到或归还钱物时,写给对方作为凭证的条子。常用的凭据条据有借条、欠条、收条、领条等。

二、格式和写法

1. 便条类

(1)请假条

因突然有事或生病,不能坚持考勤,向上级领导说明事由、讲明假期的条子。

例文一：

请　假　条

张老师：

　　单位派我去兰州采购材料,暂请假三天,即10月23日到10月25日,望批准。

学员：郭××
10月22日

例文二：

请　假　条

刘经理：

　　今天早晨我突然头痛发高烧,无法前来上班,特托赵玲带去假条,请病假一天,望批准。

　　此致

敬礼

陈××
8月8日

示例

(2)留言条
因故未遇被访者,访者又不能久等,写一张便条,说明来访目的或要商量的事宜。

示例 例文:

留 言 条

王经理:
　　早晨董总来电,通知你去参加今天下午2点××公司的开业典礼,我现在有事需外出,特留言告诉你。

　　　　　　　　　　　　　　　　　　　　　　　　李××留言
　　　　　　　　　　　　　　　　　　　　　　　　××月××日××时

(3)托事条
托朋友或熟人办事,或自己介绍的朋友请另一朋友帮忙,写一张便条,算是请托。

示例 例文:

托 事 条

市委办公厅行政处:
　　你们需要的现代办公用品已运到,特托人带来信条告知,请在明天上午8点来我公司第一门市部购买。

　　　　　　　　　　　　　　　　　　　　　　　　××市现代办公用品公司
　　　　　　　　　　　　　　　　　　　　　　　　××月××日××时

(4)意见条
对某事或某人谈自己的看法。

示例 例文:

意 见 条

后勤处:
　　我们办公楼的水管坏了两天了,影响到同志们的生活用水,希尽快请人维修。

　　　　　　　　　　　　　　　　　　　　　　　　陈××
　　　　　　　　　　　　　　　　　　　　　　　　××月××日

便条类文体的格式和一般书信差不多,只是写得极其简单。写法分如下五部分。
①标题。在第一行居中位置写明便条类别。
②称呼。在第二行顶格写收条人的姓名,姓名后加称呼,如"老师"、"经理"等,在其后加上冒号。
③正文。在第三行空两格起写正文,用简单的几句话写明事情、意见等。
④结尾。正文写完后,接正文后或另起一行空两格,写上"此致"。另起一行顶格写"敬礼"两字。

⑤在结尾下一行右下方署名,在其下写日期。日期一般不写年,只写月、日,也可加上时。

2. 凭证条据

(1)借条

向机关、团体或个人借取现金、物品时开给对方的单据。

例文一:

借　条

今借图书室《CAD》、《铁道概论》、《材料力学》共三本。定于6月15日前归还。

××
××年××月××日

例文二:

借　条

今借到王××先生人民币陆仟元整,借期五个月,月息一分,到期本利归还。

××(签章)
××年××月××日

(2)欠条

借了个人或公家的现金或物品,归还了一部分,还有部分拖欠,对所欠部分所打的条据。

例文一:

欠　条

原借张××同志人民币伍佰元整,已还叁佰元整,尚欠贰佰元整,壹个月后还清。

××(签章)
××年××月××日

例文二:

欠　条

我校定于20××年12月28日晚19:30～21:30,租借工程处礼堂作元旦文艺晚会活动场所用,按协议租金为人民币贰佰元整。预约时已付订金壹佰元整,尚欠壹佰元,订明活动过后次日付清。

××职业技术学院后勤主任李××
20××年12月20日

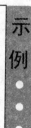

（3）收条

在收到别人或单位的钱款、物品时写给对方的条据。

示例

例文：

收　　条

今收到××文化公司宣传科学习文件《党员必读》伍拾本整。

××批发部张××
××年××月××日

（4）领条

向单位领取钱物时，写给该负责发放人留取的条据。

示例

例文：

领　　条

今领到厂部福利科发给一车间的保温桶伍个，保温杯柒拾个，手套柒拾双。

经手人：张××
××年××月××日

凭证条据类的格式和写法大致相同，一般由标题、正文、落款三部分组成。

①标题。一般由文种名构成，即在正文上方中间以较大字体写上"借条"等字样，表明凭证条据的性质。

②正文。在标题的下一行空两格，要写清欠什么或什么单位什么东西、数量多少，并要注明偿还的日期。

③落款。要书写上欠方单位名称和经手人的亲笔签名，是个人出具的欠条则需署上欠方个人的姓名，并同时署上欠条的日期。单位的要加盖公章，个人的也可加盖公章。

三、注意事项

①内容要写清楚，做到一文一事。

②数字书写要规范，涉及钱物，要写明数量，并一律用大写，是钱数，末尾要加上个"整"字。

③字迹要清楚，文字、数字一般不能涂改，如果写错，改正后必须盖章，或重写一张。

④如果是单位，除写单位名称外，务必记得写明经手人姓名。

⑤一定要使用法定的计量单位。

四、写作训练

①你父亲住院做手术急需用钱,需向朋友借两万元,请打个借条。

②你祖母从海外回国,搭乘早晨 7:35 抵达本市的航班,你须前往机场接她,请写一张假条给你们经理,并让汪林将假条捎给你们经理。

③你作为你们单位的办事员,收到丽坊公司送来的 50 张会员卡,请给对方业务员出一张收条。

第二节 启 事

一、文体知识

启事是十分常见的告知性应用文,是国家机关、社会团体、企事业单位或个人,有什么事需要公开说明,或请求大家援助、支持或协助办理与参与,用简明的文字公之于众的一种应用文体。简言之,即公开地陈述事情。启事大多张贴于墙头、路边建筑等公共场所,有的刊登在报刊上,或有广播、电视播出。

启事与布告、通知都属于公开文告,但它们之间的差别很大。公告的法规性很强,具有较为严格的约束力;而启事则不具有这种法规性和约束力。与通告比较,发出通告的是单位而不是个人,它重在"告",就是要告诉公众某种事情,希望大家明白,以便按照实行;而启事则无论单位或个人均可使用,它重在"启",也就是表白自己,不对别人发生任何支配作用。

启事的种类很多,可以有以下两种分类方式。

①从公布的方式分:张贴启事、报刊启事、广播启事、电视启事等。

②从内容分:寻找类启事,如寻人、寻物等;声明类启事,如作废、迁移、更名、更正、开业等;征招类启事,如招聘、招生、招标、招领、征集、征婚等。

二、格式和写法

例文一:

寻 物 启 事

3 月 23 日晚 8:00 左右,在长安南路一出租车上遗失一个公文包,内有金额为 5 万的存折一张、派遣证一个及他物,有拾到者请与失主联系,失主愿重金酬谢。

联系电话:13002928×××田先生
029-8817××××张先生

评析：

这是一则公开登在报缝中的寻物启事。标题"寻物启事"以较大的黑体字显示，以加强明显性，引起别人注意。失主在正文中交代出失物的时间3月23日晚8:00左右。具体地点在长安南路一出租车上，遗失物为公文包，详细介绍内装物品如5万的存折一张，派遣证一个及它物；为感谢送还者，失主许诺重金酬谢，并留下了联系电话。这则文字精炼、篇幅短小的寻物启事详尽具体地介绍了丢失物的情况。一方面透漏出失主急不可待焦虑之态，另一方面也体现出失主为人处世中的诚恳真挚之情。

例文二：

西安××地产有限公司招聘启事

西安××地产成立于2009年9月29日，至今门店逾10家，公司主要从事商业地产租赁、买卖，住宅租赁、买卖、房屋过户按揭等业务。目前住宅市场范围覆盖高新—城南—曲江。商业地产覆盖西安商业繁华街区及高档写字楼。我们秉着"诚心、高效、务实、创新"的经营理念，将"构筑最安全的二手房交易平台让客户安心"为使命，为广大客户提供优质专业的房产信息服务。现因业务扩展，现向社会招聘房产置业顾问20名。

岗位职责：
(1)负责客户的接待、咨询工作，为客户提供专业的房地产置业咨询服务。
(2)陪同客户看房，促成二手房买卖或租赁业务。
(3)负责公司房源开发与积累，并与业主建立良好的业务协作关系。

任职资格：
(1)年龄在20~30周岁，大专以上学历。
(2)诚实守信，吃苦耐劳，具有良好的团队精神。
(3)能承受较强的工作压力，愿意挑战高薪。
(4)普通话流利。
(5)有相关经验者优先。

工资福利：转正后3 000~5 000元，具体面议。
联系方式：西安××地产人事部何先生(电话：××××××××)
联系地址：雁塔区西影路××号

评析：

这是一则公开的招聘启事。本文交代清楚了招聘单位的概况、招聘职位、招聘人数及对招聘者的要求，同时，写清楚了联系方式和联系地址，便于招聘者联系。简明扼要，内容详实。

启事由标题、正文、署名三部分组成。

1. 标题

标题要醒目，应十分简短。一般由"事由＋启事"，如"寻人启事"、"征婚启事"、"招聘启事"等。

2. 正文

根据启事事由的不同,启事正文部分的主要内容也有不同的侧重点,有如下几种类型。

①寻人寻物启事:主要写明要寻找的人或物的基本特征、走失或丢失的具体时间和地点、联系的地点与电话号码、对协助寻找者的酬谢等。

②征文征订启事:主要应写清征文的目的、主要内容、具体要求、截稿时间、投寄方式、出版形式、如何奖励等。征订启事要写明征订报刊书籍的性质、内容、特点、价目、征订单位及截止时间等。

③招工招生启事:主要应重点写招收的原因、地点,应带上的相关证件以及招收的方法。

④更名权利启事:主要说明更改名称的原因、更改名的全称、更改名称后的服务宗旨及业务范围等。

3. 署名

落款处要署名。如果是单位,最好盖上公章。并写明年月日,并附上联系地址与联系电话等。

三、注意事项

①标题要醒目,使人一眼就能看到启事的性质和内容。不能将"启事"写成"启示"。两者的读音相同,但意思完全不同。"启事"是陈述事情的意思,现在成了应用文体中的专有名词;而"启示"是启发、指示,使别人有所领悟的意思,是动词。

②启事正文的内容具有单一性的特点。对情况或事由,应一"事"一"启",如果有两件或两件以上的事,可写成两份以上的启事。

③启事的内容具有陈述性的特点,情况要真实,不得弄虚作假。

④措辞要礼貌讲究,注意适当运用一些表示欢迎、希冀、感谢之类的词语。

四、写作训练

①修改下面这则启事,并说明理由。

北京××文化传媒有限公司诚聘

1. 业务助理:数名,大专文化,能够熟练操作计算机办公软件。
2. 业务代表:数名,大专文化,有营销经验者优先。

有意者请带个人简历亲临面试。

联系人:张老师

电话:××××××××

②学校团委组织一次以"学会感恩"为主题的征文活动,请根据这次活动主题写一份征文启事。

第三节 计 划

一、文体知识

计划是党政机关、社会团体、企事业单位或个人,为了实现某项目标、完成某项任务或开展某项工作而对今后一定时期的工作、学习、生活作出安排和打算,并用书面文字表达出来的一种事务文书。

1. 计划的种类

计划的种类很多,常见的有以下几种。

①按内容分:有学习计划、工作计划、生产计划、教学计划、财务计划、采购计划、科研计划等。

②按主体分:有国际协作计划、国家计划、地区计划、单位计划、部门计划、班组计划、个人计划等。

③按性质分:有指令性计划、指导性计划、综合性计划、专项性计划等。

④按时间分:有长期计划(10~15年以上)、中期计划(5年左右)、短期计划(1年及1年以下)。

⑤按形式分:有条文式计划、表格式计划、文件式计划等。

2. 计划的作用及特点

(1)计划的作用

①计划是建立正常工作秩序,提高工作效率的重要前提。古人云"凡事预则立,不预则废",所谓"预"就是事先的预想、计划和安排。人们无论干什么工作,事先有了计划,就有了明确的目标和具体的工作步骤,就可以增强自觉性,减少盲目性,有效地提高效率,直至达到既定的目标。

②计划是领导指挥和检查工作的重要依据。计划一旦确定后,本单位的领导可以根据计划的目的、要求,采取有利的措施,协调人力、物力、财力,使工作进行得有条不紊。同时,上级领导机关也可根据计划对下级单位、部门的工作进行检查与监督。

(2)计划的特点

①具有预见性。在制订计划时,要对未来工作中可能遇到的问题和困难进行充分的分析和判断,并提出相应的对策和措施。

②具有目的性。制订任何一份计划,必须要有明确的目的性,即在一定时间内完成什么任务,获得什么效益。如果计划中的目的性不明确,没有针对性,计划也就失去了现实意义。

③具有约束性。计划一经制订,就要认真贯彻执行。即使是个人学习、工作计划,也应具有自我约束力。对照计划,可对工作进行有效的监督和检查。

二、格式和写法

例文：

××市地铁公司项目部关于施工安全工作计划

地铁施工是高风险行业。地下土质、管线的复杂性、特殊性给施工造成很大的危险。为了员工的人身安全和公司的利益，项目部不折不扣地严格落实安全生产规章制度。以"铁的要求、铁的纪律、铁的制度"，从严管理，从严要求。通过经常性教育培训学习，让员工清楚理解规章制度；通过经常性检查督促，让员工严格执行规章制度；通过经常性分析事故苗头、事故隐患后果，让员工认识到遵章守纪就是保护自己，保护同事，保护家庭。

一、根据自身实际，建立健全项目部各项安全规章制度并落实安全生产责任制

安全责任重于泰山。项目部制订必要、合理、严格的规章制度，又按照"守土原则"落实各级安全生产责任制，推行"千斤重担人人挑，人人身上扛指标"的安全目标管理理念。从项目经理、总工、工长、班组长到每个员工，均签订安全生产责任状，明确各级和每个岗位员工的安全生产责任，形成全面的安全生产责任制体系，将安全责任和目标层层分解，层层落实。实行"一票否决制"，建立安全责任追究机制，把安全责任状完成情况作为每层级领导，每位员工的绩效考核标准之一。

二、重视教育培训，提高员工的安全素质

在当今科学技术飞速发展的时代，人员的素质是非常关键的，要培养一支高素质的队伍，抓好教育培训和学习是安全管理工作中一项十分重要的环节，它是提高全体建设者安全素质的一项重要手段；它不仅包含对全体建设者甚至和它相关人员的普及性的教育培训，以此形成良好的安全生产施工氛围。在这方面项目部计划工作如下：

（1）实行封闭式管理。员工进入施工现场必须经过教育培训（三级教育）并考试合格后发放工作卡（或证）。没有工作卡（或证）的员工一律不得进入施工现场。

（2）特种作业人员（包括电工、机手等）必须持有特种作业证到安全主任处登记，办好工作卡（或证）。

（3）经常性教育培训（指在施工过程中自始至终的坚持不断的安全教育培训）。

（4）采取多种多样易接受的形式（如：宣传画、板报、会议等）进行教育培训。

通过这些方式，使员工人人懂安全，人人管安全，人人重视安全生产，警钟长鸣，防患于未然。

三、加强安全检查

安全检查是一项综合性的安全生产管理措施，是建立良好安全生产环境，做好安全生产工作的主要手段，也是防止事故发生，减少事故隐患的有效方法。我们计划建立以项目部、工区、班组三级检查体制。安全检查做到项目部每月不少于一次；工区每周不少于一次；作业班组每天不少于一次。主要检查各项规章制度的落实情况；

安全施工人员的思想和施工氛围营造的如何,特种设备的运营情况;有无安全隐患;安全管理人员到位情况等(根据"管生产必须管安全"的原则,项目部制订,现场班组长为安全兼职管理员,并带安全员红袖章,负责本班组现场安全工作)。做到一点不漏,面面俱到,不留死角。以杜绝重大伤亡事故、交通事故、火灾事故、触电事故、治安案件为目标,全面开展加强安全生产,文明施工工作;采取严格检查制度,按照"四不放过"原则,严肃查处检查中发现的安全问题、原因,消除隐患,找出差距,限期整改。确保施工生产顺利进行。

四、执行优奖劣罚,是安全生产的有力措施

经济杠杆不仅在施工生产上起到激励作用,同样在安全生产方面也起到非常重要的作用。项目部制订《安全生产责任状》和《安全生产奖惩制度》,对安全生产实行优奖劣罚的激励机制。主要目的是提高全体干部员工的安全意识,增强安全责任感。

五、编制应急救援预案

事故的发生是偶然性和随机性的,无论预防措施制订得再好,安全规章制度管理得再严,事故也有可能发生。为了减少人员伤亡或争取公司财产和利益不受到更大的损失。项目部根据实际情况编制应急救援预案,建立应急救援体系,并责任落实到人。这样可以有效地应对任何突发事件,控制事故的扩大,减少事故的损失。

总之,项目部在业主和公司的领导下,认真贯彻指示精神,切实做好安全生产工作。我们地铁项目部将以饱满的热情,高昂的斗志迎接这次新的挑战,向深圳人民和公司做贡献!为深圳地铁建设交一份满意的答卷!

××市地铁公司项目部
××年××月××日
——摘自铁路之家网

评析:

这是公司项目部对安全施工作出全面安排的专项性计划。标题由单位名称、计划事由和文种名称三个要素组成。正文的前言部分,用简洁的语言说明了理由和根据,指明中心任务,提出总体要求。在主体部分,说明完成该项任务的具体做法和措施,基本回答了"做什么"和"怎样做"的问题。最后一个自然段是结语部分,主要展望形势,表明决心,发出号召。落款部分有单位名称和日期。

计划一般包括标题、正文、结尾和落款四部分。

1. 标题

标题写在第一行的正中央,常见的结构有如下几种。

①制订计划的单位名称+计划适用期限+计划内容范围+文种,如《××市2010年税收工作计划》。

②计划适用期限+计划内容范围+文种,如《2011年信贷计划》。

③制订计划的单位名称+关于+事由+文种,如《××省关于进行公务员考核的计划》。

2. 正文

计划的正文由前言和主体两部分构成。这是全文的中心部分,应写明制订该计划的指导思想、根据或基本情况,一般围绕着"为什么,做什么,怎么做,何时完成"几个问题展开。

(1)前言

前言指计划的开头,一般用简洁的文字阐明制订计划的指导思想,制订计划的依据,说明"为什么做"、"依据什么做"、"能不能做"的问题。这一段是计划的纲领,不宜写得冗长,需简明扼要,给人以主线清晰的总体印象。

(2)主体

主体指计划的主干部分。前言是说明"为什么"要制订计划,那么主体是回答"做什么"、"怎么做"、"何时完成",包括以下内容。

①目标和任务:这是全文的灵魂,要具体、明确地写明"做什么","怎么做",提出完成任务的具体指标。写作过程中要有主有次地写清楚完成什么任务,需达到什么目的和要求。

②措施和步骤:要明确先做什么,后做什么,体现出先后的顺序。措施一般包括人力、物力、办法、手段、组织领导等内容。写作上要具体,特别是对完成任务的条件、步骤、时限都要有要求。

3. 结尾

结尾一般包括应注意的事项,需要说明的问题,提出希望或发出号召。

4. 落款

落款主要包括计划制订者的名称和日期两项内容。如果是上报和下达的文体,还要写明抄报、抄送、抄发的单位名称,并加盖公章。

三、注意事项

①吃透两头,即有进取性,又留有余地。吃透两头,一头是党的方针、政策,领导指示;一头是本地区部门的具体情况。也就是说,任何计划,既要能体现上级领导的指示和要求,又要符合本地区本部门的实际情况。留有余地,就是说,在制订计划的时候,不仅要考虑到工作的需要,而且要考虑到实际的可能,既要估计到有利条件,又要估计到不利条件。这样才能使计划处于主动,不致落空。

②文字力求精确,内容力求具体。计划的语言要求准确见解,不能过于繁琐拖沓,但同时内容应写得具体详实,让人一看有一个清晰明白的印象。好的计划,不仅有较为概括的总的目的要求,而且要有具体可行的措施。没有前者,谓之"盲人骑瞎马"摸不着路;没有后者,谓之"湖中望月"可望而不可即。

③要注意检查和修订。计划订好后,还需定期检查,因为计划总是制订在先。在计划执行过程中,如果遇到新问题、新情况,应及时进行修改、调整或补充。检查和修改计划的过程,实际上也是改进和提高工作的过程。

四、写作训练

①分析例文,指出计划的特点和计划的构成要素。

②你所在的学校将举办艺术节,其中包括摄影、书法、卡拉OK等项目的比赛,请你以组织者的名义写一份活动计划。

第四节 总 结

一、文体知识

总结是单位或个人对前段社会实践活动进行全面回顾、检查、分析、评判,从理论认识的高度概括经验教训,以明确努力方向,指导今后工作的一种事务文书。

如果说计划主要是提出"做什么"和"怎么做"的问题,那么总结则是应该说明"做了什么"和"做得怎么样"的问题。总结有利于理性地认识事物,客观评价工作中的功过得失,总结经验,找出教训,交流信息,认识规律,避免今后工作中的盲目性,提高工作效率。

1. 总结的种类

总结的种类与计划的种类是相应的。按照不同的标准,可以分为多种类型。
①按内容分:有工作总结、生产总结、学习总结、思想总结等。
②按主体分:有部门总结、单位总结、个人总结等。
③按时间分:有年度总结、季度总结、月份总结、阶段总结等。
④按性质分:有专题总结和综合总结。

区分总结的种类,目的在于明确重心、把握界限、为构思写作提供方便。但上述分类不是绝对的,相互之间可以相容、交叉。

2. 总结的作用及特点

(1)总结的作用

有的人认为总结是"例行公事",老一套。其实,这是一种误解。从实际情况来看,总结至少有以下作用。

①信息作用。一份全面的总结,可以向上级机关、下属单位和有关部门提供某一时期的工作情况,使他们知道你所在的单位做了哪些工作,是怎么做的,从而有助于社会了解你这个单位。特别是那些成绩突出的单位,通过工作总结,除交流信息外,还有利于提高知名度。

②借鉴作用。总结不仅仅是总结成绩,更重要的是为了研究经验,发现做好工作的规律,也可以找出工作失误的教训。这些经验教训是非常宝贵的,对本单位、外单位、本地区、外地区的工作都有很好的借鉴与指导作用,在今后工作中可以改进提高,趋利避害,避免失误。

③监督作用。一般的机关、单位,都会通过定期总结向群众报告工作。企业向职工报告工作,听取群众意见,接受民主评议。这样,不仅使总结更加符合实际情况,而且也接受了群众的监督。从某种意义上说,总结也是一种民主监督的形式。

④提高作用。通过总结,领导要深入基层,开展调查研究,培养与锻炼自己的思维方法、分析能力、辩证观点,实际上这是自我提高的好方法。一般地说,总结一次,认识提高一次,自身的能力和水平就会长进。如果说领导者可以在实践中增长才干,那么经常地总结工作也不失为增长才干的一种好方法。所以,总结的过程也是自我提高的过程。

⑤考核作用。上级机关检查下级机关和基层单位的工作,除了听汇报、看现场、进行实地调查以外,看总结也是一种方法。从总结中可以看到成绩,发现存在的问题,再看实际情况是否与之相符。就这方面来说,总结起到考核的作用。

⑥档案作用。工作总结是一个阶段工作情况的全面综合,包括很多原始资料。这些资料存入档案,长期或永久保存,可以为编写年鉴和史志提供依据。

(2)总结的特点

①自我性。对自身社会实践进行回顾的产物,它以自身工作实践为材料,采用的是第一人称写法,其中的成绩、做法、经验、教训等都有自我性的特征。

②回顾性。这一点总结与计划正好相反。计划是预想未来,对将要开展的工作进行安排。总结是回顾过去,对前一段的工作进行检验,但目的还是为了做好下一段的工作。所以总结和计划这两种文体的关系是十分密切的,一方面,计划是总结的标准和依据;另一方面,总结又是制订下一步工作计划的重要参考。

③客观性。总结是对前一阶段社会实践进行全面回顾、检查的文种,这决定了总结有很强的客观特征。它是以自身的实践活动为依据的,所列举的事例和数据都必须完全可靠,确凿无误,任何夸大、缩小、随意杜撰、歪曲事实的做法都会使总结失去应有的价值。

④经验性。总结还必须从理论的高度概括经验教训。凡是正确的实践活动,总会产生物质和精神两个方面的成果。作为精神成果的经验教训,从某种意义上说,比物质成果更宝贵,因为它对今后的社会实践有着重要的指导作用。这一特性要求总结必须按照"实践是检验真理的唯一标准"的原则,去正确地反映客观事物的本来面目,找出正反两方面的经验,得出规律性认识,这样才能达到总结的目的。

二、格式和写法

总结有陈述性和论述性两种写法。陈述性总结写法一般是按成绩、教训、今后的努力三个方面对自身的工作情况进行陈述,自我评述和规律性的认识较少。论述性总结一般是就某项工作或某一个问题进行专题总结,力求把感性的材料上升为理性认识,总结出规律性的认识,提炼出观点,并由此组织材料,统领全文,做到虚实相生,既要从理论上总结,又要举具体事例说明。

例文:

××铁路车站××年度工作总结

××站于今年 3 月 18 日成立后,紧紧围绕劳卫处的中心工作,在局××站的统一部署和具体指导下,主动适应改革要求,积极转变思想观念,团结一致,圆满完成了局里交办的各项工作。

一、组织劳务派遣和规范劳务用工

按照局劳卫处的安排,我站与客运段、西部人力资源公司密切联系,相互协调,共同组成面试组,公开招聘条件,经过严格筛选,分别从铁路运输技校、××铁中、××计算机学校、职培中心招聘了劳务派遣人员 96 人,组织其与西部劳务公司签订了劳务合同,与客运段签订了上岗合同。

根据成铁劳〔××〕××号文件要求，认真对管理范围内实施劳务派遣用工的17个站段和多家公司的临时用工进行了清理，依照《中华人民共和国劳动法》等相关法律、法规，将849名劳务用工纳入规范的劳务派遣范围，分别与西部人力资源公司和天宇公司签订了劳务派遣协议和劳动合同，与各用工单位签订了上岗合同，同时将1 239名小集体职工纳入代办社保（综保）范围，减少了劳动纠纷和劳动用工风险，规范了劳务用工的使用和管理，更好地维护用人单位和劳动者双方的合法权益。

二、接收、安置、培训复转军人

根据局下达的接收计划，积极与重庆、内江、自贡、宜宾、广安、达州等地民政局联系、协商，接收了509名复转军人，按照统筹兼顾、均衡各方的原则，妥善安置了复转军人，同时建立了复转军人数据库，分别向各站段和民政局发出了安置名单和接收名单。按照教函〔××〕××号文件要求，牵头组织协调12个送培单位和2个教学单位的培训工作，分三批次组织开学典礼和培训、送培单位协调会，明确机制，畅通渠道，协调送培单位与教学单位之间的关系，及时指导、解决培训期间遇到的各种具体问题和突发事件，保证了培训工作的顺利进行。

三、抽调××片区春运临客乘务员

我站根据××片区春运工作的实际情况和上级要求，深入实地调研，征询相关单位意见，写出调查材料，同时仔细思考，提出建议和有关情况反馈，反复修改，积极协助局劳调站拟订了××片区春运临客乘务人员抽调方案，根据成铁劳卫〔××〕××、××号文件的有关要求，组织22个相关站段单位和2个学校、1个公司共抽调了3 955名临客人员，并积极配合路局职教部门和有关单位做好岗前培训，为春运做好准备工作。

四 完成劳动年检和劳动执法检查工作

按××市劳动局的要求，接到地方劳动监察总队的通知后，我站组织在渝的21个站段及多家公司在统一进行了××年度劳动用工年检业务培训，并审查、上报自查报告等有关年检资料，经过大家的认真准备、精心组织，劳动用工年检全部审查合格。同时按地方劳动监察大队的安排和要求，积极协助地方劳动监察大队完成了对××工务段、××车务段劳协用工情况的重点检查和对重庆南站集经、装卸用工投诉的处理。

五、做好失业保险的缴纳工作

针对失业保险缴纳工作中出现的问题，及时向局劳卫处反映情况，主动与渝中区、九龙坡、北碚、沙坪坝、永川五区市地方就业局联系、协调，通过大量深入细致的工作，反复协商后，××年度缴纳818万元，较好地完成了××年度××各单位失业金的缴纳工作。

六、不断加强自身建设,积极完成其他工作

认真组织开展党员先进性教育和党风党纪教育活动,加强对党的十六届五中全会精神和有关时事政策的学习,建立会议学习记录,及时传达和深刻领悟上级有关会议精神和要求,统一思想和行动,根据上级的安排,我站还完成了其他上级交办的工作:

(1)协助完成了渝怀、遂渝新线人员会议的联系和服务工作。

(2)先后四次参与协调、指导永川工务段临时用工劳动争议的调解及诉讼案的处理。

(3)协助进行了专运列车员的选聘工作。

(4)按时完成统劳报的上报工作。

(5)严格按照有关会计制度做好财务日常核算、季度决算等工作。

(6)及时保质保量上报上级部门需要的各种资料。

(7)协助做好清产核资工作。

(8)协助办事处做好两所学校、三所幼儿园的社会职能移交工作。

明年我站将在局劳卫处中心工作思路的指引下,在局××站的指导和安排下,不断强化内部管理,努力开展好富余人员管理和劳动力余缺调剂等工作,促进富余劳力的合理流动,发挥劳动力培训、调剂的蓄水池作用,为运输生产一线提供有效的劳动力支持。

××站

××年12月25日

——摘自双赢写作网

评析:

这是一篇以单位名义撰写的关于全站一年的综合性总结。标题为单位名称、时间、内容和文种组成。正文的第一个部分是前言部分,用以交代说明了工作的指导思想和成果。在主体部分,通过六个方面介绍了全年的工作内容,基本回答了"做了什么"和"做得怎么样"的问题。最后一个自然段是结尾部分,简单地提出了下步工作的设想和新的目标。落款部分有单位名称和日期。

总结一般包括标题、正文、结尾和落款四部分。

1. 标题

标题一般由"单位名称+时间+内容范围+文种"组成,如《××集团2011年工作总结》。有时也可省略"单位"和"时间",直接写成"工作总结"或"学习总结",这是单行标题。有时也用双行标题,正标题是观点或内容的概括,副标题是"单位名称+内容范围+文种",如《健全管理机制,强化内部监督——××市国有企业年度财务检查工作总结》。

2. 正文

正文由前言和主体两部分组成。前言一般概述工作的基本情况或简要注明某项工作或任务完成的背景、时间以及总的成效,使读者先有一个总体认识。陈述性总结主体部分是总结的核心部分,一般按基本情况、主要成绩、存在问题、今后的努力方向四个层次写。在写法上,以叙述为主,如实地叙述自身的工作业绩。这一部分的内容主要写做了哪些工作,怎样做的,有什么社会效应和经济效益,取得成绩的原因是什么,尚有哪些应当做而没有做好有待进一步改进的,今后如何做等。论述性总结一般通过分析,把零星的、肤浅的、感性的认识上升为系统的、深刻的、理性的认识,从而肯定成绩和经验,找出问题与教训,从中概括出规律性的东西。

3. 结尾

结尾一般要写今后努力的方向,或者写今后的打算。这部分要精炼、简洁。

4. 落款

如果单位或个人的署名已经署于标题下,落款可省略。如果是用于报送上级的总结,在单位名称处应加盖公章。

三、注意事项

①注意积累,占有充分的材料。总结是较长时间内工作的回顾,在整个工作过程中应时时处处当有心人,为写总结积累材料。某个典型、某些细节、有关的时间、地点、人物、事件、原因、结果等,无不在搜集之列。当然,也不排除写作是把座谈会、个别总结的内容准确而全面地表达出来。占有充分的材料,尤其是掌握原始材料,是写作总结的基础,是得出结论、寻找规律的依据。

②探索规律,提炼鲜明的观点。总结工作的经验教训,找出规律性的东西,这是工作总结的重点。如果总结只是事实的回顾,不探索规律,提炼观点,"总"而不"结",那是在写回忆录,是没有任何意义的。只有抓住关键问题,用有典型意义的材料提炼和论证具有指导意义的观点,总结出新鲜经验,这样,写出的总结才有全局性的普遍价值,才能反映本单位工作特点,对今后的工作或对其他单位的工作才有一定的指导和借鉴作用。能否认识和反映带有规律性的经验,是衡量一篇总结质量高低的重要标志。

③一分为二,处理好两个关系。写总结必须从客观实际出发,实事求是地反映本单位的情况,恰如其分地评价所做的工作,对成绩要充分肯定,对问题要客观分析。两个关系:第一个是材料和观点的关系。在总结中,观点来自材料,材料说明观点,观点反过来又统帅材料,两者有着密切的内在联系。第二个是叙述和议论的关系。叙述、议论是总结常用的表达方法,叙述是撰写总结的基础,记叙的事实是说理议论的依据。说理又是所叙实事的升华,提高。它们常以夹叙夹议的形式呈现在总结这种文体中。

四、写作训练

①结合例文,说明写总结的根本目的和实现这一目的的方法。

②你于3月份在你所在的班级组织了一次学习雷锋精神的活动,活动已结束,请就此次活动写一份总结。

第五节 主 持 词

一、文体知识

主持词是主持人用于说明活动主旨,引导、推动活动展开,串联和衔接前后内容,总结和概括活动情况的文稿。

主持人在各种活动中既是组织者、主持者,又是指挥者,是统领、引导、推进活动进程的人。随着社交活动的增多,主持人的范围也逐渐外延,成为当前十分走俏的热门行当。一些单位或部门,在举行各种会议、联欢会或竞赛活动时,大都采用节目主持人形式。然而,好的主持词则是发挥主持人主持水平的关键。

节目主持形式多样,如果按场合分有社会活动、文艺活动和广播电视等几大类。

1. 社会活动

社会活动包括比赛、演讲、论辩、会议、典礼等。写作主持词要了解活动的宗旨,熟悉活动议程,把握好时间及每个环节的进程,随时注意控制会场气氛。主持词的写作要严肃认真,语言要简洁明快、干净利落,主持人的语言一般使用第三人称语言。

2. 文艺活动

文艺活动包括文艺性演出、各种舞会、晚会、联欢会、产品促销活动等。这种活动比较轻松活泼,主持词的撰写比较灵活。既要有事先拟订的主持词,又要随机应变、幽默风趣,也可以让观众参与,双方互动,创设一种轻松欢快的和谐气氛。

3. 广播电视

广播电视包括各种综合性、专题性、专业性的板块节目。撰写此类主持词事先要尽可能多地了解一些专业指示,抓住重点,反映热点、焦点问题,要把握时机,引导人们思考或参与,引导听众或观众的注意力。主持人往往采用第一人称,语言亲切,娓娓道来,要晓之以理,动之以情。

4. 婚礼主持词

婚礼主持词比较特殊,婚庆典礼活动是以家庭为组织形式的活动,规模大小、风格也不尽相同。这要由婚庆主人的身份、地位、工作、社会交往情况而定。因此,婚礼主持词写作起来也就比较灵活,一般来讲,要热情有趣、活泼生动、幽默诙谐,自始至终都要热情洋溢,要烘托出浓浓的喜庆气氛。

二、格式和写法

1.开场精彩,制造场景效应

示例

例文：

　　金秋十月,阳光明媚,惠风送爽,欢声笑语,天赐吉祥,在这美好的日子里,在这春华秋实的大好时光,我们迎来一对情侣××先生和××小姐的幸福结合。首先,请允许我代表二位新人以及他们的家人对各位来宾的光临,表示衷心的感谢和热烈的欢迎!

　　现在我宣布：

　　新婚庆典仪式现在开始!(燃放鞭炮、奏婚礼进行曲)

　　请各位来宾掌声响起,热烈欢迎新人登场。

　　鹊上枝头春意闹,燕飞心怀伊人来。身披着洁白的婚纱,沐浴在幸福甜蜜之中的佳人,在新郎的相拥下,伴着幸福的婚礼进行曲,肩并着肩、心贴着心、手牵着手,面带着微笑向我们款步走来。

　　执子之手,与子偕老。此一刻,意味着两颗相恋已久的心,终于走到了一起；此一刻,意味着两个相爱的人步入了神圣的婚姻殿堂；此一刻,意味着在今后日子里,无论是风是雨都要一起度过；此一刻,将在人生的旅途中相濡以沫、恩爱到老,携手一生。

　　……

评析：

　　这是一个婚庆主持词。开场白热情洋溢,喜气洋洋,亲切感人,使来宾的认同感油然而生,既有深深的祝福,也含有了浓浓的亲情。好的开端是成功的一半。良好的开场白对于确定主题基调、表明宗旨、营造气氛、沟通情感是十分重要的。

开场白的方法很多,常见的有如下几种。

(1)开门见山,直接入题

例文一:

同志们:

　　为深入学习、深刻领会党的十七大精神,切实把全市上下的思想和行动统一到党的十七大精神上来,再一次掀起学习宣传贯彻十七大精神的热潮,今天,我们召开学习贯彻十七大精神专题宣讲会议。本次会议有幸请来了××市委党校××教授为我们作报告,让我们以热烈的掌声对某某教授的到来表示最诚挚的欢迎!

例文二:

各位观众朋友们:

　　大家晚上好!欢迎收看中国中央电视台和陕西电视台共同主办的《同一首歌——走进西部大学城》大型文艺演出活动!

　　……

评析:

　　以上两种开场白都是这种方式。一开始就清楚地告诉观众会议或活动的内容及基本情况。

(2)情景交融,以情入境

例文:

　　女:仿佛是在梦中,仿佛是在昨天。当年没说再见,我们匆匆走散。二十年,二十年的别离,我们相聚在今天。

　　男:看一看陌生而又成熟的脸,这是岁月年轮的点染。曾是单纯而幼稚的面庞,变得成熟而又干练。

　　女:二十年同学相见,心里是不是有些慌乱?过去的岁月,留下多少遗憾?终于握住的手,再不愿意松开。

　　男:同学们,这里的酒已斟满,杯中洒满幸福的欢颜。让我们举起酒杯相互祝愿,祝愿同学幸福平安!

　　女:斗转星移,日月如梭,青春的时光就要度过。让蓝天白云为我们起舞,让青山绿水为我们作赋。

　　男:同学们,昨天已经过去,把握住今天,我们的明天会更加灿烂。

　　女:同学万岁!愿我们的友谊天长地久!愿我们的友谊地久天长!

　　……

评析:

　　这是在一次同学毕业二十年聚会时主持人的开场白。主持词以情入境,把人们蕴含很深厚的情感一下激发出来,产生强烈的共鸣效应。再加上使用了诗一样的语言,将同学久别重逢的激动心情恰当好处地表达出来。

(3)委婉曲折,含蓄入题

示例

例文:
　　82年前,嘉兴人拿出一条船,开了一个会,参加会的人谁都不希望让人认出;今天,浙江人又拿出一个剧院,开了这样一个会,会上人人都希望人们认出自己来。
　　……

评析:
　　2003年11月5日在浙江举行了第23届电影金鸡奖颁奖仪式,这是中央电视台主持人李咏的开场白。主持人将中国共产党第一次代表大会于电影界的颁奖大会作对比。先不点明主旨,而采用委婉的方式,曲径通幽,逐渐引起人们的注意,最后逐渐显露真谛,一语道破,真相大白。

(4)幽默风趣,以笑入题

示例

例文一:
　　冯巩、赵忠祥、凌峰、赵本山共同主持的《神州风采》特别节目,主持人一一上场。凌峰首先说:"为了丰富我们今晚的节目,我们特别为您介绍一位比我长得还困难的,来自东北的赵本山。"赵本山接口:"我比他们还丑?既然如此,我也来抓个垫背的",指指冯巩,"他比我还丑"。冯巩接口:"亲爱的朋友,你好!我知道我长得丑,属于困难户,重灾区,但跟他们比,我可以自豪地宣布:我脱贫致富了!不客气地讲,一看见他们二位,我想起了万恶的旧社会!"
　　……

评析:
　　这里采用了层层推进的方法,使幽默迭出,最后一语道破,妙趣横生。观众目睹这场"赛丑竞赛",捧腹大笑,营造了十分轻松欢快的气氛。

例文二:
　　唱歌跳舞太平淡,俺们整个三句半,四位美女台上站,好看。
　　瑞雪飘飘迎新年,先给各位拜个年,我给大家鞠个躬,给钱。
　　过去一年新闻多,我们四人说一说,究竟都有哪些事,忒多。
　　共产党员不平凡,先进教育谱新篇,与时俱进构和谐,模范。
　　世界屋脊建铁路,创造世界新纪录,三大难题拦路虎,征服。
　　神州六号破长空,敢教神州遨苍穹,俊龙海胜太空游,英雄。
　　……

评析:
　　这里采用了押韵对仗的形式串联开场白,既逗乐又总结了一年的大事。

2.灵活推进,前后衔接,融为一体

例文:
你是灯塔照耀着黎明前的海洋,你是舵手掌握着前进的航向,伟大的旗帜你就是核心,你就是力量。请欣赏散文《党旗颂》……

评析:
主持活动一般都需要在中间搭桥接榫,主持词的连接词语既要关照先前,画龙点睛;又要引导其后,渲染蓄势。这样承上启下、过渡照应,把整个活动连接成一个有机的整体。

3.巧于结尾,留下余韵

例文:
女:所有的日子都去吧,生活中我快乐地向前。
男:让我说一声新年好,看雪花飘舞,花儿如潮。
女:让过去的日子如水流,
男:让将来的日子如拂晓,
女:愿雨里有你的收获,
男:愿风中传你的捷报,
女:阳光中我为你祝福,
男:月光下我为你祈祷,
合:岁岁年年,年年岁岁。
女:尊敬的各位领导,
男:亲爱的老师、同学们,
合:再见!

评析:
活动或节目进入尾声时,主持词切忌粗疏、草书、草率。主持词的结尾要调动各种技巧和手段,或掀起高潮,给人以鼓舞和欢笑;或波澜不惊,给人留下回味和思考。

三、注意事项

①认真准备、周密策划。如何说开场白、如何前后串联、如何形成高潮、如何结束,都是主持词的重要内容。要撰写会议或活动主持词,必须提前准备,尽早介入。要了解会议或活动的整体情况,掌握全部内容。如会议或活动主题、目的、到会领导、参加人员、发言顺序等。庆典

活动还要注意与观众的互动,时间的掌握。

②增强文化内涵,借鉴诗词写法。在不增加篇幅的情况下,应尽量增加文化内涵,寓教于乐,不断提高观众的文化知识和素养。采用和历史文化有关的表述方法去写作,在主持词写作中,运用诗词写作中的对仗、押韵技巧,可以让主持人读起来朗朗上口,听起来具有音乐的节奏美。在大段的抒情性的描述中,则可以借鉴散文诗的写作特点,可以分行,也可以不分行,也可以段落形式出现。

③勇于创新,不拘一格。主持词的写作没有固定格式,它的最大特点就是富有个性,不同内容的活动、不同内容的节目,主持词所采用的形式和风格也不相同。

四、写作训练

①××高职院校准备举办一场名为"青春风采"的演讲比赛,请你为这次比赛写一份主持词的开场白和结束语。

②××手机公司即将推出一款适合大学生使用的手机,准备在开学之际做一次促销活动,请你为这次活动写一篇主持词。

第六节 演 讲 稿

一、文体知识

演讲稿也叫演讲词,是就一个问题对听众说明事理、发表见解和主张的讲话文稿,又称演说词或讲演稿。是人们在宣传活动和工作交流中的一种常用文体,经常用于群众集会和某些公共场所,包括各种会议上的讲演、致词、开幕词、闭幕词、祝酒词等。

1. 演讲稿的分类

根据演讲稿的某一种属性划分演讲稿的类别是唯一科学的标准。目前划分演讲稿类别的标准主要从演讲的方式限定、演讲的专业内容和演讲的目的趋向三方面入手。

从演讲方式限定上看,可把演讲稿分为命题演讲稿、即兴演讲稿和论辩演讲稿三种。这样分类主要在于演讲稿的传播形式即怎样的讲法,其实演讲稿的内容和另两种的分类属下的演讲稿是一样的、重合交差的,故这里不再多说。

从演讲的专业内容上看,可以把演讲稿分为政治演讲稿、生活演讲稿、法律演讲稿、学术演讲稿、教育演讲稿、军事演讲稿、商业演讲稿等。这种分类法属下的各种演讲稿,将在后面详细逐类介绍,这里也不赘述了。

下面侧重谈谈从演讲目的趋向上怎样划分演讲稿。

(1)立论性演讲稿

这类演讲的目的是为了确立某种观点,用论证的方法使听众了解、赞同和接受,并进而使听众产生一定的行动。如毛泽东的《反对党八股》、马寅初的《北大之精神》、朱自清的《论气节》、彭德怀的《我们一定能够打胜仗》等。

(2) 排他性演讲稿

这类演讲的目的在于排除某种观点、事例、行为等的正确性和可行性,常用反驳、辩论的方法使听众排斥、拒绝和反对它,并付诸一定行动。如苏格拉底的《法庭上的申辩》、季米特洛夫的《在德国法西斯法庭面前的演说》等一些论辩性演讲。

(3) 礼仪性演讲稿

这类演讲旨在对人、对事、对活动表示一定的看法和态度,以达到加深理解、认识或建立、加强彼此的情意为目的的。如恩格斯《在马克思墓前的演说》、爱因斯坦的《悼念玛丽·居里》、周恩来的《为庆祝朱德总司令六十大寿的祝辞》、尼克松的《在答谢宴会上的祝酒辞》等一切致贺、致喜、祝寿、致哀等活动中的演讲。

(4) 阐释性演讲稿

这类演讲是为了解释和说明一个道理或一个过程,揭示一个新发现或一个秘密,从而使听众了解、明白到底是怎么一回事。如罗素的《为什么我不是基督教徒》、卡斯特罗的《历史将宣判我无罪》、蔡畅的《一个女人能干什么》、秋瑾的《演说的好处》等。

2. 演讲和表演、作文的区别

首先,演讲是演讲者(具有一定社会角色的现实的人,而不是演员)就人们普遍关注的某种有意义的事物或问题,通过口头语言面对一定场合(不是舞台)的听众(不是观看艺术表演的观众),直接发表意见的一种社会活动(不是艺术表演)。

其次,作文是作者通过文章向读者单方面的输出信息,演讲则是演讲者在现场与听众双向交流信息。严格地讲,演讲是演讲者与听众、听众与听众的三角信息交流,演讲者不能以传达自己的思想和情感、情绪为满足,他必须能控制住自己与听众、听众与听众情绪的应和与交流。

3. 演讲稿的特点

(1) 针对性

演讲是一种社会活动,是用于公众场合的宣传形式。它为了以思想、感情、事例和理论来晓谕听众,打动听众,"征服"群众,必须要有现实的针对性。所谓针对性,首先是作者提出的问题是听众所关心的问题,评论和论辩要有雄辩的逻辑力量,要能为听众所接受并心悦诚服,这样,才能起到应有的社会效果;其次是要懂得听众有不同的对象和不同的层次,而"公众场合"也有不同的类型,如党团集会、专业性会议、服务性俱乐部、学校、社会团体、宗教团体、各类竞赛场合,写作时要根据不同场合和不同对象,为听众设计不同的演讲内容。

(2) 可讲性

演讲的本质在于"讲",而不在于"演",它以"讲"为主、以"演"为辅。由于演讲要诉诸口头,拟稿时必须以易说、能讲为前提。如果说,有些文章和作品主要通过阅读欣赏,领略其中意义和情味,那么,演讲稿的要求则是"上口入耳"。一篇好的演讲稿对演讲者来说要可讲;对听讲者来说应好听。因此,演讲稿写成之后,作者最好能通过试讲或默念加以检查,凡是讲不顺口或听不清楚之处(如句子过长),均应修改与调整。

(3)鼓动性

演讲是一门艺术。好的演讲自有一种激发听众情绪、赢得好感的鼓动性。要做到这一点，首先要依靠演讲稿思想内容的丰富、深刻，见解精辟，有独到之处，发人深思，语言表达要形象、生动，富有感染力。如果演讲稿写得平淡无味，毫无新意，即使在现场"演"得再卖力，效果也不会好，甚至相反。

二、格式和写法

示例

例文：

尊敬的各位领导、评委和广大青年朋友们：

大家好！我叫××，就职于×××电务段×××车载设备车间，今天我演讲参赛的题目是《让青春在平凡中闪光》。

光阴似箭，时光荏苒，当有些同学还沉浸在大学活动的精彩纷呈中时，当有些朋友还没来得及跟象牙塔说再见时，时光已从我们手中悄然而逝，我们已经踏入职场，成为××铁路局数万职工中的一员，今天站在这里，我的心情无比激动，作为××铁路局一名新入职的青年职工，我要感谢路局领导发现并肯定我们的价值。

人的一生有许许多多的驿站，每到一个驿站就意味着一个新的征程。告别了熟悉的校园，怀着美好的希望和从零开始的心态，我加入了××电务段××车载设备车间，这是一个充满生机活力的团队，是开启我人生新征程的地方！从安全学习到业务学习，在车间领导和老师傅们的帮助下，悄然间我已经顺利完成从学生向职工的转变，我正在慢慢地适应车间的发展，逐步地跟上车间的生产步伐，从刚开始的懵懂到现在能着手分析一些常见问题，在这短短的实习期间的所见所闻所获，让我的心得以沉静，有了更多思考的时间和空间，在学习中反思，在反思中总结，在总结中提升。在这将近两个月的实习期间内，我提高了专业技能、增强了团队意识、提升了文化素养，正在努力将自己打造成车载车间合格的一员。在今后的工作中，我会做到以下几个方面：

一是态度。作为新员工首先要做的就是踏实肯干，不怕苦不怕累更不能因为担心犯错误而畏首畏尾。我们始终要相信只要在日常的工作实践中去学习、去发现、去总结，就能够保证将工作做得越来越好。就像戴尔·卡耐基先生在《人性的弱点》中所说的那样，只有明白了他人所需要的，我们才能有明确的目标去努力，才能更好地与人沟通并服务他人，让他人满意。工作态度就应该秉承这一点。

在××电务段我们的操作培训模式是以现场操作为重点，"以师带徒"为主导。其实说和做是完全不同的两码事，有了师傅的讲解与示范，我们还要亲自动手操作，不懂的知识点及时询问，并且请老师傅不断给自己提出指导意见。实际工作中，一个人的业务能力是要靠自己去不断摸索与总结的。如此，才能漂亮地完成任务，并取得同事的认可。因此，在培训学习中一定要谦虚谨慎，认真刻苦，这样才能为今后的成长奠定坚实而有力的基础。

金字塔的高度取决于它的坚实基地，要想达到自己人生的高度就要取决于对喜爱的岗位认真负责的态度。态度决定选择，态度决定思路，态度决定一切。我们还年轻,现在最需要的是知识的积累,只有经过一段时间的努力与勤奋,才会使我们对工作有一个新的认识,也只有经过一段时间的努力与勤奋,才能体会到工作的无穷魅力。让我们从现在开始,以积极的态度来勇于超越自我,不断完善自我,丰富我们的人生吧!

二是团队。小溪成就大海,平凡铸就伟大。一个人的力量是渺小的,但无数个渺小可以汇集成力量的海洋;一个人的岗位可以是平凡的,但每个平凡的岗位共同协作,其成绩就可能伟大而辉煌。团队精神是现代企业的核心竞争力。大家都知道"拔河"运动,它是一种最能体现团队精神的运动,每个人都必须付出100%的努力,心朝一处想、劲朝一处使,紧密配合、互相支撑,才能形成一股强大的力量。

在车载车间,每一个工区,每一个职工都不是单独作业的,需要大家的互相配合才能完成,从库修工区的拆装作业到检修工区的设备测试,从检测工区的放风试验和不良信息记录到数据工区的数据分析,每一步都离不开团队合作,这使我深深地体会到人与人之间的沟通、同事之间的相互学习和团队精神才是我们工作取胜的关键,这样才能做到团结、求实、创新,才能提高工作效率,共同进步。

在大海里,我们每个人都是一滴水,在天空中,我们每个人都是一片云,在沙漠里,我们每个人都是一粒沙。一片云可以映衬一片天空,一滴水可以折射一片海洋。让我们从现在做起,从身边的一点一滴做起,携起手来,团结奋进,共同创建铁路的美好明天。

三是责任。安全与责任跟我们的工作息息相关。我作为千里铁路线上的一员,就该为铁路的安全生产负责。××车载的每一位师傅对待工作都是兢兢业业,因为大家明白,自己的工作关系到行车安全,必须一丝不苟,"安全责任大于天"。这种工作态度感染着我,让我深刻地认识到,责任成就事业,事业成就人生。古往今来,每一个人、每一个团队无不在渴望胜利。但事实证明:胜利永远只偏爱能够承担责任的人和他所属的团队!只属于在承担责任中千锤百炼的团结的队伍。

当一个人把自己的青春融入到事业当中的时候,那么他的青春不会流失,他的事业也必将在岁月的历练中折射出耀眼的光芒!虽然我们是初入职场,并且都是在平凡的岗位上,但如果我们不付出,不创造,不奉献,不去追求自己的事业,那这样的青春必然会稍纵即逝。如果回首过去,没有追忆,人生渺茫,这绝对不是我们所渴望青春的意义。

有一句俗语讲得好:能登上金字塔的生物只有两种:雄鹰和蜗牛。虽然他不能像雄鹰一样一飞冲天,但他至少可以像蜗牛那样凭着自己的耐力默默前行!通往梦想的道路不可能都是康庄大道,但我们要时刻记住泰戈尔的至理名言"只有流过血的手指,才能弹出世间的绝唱;只有经历过地狱般的磨炼,才能炼出创造天堂的力量。"初入职场,在人生这场考验毅力的马拉松比赛中,我们理应如此,即使路途坎坷,荆棘满地,我们也要义无反顾,坚持不懈,想着自己的目标,百折不挠地拼搏,凭着对铁路事业的一份执著和一片赤诚,凭着对××铁路局的一腔热情和一颗忠心,用实际行动奏响一曲又一曲沁人心脾、激荡飞扬的动人乐章,书写着人生一个又一个辉煌!

> "雄关漫道真如铁,而今迈步从头越",我们选择了铁路,就已经选择了奉献。为铁路事业奉献青春,我无怨无悔!无论将来是在繁华都市,还是在偏僻的站段,无论是在肃静的办公室、还是在喧嚣的现场,激扬的青春梦想最终都将沉淀成感恩的心在这里驻足、扎根。来到铁路我们不去考虑我们失去了什么,我们得到的将是最为宝贵的信仰,我们没有辜负自己的青春,因为我们正用汗水见证着成长,用奉献丈量着价值,拥有青春的铁路人在这片我们无限热爱的岗位上创造着人生的奇迹,抒写着青春的乐章,让青春在平凡中闪光!
>
> 谢谢大家!
>
> ——摘自西安铁路局演讲比赛稿
>
> **评析:**
> 　　演讲者以《让青春在平凡中闪光》为题,开头就表明了自己平凡的身份——新入职的职员,交代背景、点明主题。主体部分谈到了自己实习期间的平凡的工作,并用了名言警句加以论证,层次清晰。结尾处总结概括并展望未来,具有强烈的号召力。

演讲稿的格式和写法如下。

1.标题

标题标明演讲的内容并正面提出自己的观点。

2.称谓

演讲的对象不同、场合不同,称谓也不同。常见的有"各位领导"、"各位来宾"、"各位评委"、"各位朋友们"等,通常在称谓前加上"尊敬的"等词,以示尊重和友好。

3.开头

开头也叫开场白,开场白是讲演稿中非常重要的部分。这部分必须精心安排,好的开场白能够紧紧地抓住听众的注意力,为整场演讲的成功打下基础。常用的开场白有点明主题、交代背景、提出问题等。无论哪种开场白,目的都是使听众即刻了解演讲主题、引入正文、引起思考等。常用的方法有提问式、叙事式、明旨式、解题式、抒情式、引用式等。

(1)提问式

可以吸引听众的思索和注意力。如《青春无悔》的开场白。

演讲者走上台为大家出示了"青春"二字后,对大家说,这是我演讲的核心——青春。然后将"青春"二字的上部折叠起来,说我们可以看到,青春二字的基础是"月"与"日",这说明了什么?说明了我们的祖先在造字的时候就想到了:青春是充满光明的,青春是灿烂辉煌的,青春是无怨无悔的!所以我今天演讲的题目就是要对青春说:除了无悔,我还能对你说些什么?

(2)引用式

可以引用名人名言或一段故事、事例,以引起演讲者的回忆和联想,启迪、吸引听众。如某校老师《人生的支点》的开场白。

古希腊著名物理学家阿基米德说过:"如果给我一个支点,我就可以撬动地球。"一个小小的支点,竟有如此神奇的威力。人生也应该有支点,不然,人就将成为行尸走肉。

4. 主体

主体要环环相扣,层层深入,这是演讲稿的主要部分。在行文的过程中,要处理好层次、节奏和衔接等几个问题。

(1)层次

层次是演讲稿思想内容的表现次序,它体现着演讲者思路展开的步骤,也反映了演讲者对客观事物的认识过程,演讲稿结构的层次是根据演讲的时空特点对演讲材料加以选取和组合而形成的。由于演讲是直接面对听众的活动,所以演讲稿的结构层次是听众无法凭借视觉加以把握的,而听觉对层次的把握又要受限于演讲的时间。

那么,怎样才能使演讲稿结构的层次清晰明了呢?根据听众以听觉把握层次的特点,显示演讲稿结构层次的基本方法就是在演讲中树立明显的有声语言标志,以此适时诉诸于听众的听觉,从而获得层次清晰的效果。演讲者在演讲中反复设问,并根据设问来阐述自己的观点,就能在结构上环环相扣,层层深入。此外,演讲稿用过渡句,或用"首先"、"其次"、"然后"等词语来区别层次,也是使层次清晰的有效方法。

(2)节奏

节奏是指演讲内容在结构安排上表现出的张弛起伏。

演讲稿结构的节奏,主要是通过演讲内容的变换来实现的。演讲内容的变换,是在一个主题思想所统领的内容中,适当地插入幽默、诗文、轶事等内容,以便听众的注意力既保持高度集中而又不因为高度集中而产生兴奋性抑制。优秀的演说家几乎没有一个不长于使用这种方法。

演讲稿结构的节奏既要鲜明,又要适度。平铺直叙,呆板沉滞,固然会使听众紧张疲劳,而内容变换过于频繁,也会造成听众注意力涣散。所以,插入的内容应该为实现演讲意图服务,而节奏的频率也应该根据听众的心理特征来确定。

(3)衔接

衔接是指把演讲中的各个内容层次联结起来,使之具有浑然一体的整体感。由于演讲的节奏需要适时地变换演讲内容,因而也就容易使演讲稿的结构显得零散。衔接是对结构松紧、疏密的一种弥补,它使各个内容层次的变换更为巧妙和自然,使演讲稿富于整体感,有助于演讲主题的深入人心。

演讲稿结构衔接的方法主要是运用同两段内容、两个层次有联系的过渡段或过渡句来衔接。

5. 结尾

结尾要简洁有力,余音绕梁。结尾是演讲内容的自然收束。言简意赅、余音绕梁的结尾能够使听众精神振奋,并促使听众不断地思考和回味;而松散疲沓、枯燥无味的结尾则只能使听众感到厌倦,并随着时过境迁而被遗忘。怎样才能给听众留下深刻的印象呢?美国作家约翰·沃尔夫说:"演讲最好在听众兴趣到高潮时果断收束,未尽时戛然而止。"这是演讲稿结尾最为有效的方法。在演讲处于高潮的时候,听众大脑皮层高度兴奋,注意力和情绪都由此而达到最佳状态,如果在这种状态中突然收束演讲,那么保留在听众大脑中的最后印象就特别深刻。

演讲稿的结尾没有固定的格式,或对演讲全文要点进行简明扼要的小结,或以号召性、鼓动性的话收束,或以诗文名言以及幽默俏皮的话结尾。但一般原则是要给听众留下深刻的印象。

三、注意事项

①了解对象,有的放矢。演讲稿是讲给人听的,因此,写演讲稿首先要了解听众对象:了解他们的思想状况、文化程度、职业状况如何;了解他们所关心和迫切需要解决的问题是什么等。否则,不看对象,演讲稿写得再花工夫,说得再天花乱坠,听众也会感到索然无味,无动于衷,也就达不到宣传、鼓动、教育和欣赏的目的。

②观点鲜明,感情真挚。演讲稿观点鲜明,显示着演讲者对一种理性认识的肯定,显示着演讲者对客观事物见解的透彻程度,能给人以可信性和可靠感。演讲稿观点不鲜明,就缺乏说服力,就失去了演讲的作用。

演讲稿还要有真挚的感情,才能打动人、感染人,有鼓动性。因此,它要求在表达上注意感情色彩,把说理和抒情结合起来。既有冷静的分析,又有热情的鼓动;既有所怒,又有所喜;既有所憎,又有所爱。当然这种深厚动人的感情不应是"挤"出来的,而要发自肺腑,就像泉水喷涌而出。

③行文变化,富有波澜。构成演讲稿波澜的要素很多,有内容,有安排,也有听众的心理特征和认识事物的规律。如果能掌握听众的心理特征和认识事物的规律,恰当地选择材料,安排材料,也能使演讲在听众心里激起波澜。换句话说,演讲稿要写得有波澜,主要不是靠声调的高低,而是靠内容的有起有伏,有张有弛,有强调,有反复,有比较,有照应。

④语言流畅,深刻风趣。要把演讲者在头脑里构思的一切都写出来或说出来,让人们看得见,听得到,就必须借助语言这个交流思想的工具。因此,语言运用得好还是差,对写作演讲稿影响极大。要提高演讲稿的质量,不能不在语言的运用上下一番工夫。

四、写作训练

选择"我为明天准备了什么"、"我的得失观"、"爱国心声"、"感动我的一幕"中的一个主题,自拟题目,选择角度,写一篇演讲稿,组织一次演讲活动。

第七节 实 习 报 告

一、文体知识

实习报告是指各种人员实习期间需要撰写的对实习期间的工作学习经历进行描述的文

本。它是应用写作的重要文体之一。实习主要是指把学到的理论知识拿到实际工作中去应用,以锻炼工作能力。简言之,对实习过程、结果以及体会用书面文字写出来的材料就是实习报告。

二、格式和写法

例文:

铁道工程实习报告

实习时间:×××年×月××日～××日

实习地点:新开铺附近的铁路

实习目的:(1)了解铁道工程的相关基础知识及其设计、施工过程

(2)通过实际观察加深对铁道工程的理解

实习内容:

作为新生的我们,必须要对我们所学习的专业有个感性的认识,因此,学校给我们大一新生安排了为期十天的土木工程认识实习。为期两天的铁道工程认识实习现在已结束了,我们更清楚地认识和了解土木工程中的铁道工程这个专业。下面就是我记录的实习情况,以及一些在实习过程中或之后的感悟与思考。

××年××月××日上午8:00整,在图书馆前,带路老师给我们做了实习动员,着重给我们强调了以下几点:①安全第一,要处处注意安全;②严肃对待实习,要端正态度,每个人都要参加,不可以随便缺勤;③一切行动听指挥,不要擅自独立行动;④在实习中可以帮助我们这些大一新生对土木工程有个感性的基础的认识,为将来的专业课程的学习打下良好基础。

接着,老师给我们讲述有关铁道工程的一些基本概念。在讲铁道工程之前,老师先简单地讲了一下现代交通运输的分类和各种交通运输的特点。现代交通运输分为公路、铁路、航空、水运、管道五类。现在,我只简略介绍一下铁路运输的特点:载运量大、运费较低、行驶速度较高、连续性强、一般不受气候、地形等自然条件的影响、适合于中长途客货运输。

铁路是国家重要的基础设施,大众化交通工具。铁路在综合交通体系中占有重要地位。铁路为经济和社会的全面、协调、可持续发展,发挥着更加有效的促进作用。之后,老师重点讲述铁道工程,铁道工程分九个方面叙述。

1. 铁路的由来与发展

世界第一条铁路:1825年9月27日,在英国的斯托克顿和达灵顿之间开通。

世界上第一条高速铁路:1964年10月1日投入运营的日本东海道新干线,最高时速达210公里。

铁路的发展趋势:客运高速化、货运重载化。

2. 铁路选线设计

(1)铁路选线设计的基本任务。

①根据国家政治、经济、国防的需要,结合线路经过地区的自然条件、资源分布、工农业发展等情况,规划线路的基本走向,选定设计线路的主要技术标准。

②根据沿线的地形、地质、水文等自然条件和村镇、交通、农田、水利设施等具体情况,设计线路的空间位置(线路平面、立面),并在保证行车安全的前提下,力争提高线路质量、降低工程造价、节约运营支出。

③与其他个体工程专业共同研究,布置线路上各种建筑物,如车站或交叉、桥梁、隧道、涵洞、路基、挡墙等,并确定其类型或大小,使其总体上互相配合,全局上经济合理,为进一步单项设计提供依据。

(2)铁路线路的概念与等级。

①线路基本概念:线路是机车车辆和列车运行的基础,是由路基、桥隧建筑物和轨道组成的一个整体工程结构。

②铁路等级(略)。

3. 铁道工程建筑物

铁道工程建筑物:包括路基、轨道、桥梁、隧道以及车站与其他各种附属设备等。

(1)轨道。

轨道的作用:引导列车运行,直接承受来自列车的荷载,并将其分布传至路基或桥隧结构物。轨道的组成:一般由钢轨、轨枕、连接零件、道床、防爬设备和道岔等组成。

(2)钢轨。

钢轨的作用:直接和车轮接触,并提供运行阻力最小的接触面,引导列车按规定的方向运行。钢轨的型号:根据每米钢轨的质量分为75、60、50和43。轨钢轨的标志:在每根钢轨的轨腰轧制有生产厂标志、钢轨型号、制造年月等。

(3)连接零件——接头连接零件。

接头连接零件:连接两根钢轨端部。功能:接头连接零件使车轮能顺利滚过钢轨接头,并保持前后两根钢轨协调工作。

(4)连接零件——中间连接零件。

中间连接零件:连接钢轨和轨枕,称为扣件。功能:钢轨和轨枕连为一体构成轨道框架,使两股钢轨保持正确的相对位置;扣件提供足够的压力,防止钢轨倾覆,阻止钢轨的纵向移动。

(5)轨枕。

轨枕的功能:支承钢轨、保持轨距和线路方向,并将来自钢轨的压力经其分布后传于道床。轨枕的分类:按材料可以将轨枕分为木枕、混凝土轨枕和钢枕。钢枕在我国很少使用。

实习体会:

通过这次认识实习,我获益匪浅。这些设计和建筑不但给了我们视觉上的冲击,而且更重要的是给了我们一些先进的思想理念,这种意识形态就是一种创新的精神。所以,现在我们更加认清目前的形势,首先我们应该努力学习,学好我们的专业知识,要用全局的思想去看待和处理问题,将来我们就业或者设计这样的作品时才会做到有的放矢。

——摘自百度文库

评析:

这则实习报告写清了实习的时间、地点、目的,主要内容和实习总结。逻辑清楚、条理清晰、目的明确、内容详实。通过这篇实习报告,可以看到作者态度认真,认识准确,善于总结和思考。

生产实习(专业实习)报告包括以下内容。

1. 封面

2. 正文

实习报告正文内容必须包含下面六个方面。

①以实习时间、地点、任务作为引子,或把几个月的实践感受、结果,用高度概括的语言概括出来以引出报告的内容。

②实习目的:言简意赅,点明主题。

③实习单位及岗位介绍:要求详略得当、重点突出,重点应放在实习岗位的介绍。

④实习安排:简单介绍整个实习过程的总体安排。

⑤实习内容及过程:这部分是重点,要求内容详实、层次清楚,侧重实际动手能力和技能的培养、锻炼、提高,但切忌日记或记账式的简单罗列。内容可以是如何将学校里学到的理论、方式方法变成实践的行为;观察体验在学校没有接触的东西,它们是以什么样的面目、方式方法,以怎样的形态或面貌出现的。比如,部门职能,原先不了解,后从工作中由什么样的问题,引发了对职能部门的了解。再比如人际协调方法,工作中的人际协调和所学的公关理论与实务有什么样的差异,怎样体会公关理论等。

⑥实习总结及体会:这部分是精华,要求条理清楚、逻辑性强;着重写出对实习内容的总结、体会和感受,特别是自己所学的专业理论与实践的差距和今后应努力的方向。

三、注意事项

从开始实习的那天起就要注意广泛收集资料,并以各种形式记录下来(如写工作日记等)。丰富的资料是写好实习报告的基础。主要收集这样一些资料:

①在社会实践工作中党的路线方针政策是如何在工作中贯彻执行的。比如单位组织学习,内容是什么、用什么学习方式、学习后的效果如何、对自己和同志们的思想是否有提高。

②专业知识在工作中如何灵活运用的。结合所学的知识将理论与实践有机结合起来。

③观察周围同事是如何处理问题、解决矛盾的。实习是观察体验社会生活,将学习到的理

论转化为实践技能的过程,所以既要体验还要观察。从同事、前辈的言行中去学习,观察别人的成绩和缺点,以此作为自己行为的参照。观察别人来启发自己也是实习的一种收获。

四、写作训练

根据实习报告的写作要求,结合自己的实习,写一篇实习报告。

第八节 调 查 报 告

一、文体知识

调查报告是通过对典型的问题、情况、事件的深入调查,经过分析、综合,从而揭示出其本质或客观规律的书面报告。具体地说,调查报告是针对某一现象、某一事件或某一问题进行深入细致的调查,对获得材料进行认真分析研究,发现本质特征和基本规律之后写成的书面报告。

调查报告是一种在新闻领域和机关应用文领域中都可采用的常用文体,也就是说,它是新闻和应用文的两栖文体。不过,有些在机关之间流通的调查报告,可以没有新闻性。而在报刊广播上发表的调查报告,必须有新闻性。调查报告在报刊上发表的时候,也可以叫做"新闻调查"。

1. 调查报告的种类

(1)介绍典型经验的调查报告

某一地区、某一单位、某一企业,在贯彻落实党和国家的各项方针政策过程中,或在日常的思想政治、经济建设、科学教育等方面取得了突出的成绩,为了把他们的具体做法和成功奥秘反映出来,可以对他们进行专题的调查,然后写出调查报告,这种类型就是介绍经验的调查报告。

介绍经验的调查报告跟工作通讯中那些以反映工作成绩为主的类型有些近似。区别在于调查报告重在调查,特别注重对调查过程和调查所得数据的叙述和列举。以新近的此类调查报告为例:《穷山今日皆文章——广东梅州市山区开发工作考略》、《靠名牌赢得市场——关于深圳飞亚达(集团)股份有限公司的调查》以及《不信民心唤不回——从宁乡县五个乡镇的变化看做好农村思想政治工作的重要性》,这几篇调查报告分别从农村山区开发、大型企业建设、思想政治工作方面,介绍了其成功的经验。

(2)揭露问题的调查报告

跟前种类型相反,这是针对某一存在的问题展开调查,以揭示这一问题的种种现象和深层原因为主要目的的调查报告。它的主要功能是揭露和批判,探究问题产生的原因,分析问题的症结所在,提供解决问题的思路和方法。

揭露问题的调查报告也是比较多见的一种调查报告的样式。如《一个富裕居委会的财务调查》、《莘莘打工者,维权何其难》、《政府决策岂能朝令夕改——浙江温岭市一市场建成后开业受阻》,都属于这种类型的调查报告。

(3)反映新生事物的调查报告

这是针对社会现实中某种新近产生或新近有了长足发展的事物而写的调查报告。在现实社会中,新生事物总是不断涌现的。这些新生事物,究竟是显示了社会发展的某种趋势,有着光明的发展前景,还是昙花一现的偶然现象?对这些新生事物,究竟应该肯定,还是应该引起足够的警惕?反映新生事物的调查报告的文体功能,就是全面地报道某一新生事物的背景、情况和特点,分析它的性质和意义,指出它的发展规律和前景。

对新生事物,调查报告的最终意见可以是肯定性的,如《"中关村电子一条街"调查报告》在对被人称为"中国的硅谷"中关村电子市场进行调查以后,认为它为科技、教育、经济体制的改革提供了新的思路,是值得充分肯定的。但对一些新生事物目前的状况,也可以持一种质疑或探讨的态度,如《个人住房贷款缘何发展缓慢》所调查的个人住房贷款在中国是一个新生事物,但是它的发展状况并不理想,原因在哪里?作者揭露了形成障碍的几个因素。

(4)社会情况的调查报告

这是针对一些社会情况所写的调查报告。这里所说的社会情况,主要是指社会风气、百姓意愿、婚恋、赡养、衣食住行等群众生活各方面的基本情况。这类调查报告虽不直接反映政治、经济等重大问题,但百姓生活也是与政治、经济密切相关的。另外,这也是群众最为关心的一些问题。因此,各种新闻媒体都十分重视这一领域的报道,《中国青年报》、《文汇报》等都曾开辟过大众调查专版。如《北京人出游记——北京居民在京、津、沪地区旅游消费调查》、《中国夫妻过得怎样》等,都属于这种类型的调查报告。

2. 调查报告的特点

(1)针对性

写作调查报告的目的,是为了解决现实生活中存在的各种矛盾,推动和促进各项工作深入开展。因此,调查报告必须依据时代发展的要求,从工作的实际需要出发,有目的、有针对性地总结先进经验,弘扬新生事物,研究方针政策,揭露不良倾向,回答和解决人民群众最关心、最迫切需要解决的焦点和热点问题。如果一篇调查报告缺乏这种现实针对性,那么它就失去了存在的必要。

(2)真实性

调查报告要能指导工作、解决问题。最为重要的一条,是必须如实地反映情况,科学客观地分析问题,让准确可靠、核实无误的材料说话。调查报告只有真实、客观,才具有说服力,质量才能确保。否则,就会失去其存在的价值。因此,真实性不仅是调查报告的又一个显著特点,而且是在写作上的基本要求。

(3)指导性

工作中的某个问题、某个时间,本身就有典型的指导意义,才去调查、去研究,并把它写成调查报告的。通过调查研究,根据调查结果写成的报告,进一步揭示出事物发展规律和本质特征,从而取得以点带面、推动全局的效果,也就更具普遍的指导性。相反的,没有典型意义和未能揭示出事物本质特征的调查报告,是不具有指导性的。

二、格式和写法

示例

例文:

大学生消费调查报告

随着经济社会的纵深发展,我们大学生作为社会特殊的消费群体,我们的消费观念的塑造和培养更为突出而直接地影响我们世界观的形成与发展,进而对我们一生的品德行为产生重要的影响。因此,关注大学生消费状况,把握大学生生活消费的心理特征和行为导向,培养和提高我们的"财商",在当前已成为我们当代大学生共同关注的课题。

一、当代大学生消费新概念

1. 理性消费是主流

价格、质量、潮流是吸引大学生消费的主要因素。从调查结果来看,讲求实际、理性消费仍是当前大学生主要的消费观念。据了解,在购买商品时,大学生们首先考虑的因素是价格和质量。这是因为中国的大学生与国外的不同,经济来源主要是父母的资助,自己兼职挣钱的不多,这使我们每月可支配的钱是固定的,在300~800元之间,家境较好的一般也不超过2 000元,而这笔钱主要是用来支付饮食和日常生活用品开销的。由于消费能力有限,大学生们在花钱时往往十分谨慎,力求"花得值",我们会尽量搜索那些价廉物美的商品。无论是在校内还是在校外,当今大学生的各种社会活动都较以前增多,加上城市生活氛围、开始谈恋爱等诸多因素的影响,我们不会考虑那些尽管价廉但不美的商品,相反,我们比较注重自己的形象,追求品位和档次,虽然不一定买名牌,但质量显然是我们非常关注的内容。

2. 追求时尚和名牌是不老的话题

即使在取消高考年龄限制之后,20岁左右的青年仍是大学校园的绝对多数,我们站在时代前沿,追新求异,敏锐地把握时尚,唯恐落后于潮流,这是我们的共同特点。最突出的消费就是使用手机。当代大学生们的消费中普遍增加了手机的消费项目。本次调查中发现学生手机拥有率已达到每班不低于60%。此外,计算机及相关消费也是我们的追求,小至一张几十元的上网卡,大至笔记本电脑都是当代大学生的宠物,用计算机系同学的话来形容,我们简直就把计算机当成自己的"情人知己"。再次是发型、服装、饰物、生活用品,大学校园中都不乏追"新"族。调查资料也印证了这一点,就所占比例来看,"是否流行"紧随价格、质量之后,成为大学生考虑是否购买的第三大因素。至于名牌产品,当问到"如果经济许可,会否购买名牌产品"时,80%的学生表示肯定。以上充分体现了大学生对追求高品质、高品牌、高品位生活的需要。

二、当代大学生消费状况存在的问题

1. 储蓄观念淡薄,财商需培养和加强

"财商"一词的提出者罗伯特·清崎曾经说过:"财商与你挣了多少钱没关系,它是测算你能留住多少钱以及能让这些钱为你工作多久的能力。"在调查中,当问及对"财商"概念的认识时,很多同学表示陌生。当问及一学期结束后经济情况如何时,大部分同学都坦然承认自己的消费已经超出计划范围,甚至有些同学还需要向别人借回家的路费,略有剩余的同学也想着如何把剩余的钱花完,只有极个别同学有储蓄的意识。可见,当前大学生的财商需要培养和加强。

2. 消费差距拉大,出现两极分化

在关于月平均消费一栏的调查中,有15.2%的同学在400元以下"有点痛苦"的生活线上坚持学业;有28.3%的同学在400～550元之间"勉强过得去",有34.4%的同学在550～900元之间"稍微有点爽",有14.6%的同学在900～1 400元之间"比较自由";有7.5%的同学月消费1 400元以上可以说是"跟着感觉走"——无忧无虑。可见,大学生的消费差距增大,两极分化也比较分明,这在我国当前剧烈转型的社会大背景下有一定的必然性,但我们相信,随着社会的发展和人民生活水平的进一步提高,这些问题必将在一定程度上得到改善。

3. 消费结构存在不合理因素,女生更为突出

大学生的生活消费从20世纪70年代至今,至少有一个方面是共同的,即消费的主要组成部分以生消费用和购买学习资料、用品为主。在生活费用中,饮食费用又是重中之重,按照青岛地区的物价水平,以学生在校每天消费十元左右用于基本饮食需要来估计,学生每月净饮食费需300元左右。

我们惊奇地发现,在被调查的197名女生中,83.7%饮食费用在300元以下,有的为了保持苗条身材控制自己的食欲,有的为了节约支出不顾营养需要只选择廉价的饭菜;而192名男生中也只有66.4%达到标准。当问及他们是否研究过自己的营养结构问题时,比如对"一杯奶养起一个民族"说法的认同时,90%的同学表示认可,但不怎么在意。当我们把饮食结构不合理的问题在调查中指出的时候,他们当中,尤其是女同学很多都承认自己对健康饮食知识了解不够。

4. 过分追求时尚和名牌,存在攀比心理

在调查中,一些同学指出,为了拥有一款手机或者换上一款最流行的手机,有的同学情愿节衣缩食,甚至牺牲自己的其他必要开支,有些男同学为了一双名牌运动鞋,有些女同学为了一套名牌化妆品或者一件名牌衣服,不惜向别人借钱甚至偷钱以满足自己的欲望等,都可以反映出一些学生不懂得量入而出,而虚荣心的驱使又极易形成无休止的攀比心理。

5. 恋爱支出过度

在调查中我们发现,一部分谈恋爱的大学生每月多支出100～300元,最少的也有50元左右,最高的达到1 000元(比如送名贵礼物给对方)。他们大多承认为了追求情感需要物质投入,经常难以理性把握适度消费的原则。这是让人感到忧虑的

方面。有趣的是，传统意义上谈恋爱的费用支出一般由男方承担的局面已经完全被打破，而出现三种情况，即男方全部承担、男女方共同承担和女方主动全部承担，女生的恋爱支出甚至有超过男方的情况。传统与现代生活方式在当代大学生中被充分演绎。

三、当前大学生消费心理和行为偏颇的原因分析

当前大学生在消费上出现无计划消费、消费结构不合理、攀比、奢侈浪费、恋爱支出过度等问题，既与社会大环境的负面影响有关，也与家庭、学校教育缺乏正确引导不无关系。今天的大学生生活在"没有围墙"的校园里，全方位地与社会接触，当某些大学生受到享乐主义、拜金主义、奢侈浪费等不良社会风气的侵袭时，如果没有及时得到学校老师和父母的正确引导，容易形成心理趋同的倾向，当学生所在家庭可以在经济上满足较高的消费条件时，这些思想就会在他们的消费行为上充分体现。更糟糕的情况是，有些家庭经济状况不允许高消费的学生，为了满足自己的消费欲望，不惜作出一些损人利己甚至丧失人格、法理不容的犯罪行为。其次，父母在日常生活消费的原则立场是子女最初始的效仿对象。有些父母本身消费观念存在误区，又何以正确指导自己的孩子呢？因此，我们更应该关注学校教育环境对学生消费观念培养的重要影响作用。可事实是，高校思想政治教育对学生消费观教育还没有形成足够的重视。具体体现为：其一，对大学生消费心理和行为研究不足。高校思想政治教育要真正达到有效性目的，就一刻不能缺少对学生实际行为的了解与把握。应该承认，近年来高校思想政治教育工作已经取得较大的进展，但是由于学校领导的重视程度、科研条件、人员配置等原因，对学生的教育首先从实践调查开始的教学科研风气仍然未能形成。据我们了解，近年来有关大学生消费心理和行为方面题材的论文被收入中国学术期刊上的少而又少，可见，在高校思想政治教育研究上还没有对这个问题形成足够的认识。其二，"两课"教学中对大学生消费观的教育指导不够。由于对大学生的消费心理和行为了解不够全面和客观以及课程设置等因素，与人生观、劳动观、金钱观、国情观等重要思想观念紧密相关的消费观的专题教育在思想品德修养课中没有充分开展，从而也难以达到真正的指导目的。其三，校风建设范畴中普遍缺少倡导大学生勤俭节约生活消费观的内容。大学生的消费心理和行为除了在个人喜好、穿着打扮等较少方面比较注重突出个性以外，对于时尚品牌、基本生活用品、生活费用的额度等主要消费内容都具有群体从众心理。高校校风主要体现的正是学生的群体心理和行为特征。在校风建设上注重塑造和强化学生良好的消费意识和消费行为，培养学生良好的消费习惯，这是高校思想政治教育一个非常重要的内容。

当前，我国社会正处于激烈的社会转型过程中，虽然社会经济与以往比较已经取得卓越的成就，但是放眼世界，我们离工业化发达国家的距离还很遥远。当代大学生是未来社会建设的栋梁，引导大学生继续保持艰苦朴素、勤俭节约的消费观念，反对奢侈浪费、盲目攀比、过高消费等不良消费风气，加强大学生健康的消费观念的培养与塑造，在当前国情下具有非常重要的意义。要正确引导大学生养成健康消费心理和行为，可以从以下三个方面着手：

(1)加强对大学生消费心理和行为的调查研究,我们希望老师在思想理论教学中,使用调查研究与理论教学相结合的科学方法,使理论教学真正摆脱空洞无物的说教。我们认为今后老师应当重视和加强对大学生消费状况的关注,注重研究我们的消费心理与行为,从中发现问题和解决问题,帮助我们养成健康消费心理,形成正确的消费观。

(2)培养和加强大学生的财商。所谓财商,指的是一个人在财务方面的智力,即对钱财的理性认识与运用。专家指出,财商的概念是与智商、情商并列的现代社会三大不可缺少的素质,也是现代教育不可忽略不宜回避的话题。可以这样理解,智商反映人作为一般生物的生存能力,情商反映人作为社会生物的生存能力,财商反映人作为经济人在经济社会里的生存能力。财商主要包括两方面的内容:其一,正确认识金钱及金钱规律的能力;其二,正确运用金钱及金钱规律的能力。我们建议老师围绕这两方面的内容,在"两课"教学活动中设计生动活泼的教学。

(3)大学生良好消费风气应该成为良好校风的重要组成部分,良好校风是师德师风和学生学习、生活作风的有机组合。其中学生的消费心理和行为是体现学生生活作风的重要方面。

——摘自酷文网

调查报告行文灵活,写法多样,没有固定格式。其内容一般由标题、正文、落款三部分构成。

1. 标题

调查报告的标题应该醒目、具体、明确,以概括文章的中心内容为主,又要对人物、范围、时间、数量等有所限制。调查报告的标题有单层标题和双层标题。如《南京鼓楼医院一起严重医疗事故的调查汇报》,是单层标题,它由"调查对象+调查内容+文种"组成。再如《加快农村经济发展的有效途径——江苏××市发展多种经营的调查》,就是双层标题,上层为正标题,概括了文章的主要内容,下层为副标题,补充说明了调查的范围和对象。

2. 正文

调查报告的正文分为前言、主体和结束语三部分。

(1)前言

前言也称引言或导语。这一部分主要简明扼要地介绍基本情况。如介绍调查的目的、对象、经过等。一些特别重要的调查报告,还要说明调查的时间、范围、方式、方法和结果等。有些调查报告还在这部分简要地提示全篇的主要内容,使读者先形成一个总的印象,以便迅速地把握全文的中心。调查报告前言常用的写作方法有说明式、叙述式、议论式和提问式等。

(2)主体

主体也称主文。这一部分是调查报告的核心,主要是对调查的过程和结果作具体的叙述和说明,并通过阐述剖析,揭示规律,然后将文章的中心内容归纳、提炼成几个观点,以典型的事例和确凿的数据对这几个观点进行论述。这一部分内容的安排应该做到先后有序、主次分明、详略得当、联系密切、层层深入。有些调查报告常常把具体内容分成几个小部分,每个小部分加上一个小标题或序号。调查报告主体部分的写法不是固定不变、千篇一律的,应该根据调查报告的不同类型和写作目的精心安排内容顺序和结构形式。

从内容安排上看,不同类型的调查报告,其表达顺序不同:

①新生事物调查报告主要反映社会主义建设中涌现出来的能体现时代精神的新人、新事、新发明、新创造、新经验,要比较完整地介绍其产生、发展的过程,揭示其成长的规律,以及说明其意义和作用。其内容表达顺序是产生过程→具体做法→意义作用。

②典型经验的调查报告重点是介绍有代表性、科学性及能对工作起到推动和指导作用的典型经验,这就必须说明先进经验的思想基础、创造过程、具体做法和实际效果等方面。其内容的表达顺序是成果→做法→经验或做法→经验→成果。

③反映情况的调查报告的内容比较广泛、比较全面,篇幅比较长,叙述比较详尽。这一类调查报告对正确制订党的路线和各项方针政策有重要意义。其内容表达顺序是情况→成果→问题→建议。

④揭露问题的调查报告要具体阐明存在问题的真实情况,分析产生问题的原因,揭露问题的实质,以引起人们的注意和重视,从而提高认识、吸取教训、推动工作,同时也为领导机关的了解情况、解决问题提供依据。这类调查报告的内容表达顺序是问题→原因→意见和建议。

3. 结尾

结尾又称结束语。调查报告的结束语多以结论和建议结束全文。有的调查报告已在每个部分进行小结。有的调查报告,虽然在每个部分进行了小结,但若需要,也可以在结束语部分表示决心,或提出意见和建议,或点拨深化主题,展望发展远景。有的介绍典型经验的调查报告的结尾,可以补充说明一下存在问题和不足之处。有的调查报告的结束语意味深长,充满热情和信心,能给人以鼓舞的力量。还有的在结尾提出新的问题,指明努力方向,启发人们更进一步去探索和开拓。总之,调查报告的结束语要简短有力,有话则长,无话则短。

三、注意事项

①进行深入细致的调查研究,掌握充分的第一手材料。这是写好调查报告的前提和基础,要运用开调查会、现场考察、个别访问等基本方法去详细地占有第一手材料。

②认真分析材料,掌握事物的本质特征。在掌握大量的调查材料的基础上,还必须对调查得出的材料进行认真分析研究,注意从纷繁复杂的材料中找出事物发展的内在规律,掌握事物的本质特征。

四、写作训练

①就你所学专业在本地区的分布及收入做一份调查报告。
②补充下面调查报告的各级标题,并给此调查报告拟一个题目。

为了更好地了解当前大学生的就业现状,便于分析新形势下大学生就业问题及其产生的原因,以应对高等教育扩招之后毕业生面临的严峻的就业形势,加强和改进大学生就业工作。我们发放了大概100多份调查问卷,在受调查的学生中男学生占10.4%,女学生占89.6%,基本上都是专科生,在问卷调查的设计中,充分考虑了学校、专业和年龄的分布,大体上能反映当前大学生就业问题的总体状况。现将有关情况报告如下。

一、(　　　　　　　　　　)

1. 大学生认为和未来就业有关的因素分析

调查中显示,认为你现在在就业中遇到的困难,有74.7%的同学认为"目前没有工作经验"是最大的障碍,有45.2%的同学认为自己所学专业不好影响择业,30.5%的同学认为学校的档次影响了未来就业,32.6%的同学认为成绩水平和未来就业有关,还有21.2%的同学认为靠关系才能找到好工作。从这些资料里可以看出来,目前用人单位在招聘人才方面存在着不少的矛盾,当前浮躁的社会风气使不少学生认为"关系"的重要性,这是一个值得注意的问题。

当前大学生对学校组织的各类社会实践活动的参与非常踊跃,并热情参加校内外的各种社会工作、勤工俭学、打工兼职等,其实也是为了更好地应对用人单位所需要的"工作经验"。所有这些目的都是为了增强自身的综合素质,旨在更好地应对当前就业市场的挑战。

2. (　　　　　　　　　　)

首先,调查了关于大学生对择业方向的选择。首选在上海、北京、杭州等发达城市的占78.3%,首选在自己家乡的占21.4%,且绝大部分为女生,主动去边远地区的仅仅占0.3%,这个数字低得很,甚至可以忽略掉。这其实反映了大学生自身择业的期望值较高,而且比较实际。他们一方面希望能有一个较高的工资收入和舒适的工作环境,另外又关注单位和个人发展前景,都显得比较实际,没有人愿意去偏远的地方。

其次,对大学生就业的理想单位进行了解,结果发现,选择到外资企业就业的比例最高,约占36.2%,其他依次为国家机关27.2%,私营企业占18.6%,高等院校10.6%,国有企业7.4%。从数据看出,目前的同学较多地倾向于去外资企业工作,这可能与改革开放的加强、外资企业大量进入,且其有较高的福利待遇有关。国家机关,如公务员、高等院校、其他事业单位、科研单位等传统就业单位也不在少数。

另外,对于大学生毕业工资选择方面,我们调查的专科生中,67.2%的人选择了1 000～2 000之间,13.3%的人选择了1 000以下,选择2 000以上的有19.5%。

3. (   )

在调查中,有56.7%的学生认为"亲自到用人单位应聘"是就业最有效的途径,有46.8%的学生主要是"通过人才市场中介或者学校网站",这说明大学生正习惯于通过市场双向选择而求得职位。另外有相当比例的学生首选"依靠父母、亲戚关系"获得就业,占25.3%。有些硕士和博士生选择由"学校推荐",有12.7%的大学生选择通过"网络"(不同于校园中介网,而是社会上的中介网,有风险性)。总之,概括目前大学生就业的方式主要靠市场和父母的关系。从目前就业途径的选择看,网上择业所占比例有逐渐升高的趋势,其作为一种就业的有效途径,越来越被大学生青睐。

在大学生就业信息获取方面,网络中介成为了一种潮流。网上求职可以极大地缩短用人单位与学生之间在沟通中的时间差。由此可见,实现资源共享,加强信息网络建设,建立职业信息资料库,通过网络途径实现就业,是大学生乐意接受的一种方式。可以发现,在求职渠道上,社会招聘会、学校招聘会所占比例分别为31.7%和36.7%,表明招聘会作为求职主要形式之一,在现在和将来很长一段时间内继续存在。

二、大学生就业中存在的主要问题

由以上调查发现,在大学生就业方面存在以下几方面的问题。

1. (   )

首先,大学生就业中存在急躁的心理,即所谓的"一步到位",就是要一次性得到自己理想中的岗位,怕麻烦,一有困难就怨天尤人;另外,不少人对自己的期望过高,不少本科生希望到工资很高的公司就业,或者担当公司的要职等,这些想法都不切实际。随着高等教育从精英教育向大众化教育转轨,就业也势必由精英就业向大众就业转轨。从大城市逐渐走向地方城镇乃至广大农村,从大企业走向中小企业是当今大学生就业的客观趋势。其实大学生应该改变就业观念,要树立"先就业,再择业"的想法,注重社会实践,在实践中锻炼和提高能力。当前人才市场竞争激烈,比较诱人的职位又有限定,但是毕业生却大都将注意力集中在东部沿海发达地区以及为数不多的大城市,广大的西部欠发达地区则少有人问津,部门方面毕业生都将注意力集中在外资企业、政府机关等,对广大的基层单位不愿理睬。这充分反映当前大学生好高骛远,不切实际,最终导致已经毕业,但是还没找到就业单位的局面,这主要是由于个人的自我设计过于理想化而与社会需求不对称。

2. (   )

在调查中发现,很多用人单位也都把有相关实际工作经验作为招聘的必要条件。但是对大学生的调查表明,多数大学生都缺乏实际意义上的实践经验,成为影响就业的重要因素。目前大学生的个人综合素质和能力缺失,突出表现为相对缺乏社会实际工作经验,缺乏解决现实问题的能力,缺乏艰苦创业精神,在与人合作与沟通方面存在着障碍。通过对部分用人单位的了解,发现社会所需要的大学生应具备的基本综合素质应该包括思想健康和道德自律讲诚信、善于协调、容易与他人合作的品格,以及具备过硬的专业技术知识和基本的法律法规知识。目前的大学毕业生较多的只注重书面知识,兴趣范围也有限,这使得他们在竞争职位时难以胜出,所以大学生只有结合自身的专业特长,努力拓展自身素质、提高综合能力,才能更加容易地找到适合自己的工作。

3.(　　　　　　　　　)

一方面,科教兴国和知识经济社会迫切需要适用人才,另一方面,毕业生就业却出现困难。许多学校热衷于升格改名,办学模式贪大求全,学术上急功近利,高等教育趋同性愈来愈强,竞争区间愈来愈窄。与此同时,高校对大学生就业问题却未能怀有同样的热情去思考、去应对,高校自身办学特色是什么思考得不够深入。很多高校决策不作市场和社会调查,陷入闭门造车、一厢情愿的境地,全然不顾市场需求的变化。

第九节　毕业设计说明书

一、文体知识

毕业设计说明书是对毕业设计进行解释与说明的书面材料。它是毕业设计(论文)的重要组成部分,是毕业设计工作的总结和提高,与从事科研开发工作一样,必须有严谨求实的科学态度。不同的毕业设计说明书(论文)都应有一定行文规范,具有学术价值和实用价值,能反映出作者所具有的专业基础知识和分析解决问题的能力。

毕业设计说明大致可分为文科类、理科类、工程设计类、实验类、计算机软件设计类等。

二、格式和写法

例文:

××宾馆工程设计说明书

一、设计依据(略)
二、建筑部分(只列项目标题,具体内容略)
1.基地
2.总平面布置
3.主楼设计
(1)层数和高度;
(2)建筑面积;
(3)主楼客房;
(4)门厅;
(5)餐厅;

(6)立面。

4. 辅助服务设施

(1)办公部分；

(2)职工更衣、淋浴及休息室；

(3)洗衣房；

(4)汽车库。

5. 锅炉房

6. 设备机房

7. 污水处理

8. 环境保护

(1)噪声处理；

(2)废气处理；

(3)污水处理；

(4)煤炭灰处理。

9. 消防安全

10. 建筑用料表

11. 其他(略)

三、客房室内家具布置(略)

四、结构部分

1. 本工程按照下列现行设计规范进行设计；

2. 荷载规定；

3. 结构造型及构件选用；

4. 材料。

五、采暖、通风及空调部分(略)

六、给水排水部分(略)

七、弱电部分(略)

八、电气照明(略)

九、动力部分(略)

十、经济效益估算(略)

一份完整的毕业设计说明书应包括如下内容。

1. 标题

标题即设计课题名称，要求简洁、确切、鲜明。

2. 目录

3. 摘要

摘要应扼要叙述设计的主要内容、特点、文字要简练。摘要约300字。

4. 前言

前言应说明本设计的目的、意义、范围及应达到的技术要求；简述本课题在国内(外)发展概况及存在的问题；本设计的指导思想；阐述本设计应解决的主要问题。

5. 正文

①设计方案论证：应说明设计原理并进行方案选择。应说明为什么要选择这个方案(包括各种方案的分析、比较)；还应阐述所采用方案的特点(如采用了何种新技术、新措施、提高了什么性能等)。
②计算部分：这部分在设计说明书中应占相当的比例。
③设计部分：这也是设计说明书的重要组成部分。
④样机或试件的各种实验及测试情况：包括实验方法、线路及数据处理等。
⑤方案的校验：说明所设计的系统是否满足各项性能指标的要求，能否达到预期效果。校验的方法可以是理论(即反推算)，包括系统分析；也可是实验测试及计算机的上机运算等。

6. 结论

结论应概括说明本设计的情况和价值，分析其优点、特色有何创新，性能达到何水平，并指出其中存在的问题和今后的改进方向，特别是对设计中遇到的重要问题要重点指出并加以研究。

7. 谢辞

谢辞应简述自己进行本设计的体会，并对指导教师和协助完成设计的有关人员表示谢意。

8. 参考文献与附录

在说明书的谢辞之后，应列出主要参考文献。并将各种篇幅较大的图纸数据表格、计算机程序等附于说明之后。

三、注意事项

①毕业设计说明书撰写的目的要明确。其目的就是为了全面、系统、明确、科学、格式正确的将毕业设计的方方面面的内容说明清楚。
②毕业设计中毕业设计说明书的基础地位最为重要，即你的毕业设计说明书不能写一些与自己毕业设计无关的内容，也不能在毕业设计说明书中将与自己的毕业设计无关的内容说明成分过多，即重点在于说明自己的设计。当然，在前言中对相关的技术或背景作一定的介绍是必要的，但应严格控制其内容的比重。

四、写作训练

以自己平时所进行的实验或实习的情况为材料,假设你准备据此为题目进行毕业设计,拟写一份毕业设计说明书。

第十节　毕业设计论文

一、文体知识

毕业论文是大专院校学生毕业时写作的体现学习成果的论说文。完成毕业论文任务是学生在大学学习的最后一个教学环节,是在教师指导下,学生综合运用并扩充本专业所学的理论知识和实践技能去分析和解决工程中技术问题的训练;是培养学生掌握实际工程的设计和科学研究方法的重要环节,通过毕业设计能使学生进一步提高阅读文献资料,从事调查研究,科学实验,进行设计、计算和文字表达及编写技术文件等方面的独立工作能力。

在进行毕业设计过程中,每个学生要全面地运用、巩固和深化所学理论知识,独立的完成调查研究,查阅并收集有关的参考文献和资料;独立地进行设计方案的选定,进行各种设计和计算,创造性的完成毕业设计规定的全部任务。

其步骤如下。

(1)设计前的准备工作

设计前的准备工作包括对涉及任务的研究、收集资料以及拟订工作计划。

(2)设计任务的研究

通过对设计任务的研究,应明确毕业设计(论文)特点、关键和完成的期限。

①设计题目的性质和内容纲要,给出原始条件。

②毕业设计论文的组成及进行设计的方法。

③阅读有关文献和参考资料。

(3)收集资料

调查研究、收集资料,是进行毕业论文(设计)的重要环节之一,只有资料齐全、完整、可靠,才能保证设计任务圆满完成;保证为毕业论文(设计)提供充分可靠的论据。毕业论文所需的资料不仅仅包括各种文献、技术数据和参考图纸,而且还要更广泛一些,收集有关的研究成果、总结、规范及样本。对口头访问的资料,也应予以足够的重视。

毕业论文(设计)所需的资料,一方面通过到工厂去收集直接的现场资料,另一方面在文献及有关书面资料中收集。资料的收集工作贵在分析和研究,要求获得的资料既可靠又有代表性,并且切实可行,具有先进性。收集资料,切忌不加选择、囫囵吞枣,力求消化并正确理解。

(4)拟订工作计划

毕业论文(设计)必须按期完成,不能拖延。为此设计者本人应该掌握设计进度,而拟订工作计划是保证进度的首要措施。设计者应该根据任务书的要求和自己对各部分的熟悉程度,估计总工作时间和完成每一部分工作所需时间,安排各项工作的日程、工作量和完成日期。最后拟订设计进程表,交指导教师批准,并遵照执行。对拟订工作计划确有困难的学生也可请指导教师帮助共同拟订。

(5)设计的进行

毕业论文(设计)一般在学校进行,通常进行毕业论文(设计)的时间应按教学计划规定执行。

(6)毕业设计各阶段时间分配

由于每类论文(设计)题目要求不同,论文(设计)各阶段的工作量和完成时间都不相同。以下提出的百分比仅供参考:

①设计前准备工作(包括调查研究收集资料)15%～20%;

②总体设计方案的选定 15%～20%;

③绘制总设计图、分布图 35%～45%;

④编写设计说明书和使用说明书 8%～10%;

⑤其他(外文翻译、准备答辩等)8%～15%。

(7)答辩者(论文作者)的准备

①要写好毕业论文的简介,主要内容应包括论文的题目,指导教师姓名,选择该题目的动机,论文的主要论点、论据和写作体会以及本议题的理论意义和实践意义。

②要熟悉自己所写论文的全文,尤其是要熟悉主体部分和结论部分的内容,明确论文的基本观点和主论的基本依据;弄懂弄通论文中所使用的主要概念的确切涵义,所运用的基本原理的主要内容;同时还要仔细审查、反复推敲文章中有无自相矛盾、谬误、片面或模糊不清的地方,有无与国家的政策方针相冲突之处等。如发现有上述问题,就要做好充分准备,如补充、修正、解说等。只要认真设防,堵死一切漏洞,这样在答辩过程中,就可以做到心中有数、临阵不慌、沉着应战。

③要了解和掌握与自己所写论文相关联的知识和材料。如自己所研究的这个论题学术界的研究已经达到了什么程度?目前存在着哪些争议?有几种代表性观点?各有哪些代表性著作和文章?自己倾向哪种观点及理由?重要引文的出处是什么?版本是哪个?这些方面的知识和材料都要在答辩前做到有比较好的了解和掌握。

④论文还有哪些应该涉及或解决,但因力所不及而未能接触的问题,还有哪些在论文中未涉及或涉及很少,而研究过程中确已接触到了并有一定的见解,只是由于觉得与论文表述的中心关联不大而没有写入等。

⑤对于优秀论文的作者来说,还要搞清楚哪些观点是继承或借鉴了他人的研究成果,哪些是自己的创新观点,这些新观点、新见解是怎么形成的等。

二、格式和写法

示例

例文：

现代建筑屋顶与建筑的自然通风

摘　要：结合自然通风的基本原理和国外的一些建筑实例，分析了现代建筑屋顶在建筑各种自然通风系统中的作用，提出了屋顶应采取的相关构造措施，以节约建筑能耗，保护人类身心健康。

关键词：现代建筑　屋顶　自然通风

建筑通风的目的是提供人们呼吸用的新鲜空气或在夏季降低室内温度。空调技术的产生与成熟，使人们可以在一个完全封闭的空间内创造出一个独立的小气候，使室内的温度和湿度始终控制在相对舒适的范围内。但空调并不是万能的，它在现代建筑中的广泛使用所带来的负面影响已经引起了人们的警惕，并着手研究相应的解决措施。给建筑以适当的自然通风是减少使用空调负面影响的有效方法之一。自然通风的建筑可以降低空调耗电量，进而降低生产这些电能的不可再生资源的消耗量和CO_2向大气的排放量；对人体而言，自然通风可减少"空调病"和各种通过空气传播的疾病的发病率。

1. 自然通风的原理与模式

现代建筑的自然通风从动力来源上可分为完全自然通风和机械辅助自然通风两种模式。完全自然通风是由来自室外风速形成的"压差"和建筑表面的洞口间位置及温度造成的"温差"形成的室内外空气流动。按照热力学原理，建筑室内温度有沿高度逐渐向上递增的特点。该特点是建筑随层高增加而使上下之间温差加剧的主要原因，设计师也经常利用这一点，挖掘建筑自然通风的潜力。机械辅助自然通风是利用温差造成的热压和机械动力相结合而形成的室内外空气对流。与完全自然通风相比，虽然建筑内局部作为辅助动力的机械装置要消耗一定的能源，但通过这种装置重新组织气流，甚至在局部"强迫"气流改向，可以使自然通风达到更好的效果。在这两种通风模式中，屋顶都是形成温差，组织气流的重要环节，在整个自然通风系统中起着重要作用。

2. 屋顶在完全自然通风中的作用

当室内存在贯穿整幢建筑的"竖井"空间时，就可利用其上下两端的温差来加速气流，以带动室内通风，其实质就是"温差—热压—通风"的原理。作为建筑共享空间的中庭就可以胜任这个"竖井"的职能，一般来说，其所占空间比例以超过整幢建筑的1/3为宜。这种中庭的屋顶一般都具备两项性能：①它们能让阳光射入中庭，将中庭内空气加热并产生上下温差；②它们是全部或局部可开启的，在需要通风时能让气流找到出口。赫尔佐格设计的德国林茨城的HOLZ大街住宅区，每幢住宅楼的显著特征是带玻璃顶的共享中庭。这个中庭贯穿建筑五层并稍稍高出两侧房间的屋面。冬天，阳光透过玻璃屋顶直射进来，中庭屋顶的侧窗关闭，使中庭成为一个巨大的"暖房",到了夜晚,白天中庭储存的热量又可以向两侧的房间辐射;夏天,中庭屋顶的侧窗开启,将从门厅引进的自然风带着热量一并排出,使建筑在夜间能冷却下来。当建筑体量小,内部的"竖井"空间高度不够形成有效温差时,也可以做成冲出屋面的竖向突兀空间。位于英国中部 Solihull 的一座办公大楼,以突出屋面的"太阳能烟囱"的自然方式满足办公空间的照明与通风。这些"太阳能烟囱"的北面为玻璃天窗,天光由此洒向建筑的中心区域。天窗对面为自动控制的活动板,将其打开时,阳光从"烟囱"南侧射入室内加热顶部的空气,在热压的驱动下气流由外墙的窗户引入,上升后由"烟囱"排出。可作为"竖井"空间的,除了中庭外,还可以利用建筑的楼梯间(见图2考文垂大学新图书馆,其楼梯间兼作通风竖井使用)。冲出屋面的突兀空间除了做成烟囱外,还可以做成风塔、风帽的形式。如何使那些突出屋面的部分在外观上和屋顶协调,甚至使其成为整个建筑造型的亮点,对每个建筑师来说既是挑战,更是机遇。

3. 屋顶在机械辅助自然通风中的作用

对于很多地区的建筑来说,完全自然通风并不是每个季节都适宜的;有些建筑受特定条件的制约,也不具备低进高出的气流走廊。这时的建筑自然通风就必须借助机械装置的辅助,或者是根据不同时段、不同季节进行完全自然通风和机械通风的轮换。英国诺丁汉大学朱比丽分校的主体建筑具备两套通风措施:在室外气候温和的时候,气流在凹进的中庭入口的引导下,经过大门口上部开启的百叶进入中庭内,再由中庭另一端屋顶上的玻璃百叶排出,这时是完全自然通风模式。在酷热或严寒季节,建筑的门窗关闭,新鲜的空气通过屋顶上风塔的机械抽风和热回收装置被引到风道中,然后进入各层楼板的夹层空间,进而在楼板低压发散装置的辅助下进入室内;而废气的排出是通过走道和楼梯间的抽风作用,最终又回到风塔上部,经过热回收和蒸发冷却装置,最终由风斗排出,这时采用的就是机械辅助的自然通风模式。太阳能集热片被集成在中厅屋顶的吸热强化玻璃中,其吸收的热能用于驱动机械抽风装置。

4. 层顶作为一个相对独立通风系统的作用

屋顶内部的自然通风屋顶除了作为整个建筑自然通风系统的一个组成部分,利用天窗、烟囱、风斗等构造为气流提供进出口外,本身也可以成为一个独立的通风系统。这种通风屋顶内部一般有一个空气间层,利用热压通风的原理使气流在空气间层中流动,以提高或降低屋顶内表面的温度,进而影响到室内空气的温度。在日本的OM阳光体系住宅中,室外空气由屋顶下端被吸入空气间层,并被安装在屋顶上的玻璃集热板加热,受热后上升到屋顶的最高处。屋顶最高处设置了空气处理装置,包括空气阀门、热交换盘管和一个小型风机。这个装置既能将加热过的空气通过管道送到建筑的各个角落,又能将不需要加热的空气由排气管排出。在德国慕尼黑的一项将仓库改造成设计工作室的工程中,原有外围护结构的热工性能无法满足新的用途。建筑师赫尔佐格在室内加建了一层包裹住整个屋顶及大部分外墙内表面的薄膜,使薄膜和原有外围护结构间的空气成为一道阻热层,起到了保温和热缓冲的作用。在屋顶上分别设置了连通空气阻热层和室内空气的风帽,使这个简单的小建筑可自由地选择机械通风,通过室内自然通风或空气阻热层内通风中的某一种或多种通风模式,来调节室内气候。

结语:利用热压进行自然通风的原理虽然简单,但选择具体构造或技术措施时还需要根据建筑的功能和地理位置考虑;仅有定性的设计还不够,为了使通风起到实质性的制冷或采暖效果,需要对进出风口的气流量、进出风口开关的时间、中庭屋顶的采光量、机械抽风装置的运转时间等参数进行定量的计算。这时往往需要借助风洞模型或计算机模拟实验等方法才能得到精确的数值。21世纪是环保的世纪,是可持续发展的世纪。降低建筑能耗,使建筑的人工环境与自然环境达到动态的平衡,将是建筑在满足了基本的使用功能和美学要求后应追求的更高目标。屋顶的相关构造和设备配合建筑的其他围护结构体系创造的自然通风的条件,将使建筑在实现以上几个目标方面具有更大的潜力。

附件:论文用图(略)

参考文献

[1] 宋德萱.节能建筑设计与技术[M].上海:同济大学出版社,2003.
[2] (德)英格伯格·弗拉格,托马斯·赫尔佐格.建筑+技术[M].北京:中国建筑工业出版社,2003.
[3] Solihull 办公大楼[J]. DETAL(中文版),2004(1):67271.
[4] 窦强.生态校园——英国诺丁汉大学朱比丽分校[J].世界建筑,2004(8):64269.
[5] 张弘.日本OM阳光体系住宅[J].住区,2001.

——摘自中国投标网

评析:

该文结构完整,格式合理,观点鲜明,论述透彻。逻辑层次清楚,是一篇较为优秀的毕业论文。由于篇幅限制,我们无法窥其全豹。仅从以上选择部分,对其文稍做领略。

毕业论文的常见格式、写法如下。

1.题目

题目应该简短、明确,要有概括性,让人看后能大致了解文章的确切内容、专业的特点和学科的范畴。

在写作中要注意以下几点:

①在毕业设计论文中只能有一个主题(不能是几块工作拼凑在一起),这个主题要具体到问题的基层(即此问题基本再也无法向更低的层次细分为子问题),而不是问题所属的领域,更不是问题所在的学科,换言之,研究的主题切忌过大。

②表述要严谨简明,重点突出,专业常识应简写或不写,做到层次分明、数据可靠、文字凝练、说明透彻、推理严谨、立论正确,避免使用文学性质的或带感情色彩的非学术性语言。

③题目的字数要适当,一般不宜超过 20 字。

2. 摘要

摘要也称内容提要,应当以浓缩的形式概括研究课题的主要内容、方法和观点,以及取得的主要成果和结论,应反映整个论文的精华。中文摘要约 300 字左右为宜,摘要应写得扼要、准确,一般在毕业论文全文完成后再写摘要。在写作中要注意以下几点:
①用精练、概括的语言表达,每项内容均不宜展开论证。
②要客观陈述,不宜加主观评价。
③成果和结论性意见是摘要的重点内容,在文字上用量较多,以加深读者的印象。
④要独立成文,选词用语要避免与全文,尤其是前言和结论雷同。
⑤既要写得简短扼要,又要行文活泼,在词语润色、表达方法和章法结构上要尽可能写得有文采,以唤起读者对全文的阅读的兴趣。

3. 主题词

主题词又称叙词,是经人工规范化处理的最能表达文中主题概念的语词。

4. 目录

论文编写完成后,为了醒目和便于读者阅读,可为论文编写一个目录。目录可分章节,每一章节之后应编写页码。

5. 前言

前言是全篇论文的开场白,包括以下内容:
①选题的缘由。
②对本课题已有研究情况的评述。
③说明所要解决的问题和采用的手段、方法。
④概括成果及意义。

作为摘要和前言,虽然所定的内容大体相同,但仍有很大的区别。区别主要在于:摘要一般要写得高度概括、简略,前言则可以稍微具体些;摘要的某些内容,如结论意见,可以作为笼统的表达,而前言中所有的内容则必须明确表达;摘要不写选题的缘由,前言则明确反映;在文字量上前言总是多于摘要。

6. 正文

正文是作者对自己研究工作的详细表述。它占全文的较多篇幅。主要内容包括研究工作的基本前提、假设和条件;模型的建立,实验方案的拟订;基本概念和理论基础;设计计算的主要方法和内容;实验方法、内容及其结果和意义的阐明;理论论证,理论在实际中的应用等。根据课题的性质,论文正文允许包括上述部分内容。

正文的写作要求如下。
①理论分析部分应写明所作的假设及其合理性,所用的分析方法、计算方法、实验方法等

哪些是别人用过的,哪些是自己改进的,哪些是自己创造的,以便指导教师审查和纠正。这部分所占篇幅不宜过多,应以简练、明了的文字概略表达。

②课题研究的方法与手段分别用以下几种方法说明。

用实验方法研究课题,应具体说明实验用的装置、仪器、原材料的性能是否标准,并应对所有装置、仪器、原材料作出检验和标定。对实验的过程或操作方法,力求叙述得简明扼要,对人所共知的或细节性的内容不必详述。

用理论推导的手段和方法达到研究目的的,这方面内容一定要精心组织,做到概念准确,判断推理符合客观事物的发展规律,符合人们对客观事物的认识习惯与程序。换言之,要做到言之有序,言之有理,以论点为中枢,组织成完整而严谨的内容整体。

用调查研究的方法达到研究目的的,调查目标、对象、范围、时间、地点、调查的过程和方法等,这些内容与研究的最终结果有关,但不是结果本身,所以,一定要简述。但对调查所提供的样本、数据、新的发现等则应详细说明,这是结论产生的依据。若写得抽象、简单、结论就立之不牢,分析就难以置信,写作中应特别予以重视。

③结果与讨论是全文的心脏,一般要占较多篇幅,在写作时,应对研究成果精心筛选,把那些必要而充分的数据、现象、样品、认识等挑选出来,写进去,作为分析的依据,应尽量避免事无巨细,把所得的结果和盘托出。在对结果作定性和定量分析时,应说明数据的处理方法以及误差分析,说明现象出现的条件及其可观性,交代理论推导中认识的由来和发展,以便别人以此为依据进行核实验证,对结果进行分析后所得的结论和推论,也应说明其使用的条件与范围。恰当运用表和图作结果与分析,是科技论文通用的一种表达方式。

7. 结论

结论包括对整个研究工作进行归纳和综合而得出的总结;所得结果与已有结果的比较以及在本课题的研究中尚存在的问题;对进一步开展研究的见解与建议。它集中反映作者的研究成果,表达作者对所研究课题的见解和主张,是全文的思想精髓,是文章价值的体现。

一般写得概括、篇幅较短。撰写时应注意下列事项:
①结论要简单、明确。在措辞上应严密,容易被领会。
②结论应反映个人的研究工作,属于前人和他人已有过的结论可不提。
③要实事求是地介绍自己研究的成果,切忌言过其实,在无充分把握时,应留有余地。因为对科学问题的探索是永无止境的。

8. 注释

如有引用他人成果的,一定要有注释。不管在论文的哪一部分,采用到前人的观点、方法、结论、成果时,都必须注明其来源。如不这样做,就有抄袭、剽窃、侵权之嫌。

9. 参考文献与附录

参考文献与附录是毕业论文不可缺少的组成部分。它反映毕业论文的取材来源、材料的广博程度及可靠程度。一份完整的参考文献也是向读者提供的一份有价值的信息资料。引用参考文献时,必须注意写法的规范性。

此外,有些不宜放在正文中,但有参考价值的内容,可编入论文的附录中,如公式的推演、编写的算法语言程序等。

如果论文中引用的符号较多,为了节省论文的篇幅,并且便于读者查对,可以编写一个符号说明,注名符号所代表的意义。

三、注意事项

①摘要中应排除本学科领域已成为常识的内容;切忌把应在引言中出现的内容写入摘要;一般也不要对论文内容作诠释和评论(尤其是自我评价)。

②不得简单重复题名中已有的信息。比如一篇文章的题名是《几种中国兰种子试管培养根状茎发生的研究》,摘要的开头就不要再写:"为了……,对几种中国兰种子试管培养根状茎的发生进行了研究"。

③结构严谨,表达简明,语义确切。摘要先写什么,后写什么,要按逻辑顺序来安排。句子之间要上下连贯,互相呼应。摘要慎用长句,句型应力求简单。每句话要表意明白,无空泛、笼统、含混之词,但摘要毕竟是一篇完整的短文,电报式的写法亦不足取。摘要不分段。

④用第三人称。建议采用"对……进行了研究"、"报告了……现状"、"进行了……调查"等记述方法标明此文献的性质和文献主题,不必使用"本文"、"作者"等作为主语。

⑤要使用规范化的名词术语,不用非公知公用的符号和术语。新术语或尚无合适汉文术语的,可用原文或译出后加括号注明原文。

⑥除了实在无法变通以外,一般不用数学公式和化学结构式,不出现插图、表格。

⑦不用引文,除非该文献证实或否定了他人已出版的著作。

⑧缩略语、略称、代号,除了相邻专业的读者也能清楚理解的以外,在首次出现时必须加以说明。科技论文写作时应注意的其他事项,如采用法定计量单位、正确使用语言文字和标点符号等,也同样适用于摘要的编写。目前摘要编写中的主要问题有:要素不全,或缺目的,或缺方法;出现引文,无独立性与自明性;繁简失当。

四、写作训练

①找一些与你所学专业相关的论文题目。
②分组完成一份论文的撰写。

章末练习

一、填空题

1. 条据可分为(　　)和(　　)两种。
2. 计划的特点有(　　)、(　　)、(　　)。
3. 计划的主体内容包括(　　)和(　　)。

4. 启事从内容分为（　　）、（　　）和（　　）三大类。
5. 演讲稿的特点有（　　）、（　　）和（　　）。
6. 毕业设计说明书是对（　　）进行解释与说明的书面材料。

二、判断题

1. 借条和欠条没有什么区别，都是欠对方的钱或物。　　　　　　　　　（　　）
2. 总结就是对所作的工作进行罗列。　　　　　　　　　　　　　　　　（　　）
3. 不同的主持词的风格应不尽相同。　　　　　　　　　　　　　　　　（　　）
4. 启事应一事一启，如果是两件事，就写两份启事。　　　　　　　　　（　　）
5. 调查报告就是新闻调查。　　　　　　　　　　　　　　　　　　　　（　　）

三、简答题

1. 简述总结的特点。
2. 启事与启示的区别是什么？
3. 演讲稿在行文过程中应注意几点问题？
4. 调查报告的种类有哪些？
5. 实习报告的定义是什么？

四、写作实训

1. 你因买房借了朋友3万元，先还了2万，还欠1万，请写一张欠条。
2. 为了增强自身体质，请为自己制订一份锻炼身体和合理膳食的计划。
3. 学校将组织一场以"热爱我们的校园，拒绝白色垃圾"为主题的演讲比赛，请撰写演讲稿的开场白和结尾部分。
4. 学生会需要招聘新的成员，请你以学生会的名义拟一份招聘启事。
5. 阅读下面的论文，结合所学文体知识对其进行分析。

纳米材料的发展与应用

摘　要：纳米涂料对甲醛、氨气等有害气体有吸收和消除的功能，使室内空气更加清新。对各种霉菌的杀抑率达99％以上，有长期的防霉防藻效果。纳米改性内墙涂料，实际上是高级的卫生型涂料，适合于家庭、医院、宾馆和学校的涂装。纳米改性外墙涂料，利用纳米材料二元协同的荷叶双疏机理，较低的表面张力，具有高强的附着力，由于目前应用纳米材料对涂料进行改性尚处在初级阶段，技术、工艺还不太成熟，需要探索和改进。但涂料的各种性能得到某些改进的试验结果足以证明，纳米改性涂料的市场前景是非常好的。

关键词：纳米　材料　应用

纳米发展小史

1959年，著名物理学家、诺贝尔奖获得者理查德·费曼预言，人类可以用小的机器制作更小的机器，最后实现根据人类意愿逐个排列原子、制造产品，这是关于纳米科技最早的梦想。1991年，美国科学家成功地合成了碳纳米管，并发现其质量仅为同体积钢的1/6，强度却是钢的10倍，因此称之为超级纤维，这一纳米材料的发现标志人类对材料性能的发掘达到了新的高度。1999年，纳米产品的年营业额达到500亿美元。

什么是纳米材料?

纳米(nm)是长度单位,1纳米是10^{-9}米(十亿分之一米),对宏观物质来说,纳米是一个很小的单位,如人的头发丝的直径一般为7 000～8 000nm,人体红细胞的直径一般为3 000～5 000nm,一般病毒的直径也在几十至几百纳米大小,金属的晶粒尺寸一般在微米量级;对于微观物质如原子、分子等以前用埃来表示,1埃相当于1个氢原子的直径,1纳米是10埃。

一般认为纳米材料应该包括两个基本条件:一是材料的特征尺寸在1～100nm之间,二是材料此时具有区别常规尺寸材料的一些特殊物理化学特性。

1. 纳米技术在防腐中的应用

由加拿大万达科技(无锡)有限公司与全国涂料工业信息中心联合举办的无毒高效防锈颜料及其在防腐蚀涂料中的应用研讨会近日在无锡召开。

中国工程院院士、装甲兵工程学院徐滨士教授,上海交通大学李国莱教授,中化建常州涂料化工研究院钱伯荣总工等业内知名人士分别在会上作了报告,与会者共同探讨了纳米技术在防锈颜料中及涂料中的应用、无毒高效防锈颜料在防腐蚀涂料中的应用以及新型防锈涂料和防锈试验方法发展等课题。

徐院士就当前纳米技术的发展情况作了简单介绍,他指出:纳米技术的研究对人类的发展、世界的进步起着至关重要的作用,谁掌握了纳米技术,谁就站在了世界的前列。我国纳米技术的研究因起步较早,现基本能与世界保持同步,在某些领域甚至超过世界同行业。

作为国内方面处理这一课题的领头人,徐院士重点谈了纳米技术对防锈颜料及涂料发展的促进作用。他说,此前我国防锈颜料的开发整体水平落后于西方发达国家,仍然以红丹、铬酸盐、铁系颜料、磷酸锌等传统防锈颜料为主。红丹因其污染严重,对人体的伤害很大,目前已被许多国家相继淘汰和禁止使用;磷酸锌防锈颜料虽然无毒,但由于改性技术原因,性能并不理想,加上价格太贵,难以推广;而三聚磷酸铝也因价格原因未能大量应用。国外公司,如美国的Halox、Sherwin-williams、Mineralpigments、德国的Hrubach、法国的SNCZ、英国的BritishPetroleum、日本的帝国化工公司均推出了一系列无毒防锈颜料,有的性能不错,甚至已可与铬酸盐相比,但均因价格太高,国内尚未引进。我国防锈涂料业亟待一种无毒无害、性能优异而又价格低廉的防锈颜料来提升防锈涂料产品的整体水平,增强行业的国际竞争力。

中化建常州涂料化工研究院高级工程师沈海鹰代表常州涂料院,在题为《无毒高效防锈颜料在防腐蚀涂料中的应用》报告中,详细介绍了复合铁钛醇酸防锈漆及复合铁钛环氧防锈漆的生产工艺、生产或使用注意事项、防锈漆技术指标及其与铁红、红丹同类防锈漆主要性能的比较。

在红丹价格一路攀升的今天,这一信息无疑给各涂料生产厂商提供了巨大的参考价值,会场气氛十分热烈,与会者纷纷提出各种问题。万达科技(无锡)有限公司总工程师李家权先生就复合铁钛防锈颜料的防锈机理、生产工艺、载体粉的选择、产品各项性能指标及纳米材料的预处理方法等一一作了详细介绍。

目前产品已通过国家涂料质量监督检测中心、原铁道部产品质量监督检验中心车辆检验站、机械科学院武汉材料保护研究所等国内多家权威机构的分析和检测,同时还经过加拿大国家涂料信息中心等国外权威机构的技术分析,结果表明其具有目前国内外同类产品无可比拟的防锈性能和环保优势,是防锈涂料领域划时代产品,为此获得了中国专利技术博览会金奖。

复合铁钛粉及其防锈漆通过国家权威机构的鉴定后已在多个工业领域得到应用,并已由解放军总装备部作为重点项目在全军部分装备上全面推广使用。

本次会议的成功召开,标志着我国防锈涂料产业新一轮的变革即将开始,它掀开了我国防锈涂料朝高品质、高技术含量、高效益及全环保型发展的崭新一页。其带来的经济效益、社会效益不可估量。这是新型防锈颜料向传统防锈颜料宣战的开始,也吹响了我国防锈涂料业向高端防锈涂料市场发起冲击的号角。

2. 纳米材料在涂料中应用展前景预测

据估算,全球纳米技术的年产值已达到500亿美元。目前,发达国家政府和大的企业纷纷启动了发展纳米技术和纳米计划的研究计划。美国将纳米技术视为下一次工业革命的核心,2001年年初把纳米技术列为国家战略目标,在纳米科技基础研究方面的投资,从1997年的1亿多美元增加到2001年近5亿美元,准备像微电子技术那样在这一领域独占领先地位。日本也设立了纳米材料中心,把纳米技术列入新五年科技基本计划的研究开发重点,将以纳米技术为代表的新材料技术与生命科学、信息通信、环境保护等并列为四大重点发展领域。德国也把纳米材料列入21世纪科研的战略领域,全国有19家机构专门建立了纳米技术研究网。在人类进入21世纪之际,纳米科学技术的发展,对社会的发展和生存环境改善及人体健康的保障都将作出更大的贡献。从某种意义上说,21世纪将是一个纳米世纪。

由于表面纳米技术运用面广、产业化周期短、附加值高,所形成的高新技术和高技术产品以及对传统产业和产品的改造升级,产业化市场前景极好。

在纳米功能和结构材料方面,将充分利用纳米材料的异常光学特性、电学特性、磁学特性、力学特性、敏感特性、催化与化学特性等开发高技术新产品,以及对传统材料改性;将重点突破各类纳米功能和结构材料的产业化关键技术、检测技术和表征技术。多功能的纳米复合材料、高性能的纳米硬质合金等为化工、建材、轻工、冶金等行业的跨越式发展提供了广泛的机遇。预期"十五"期间,各类纳米材料的产业化可能形成一批大型企业或企业集团,将对国民经济产生重要影响;纳米技术的应用逐渐渗透到涉及国计民生的各个领域,并将产生新的经济增长点。

纳米技术在涂料行业的应用和发展,促使涂料更新换代,为涂料成为真正的绿色环保产品开创了突破性的新纪元。

我国每年房屋竣工面积约为18亿m^2,年增长速度大约为3%。18亿m^2的建筑若全部采用建筑涂料装饰则总共需建筑涂料近300万吨,200亿～300亿元的市场。目前,我国建筑涂料年产量仅60多万吨,世界现在涂料年总产量为2500万吨,每人每年消耗4kg,为发达国家的1/10,中国人年均涂料消费只有1.5kg。因而,建筑涂料具有十分广阔的发展前景。

纳米涂料已被认定为北京奥运村建筑工程的专用产品,展示出该涂料在建筑领域里的应用价值。它利用独特的光催化技术对空气中有毒气体有强烈的分解,消除作用。对甲醛、氨气等有害气体有吸收和消除的功能,使室内空气更加清新。经测试,对各种霉菌的杀抑率达99%以上,有长期的防霉防藻效果。纳米改性内墙涂料,实际上是高级的卫生型涂料,适合于家庭、医院、宾馆和学校的涂装。纳米改性外墙涂料,利用纳米材料二元协同的荷叶双疏机理,较低的表面张力,具有高强的附着力,漆膜硬度高且有韧性,优良的自洁功能,强劲的抗粉尘和抗脏物的粘附能力,疏水性极佳,容易清洗污物的性能。耐洗性大于15 000次,具有良好的保光保色性能,抗紫外线能力极强。使用寿命达 15 年以上。颗粒径细小,能深入墙体,与墙面的硅酸盐类物质配位反应,使其牢牢结合成一体,附着力强,不起皮,不剥落,抗老化。其纳米抗冻性功能涂料,除具备纳米型涂料各种优良性之外,可在-10℃到-25℃之内正常施工。突破了建筑涂料要求墙体湿度在 10% 以下的规定,使建筑行业施工缩短了工期,提高了功效,又创造出高质量,一举三得,所以备受建筑施工单位的欢迎。

由于目前应用纳米材料对涂料进行改性尚处在初级阶段,技术、工艺还不太成熟,需要进一步探索和改进。但涂料的各种性能得到某些改进的试验结果足以证明,纳米改性涂料的市场前景是非常好的。

——摘自中国论文下载中心

第三章　求职期间应知应会应用文

第一节　个人简历

　　一般毕业生们在毕业前夕就已经开始着手准备大学生个人简历了。投递简历是大学生在求职路上迈出的第一步,也是非常关键的一步。对于每一位求职者来说,一份好的简历可能意味着成功的一半,马虎不得。很多时候,简历的情况会决定求职者能否得到面试机会,所以,现在的毕业生非常重视简历的设计,在招聘会上,经常会看到一些厚如书册、包装精美华丽的简历。但是,大学生们精心制作的简历却未必能得到用人单位的认可。一份卓有成效的个人简历是开启事业之门的钥匙。正规的简历有许多不同的样式和格式。大多数求职者把能想到情况的都写进简历中,但我们都知道没有人会愿意阅读一份长达 5 页的流水账般的个人简历,尤其是繁忙的人事工作者。

　　"在我们收到的大学生个人简历中,100 份里只有大约 10 份比较符合要求"。2000 年 10 月 22 日,在"2000 年大学生职业生涯规划"活动中国人民大学会场,远大集团人事资源部经理王志宇的这句话让在场的大学生们非常吃惊。那么,什么样的大学生个人简历才是符合要求的,才能让用人单位过目不忘、给其留下良好的印象并得到用人单位的青睐呢?

一、文体知识

1. 个人简历的概念

　　个人简历,就是一个人简明扼要的履历,是对某个人的生活经历有重点的加以概述的一种应用文。个人简历一般采用一览表的形式,所以,也叫简历表或履历表,它是一个人前一段生活经历的精要总结,在一定程度上是一个人的整体形象的缩影,因而是现代社会人事档案的一个重要组成部分,也是考察干部、选拔任用人才等必须具备的一份重要资料。

　　求职期间制作的简历,是求职者或在职员工在求职或转换工作单位的过程中,向用人单位证明自己具备某项工作资历与条件的一种专用文书。具体来说,简历是招聘单位初选人才的依据材料,一份完备的简历会给招聘者留下深刻的印象,使求职者易于获得复试或面试的机会,促使求职者应聘成功。所以,对于求职者来说,个人简历必不可少,必须认真书写、制作。

2. 个人简历的特点

　　简历旨在证明自己具备某些资历,是自我推荐、推销的必备资料,写的成功与否,在一定程度上直接影响求职应聘的成败。一份完备而得体的简历,如同一份个人形象简介,可以伴同求职信一起有效地向用人单位展现自己最好的一面,塑造出自己的最佳形象。简历和求职信具有相同的功能,也具有一些共同的特点,但同时它还具有一些明显的自身特点。

(1)完备性

简历要求有完整的个人履历以及履历表所要求的全部内容,以供招聘单位全面了解自己、认识自己。西宁一家大型企业招聘时,就有很多人因为简历制作不完备,或缺少联系方式,或缺少必要的证明材料,或教育背景和工作经历时间断档等而提前被打入"冷宫"。

(2)条理性

条理性是对简历写作方式的要求。求职信是用书信形式写作的,而个人简历则通过常用表格形式表达。因此,要求把个人的履历、爱好、特长、兴趣等分门别类地进行清晰而准确的表述,使招聘单位人员一目了然地了解你的经历、实力、优点、特长等,特别是符合招聘单位急需的专门技术和特长,从而顺利地予以录用。

(3)简洁性

成也简历,败也简历。一些没有经验的求职者总是误认为简历越长越好。一位人事经理曾这样说过,"越是没有学校或专业优势的毕业生简历越长,有的简历几十页甚至上百页,跟一本厚书差不多重。目的当然是为了吸引人事经理的注意,但这种做法往往会适得其反。"有人统计过,人事经理平均用1.4分钟处理一份简历,然后在30秒内决定是否给应聘者机会。这么短的时间内怎么能看完厚厚的简历呢?很多人以为在简历中把什么都写得很清楚,就会增加录用的机会,可人事经理根本没有足够的时间和耐性——拜读,到头来,埋没他的不是主考官,而是他自己制作的厚厚简历。薄,才能精。现在人才市场上一页纸的简历越来越多了,这就是简历的返璞归真。以薄取胜,如果你能用一页纸就抓住主考官的心,你的求职就成功了一半。

3.个人简历的分类

个人简历按照不同的标准,可分为不同的种类。

(1)个人简历从内容上一般分为两类

①一般性个人简历:它要求全面介绍自己的履历、特点、优势、爱好、兴趣等,可以投放给任何一家用人单位。这种简历能否在求职中奏效,全凭用人单位对求职者的资历背景感兴趣与否而决定。

②针对性的个人简历:它是求职者在通过各种渠道得知某用人单位的需求和认真分析了自己的条件后,决定专门向用人单位投送的简历。这种简历要在个人一般性简历的基础上,把自身所具备的、为此用人单位所需要的条件,尽可能地作重点说明。特别要详细说明自己以往在与用人单位招聘的相同或相近的工作岗位上所表现出来的专业技能、特长与突出成绩,以及独立开发或参与开发的新项目、新产品及在本行业中的地位、自己所起的作用等。如果是刚走出校门的大学毕业生,尚没有工作经历、工作成绩和科技成果,那么,就要重点介绍自己与用人单位所需要专业的关系,本人在专业学习中的成果以及自己对用人单位急需专业方面的国内外前沿科技现状的考察、分析和自己的设想、主攻方向等。这样有针对性的简历会引起用人单位的重视,助你求职成功。

(2)个人简历从形式上一般分为三类

①时序型的简历格式:按照年代顺序排列个人简历。用这种形式写简历时,你的个人经历和学习或社会实践活动中取得的成就,应按照时间先后次序排列,从最近的经历开始,然后回溯,重点应强调近几年的情况。它的优点是一目了然,容易看懂,也是最普遍采用的方式。但

这种格式比较适合较有丰富的工作经历、工作经验、工作成就的求职者。

②功能型的简历格式:这种简历无须把个人取得的成绩按年代顺序排列,把你认为是最重要的成绩排列在前面。这种简历可以掩饰你就业经历不足的劣势,可以针对你最感兴趣的职位目标组织个人经历背景。当你正在改变职业,或者有就业记录空白,或者不宜使用时序型格式时,就可以使用这种格式。

③综合型简历格式:它同时借鉴和综合了功能型格式和时序型格式的优点,在简历的开始部分介绍求职者的价值、资信和资质(功能部分),随后的工作经历部分提供支持性的内容(时序部分)。

二、格式和写法

例文:应届毕业生求职简历

个人简历

【原稿】

　　姓名:李林

　　出生日期:1991年03月06日

　　通信地址:西南大学34#D×××室(100×××)

　　电话:(023)6276××××(H)　1381009××××

　　E-mail:123@126.com

[自我评价]

　　本科期间,主修金融学,选修会计学及市场营销学部分课程,掌握了较扎实的专业知识。注重英语听说读写能力,积极应用于实际。乐观,果断,有较强的领导组织能力和团队精神,敢于迎接挑战。

[教育背景]

　　2009/9至今　西南大学经济管理学院主修金融学

[英语能力]

　　2011/1　CET-4　具备较好的英语听说能力

[法语水平]

　　法语160学时学习

[计算机水平]

　　熟练使用Internet,Word,Excel,PowerPoint等工具

[专业知识]

　　金融:具备较好的专业课基础知识。主修微观经济学,中级宏观经济学,国际金融,金融市场与金融机构,民商法,保险学,财务管理,市场营销学,货币银行学,管理信息系统,国际贸易

　　会计:基础会计,财务会计,中级会计

　　市场营销:营销学,消费者行为,人力资源管理,社会心理学

[学校工作经历]
　　2011/5　宁夏实践考察
　　赴宁夏调查经济效益与旅游环境的关系问题,完成实践报告
　　2011/6　任西南大学旅游协会会长
　　负责西南大学旅游协会组织,策划,管理相关事宜
　　2011/10　策划组织旅游协会旅游文化节,邀请到著名学者教授、旅行家到西南大学作演讲,加强了他们与学生的交流
　　2010/8　经济管理学院全球金融年会
　　负责策划,组织,协调各方面事宜
[社会工作经历]
　　2011/7～2011/8　实习于上海××实业有限公司财务部
　　2011/8～2011/9　实习于上海××广告公司
　　2012/7～2012/8　实习于国家电子商务认证管理中心
　　任项目经理,负责中国电子商务数字证书应用与发展论坛暨2012中国电子商务数字证书圆桌会议的筹划组织工作
　　2012/8～2012/10　实习于××国际环境保护有限公司
　　任经理,负责公司日常事务的安排
[特长爱好]
　　爱好推理性书刊,挑战性运动,户外探险旅行

【修改稿】
[个人信息]

　　姓名:李林

　　出生日期:1991年03月06日

　　通信地址:西南大学34#D×××室(100×××)

　　电话:(023)6276××××(H)　　1381009××××

　　E-mail:123@126.com

照片

[求职意向]
　　金融类咨询服务
[教育背景]
　　2009/9至今　西南大学经济管理学院主修金融学
[学校工作经历]
　　2010/8　经济管理学院全球金融年会　筹备小组副组长
　　(负责策划,组织,协调各方面事宜)

2011/5　宁夏实践考察　调查主笔
（赴宁夏调查经济效益与旅游环境的关系问题，完成实践报告，并受到好评）
2011/10　组织北碚旅游文化节　执行主任
（策划组织北碚旅游文化节，邀请到著名学者教授、旅行家到西南大学作演讲，加强了他们与学生的交流）

[社会工作经历]

2011/7～2011/8　实习于上海××实业有限公司财务部
（负责部门日常事务管理、资料管理，以及销售数据处理等）
2012/8～2012/10　实习于××国际环境保护有限公司
（任行政管理部门经理，负责公司日常事务的安排）

[专业知识]

金融：具备扎实的专业课基础知识，通晓国际金融，管理信息系统，国际贸易等相关知识。
会计：熟练掌握基础会计、财务会计以及中级会计等专业知识。
市场营销：精通营销学，消费者行为学等专业知识，并通过实习得到较深入的理解。
人力资源管理及社会心理学：特别选修相关课程，大量阅读相关资料，并积累一定相关工作经验。

[外语能力]

英语：CET-4，能熟练运用，具备较好的英语听说能力。
法语：曾接受法语160学时以上的专业训练，具备一定的日常沟通能力及阅读能力。

[计算机操作能力]

能熟练运用Internet，曾通过大量检索和查阅技术完成了有关论文及工作项目报告。
能熟练运用Word，Excel，PowerPoint等办公软件，擅长使用Excel进行数据分析和处理以及制作各类电子报表和图表，并擅长使用PowerPoint制作各类演示用PPT。

[特长爱好]

喜欢文学作品，尤其是推理性书刊，有一定的写作能力。

[自我评价]

为人谦逊有礼，喜欢接受新事物，工作认真细致，勇于承担责任，能积极主动地发现不足，并努力寻找解决的方法，以使工作做得尽可能完美。

评析：

例文经修改后内容更有说服力。简历的作者是一位刚刚走出校门的毕业生，她考虑到了很可能面对和她有着相似的学历但却更富工作经验的竞争对手，她没有足够多与要申请的工作相关的经验，所以更着重强调与正在申请的工作最直接相关的校内外实践活动。

简历中的弱项这样来弥补

（1）如果你只是个刚毕业的学生，你就可能正在与那些具有相同学历，但是有很多工作经验的人竞争。很明显，你没有相关职业的丰富工作经验，你需要强调你最近的教育和培训情况。毕业生们需要把他们的实习工作作为相应的工作经验。

（2）太少的工作经历：通常在找工作中，年轻人包括新的毕业生都会遇到麻烦，因为用人单位或聘用单位通常希望雇佣一些有更多实际经验的人，在这种情况下，你可以强调你的可适应的技术，来弥补你所欠缺的工作经验。再次，可以在简历中的工作技能部分，强调"勤奋苦干……迅速掌握新技能"。这样就可以给聘用单位留下深刻印象。

（3）无学位或低于职位要求：如果你具备了所需要工作要求的经历和技术，但有很多的人会有比你更好的教育背景，你必须在准备你的受教育情况和经历部分时格外小心。当你有足够丰富的工作经验，很简单的做法就是你可以在填写受教育栏目时从略，这样做的好处是你可以隐去没有相关教育的证明，但是一个更好的建议是你可以写出你所受过的教育和培训的内容，但不必表明你具备相关的学位。这样做可以使你不会过早地被排除在视线之外，使你能有面试的机会。

（4）太年轻：年轻人需要展示他们的年轻，以此作为优势而非劣势。认真考虑那些年轻而具有的优势，例如，可能你愿意接受较低的薪水，干不起眼的工作任务，长时间或在常规工作时间以外工作，或者能够胜任那些更有经验的人不能做的事。如果有，就表现出来。年轻人应该意识到许多聘用单位虽然更愿意使用那些与职位相关，更有经验和工作能力的人，但同时，有效地、充分地表现自己长处的年轻人，也易于被聘用单位接受。因此，只要你全方位的考虑到可能被聘用单位挑剔的目光抓住的弱项，按照以上的提示巧妙地做一些弥补，你就会迈出成功的第一步。

——摘自 http://wenku.baidu.com/view/af30de4ee518964bcf847cd3.html

例文：再求职简历

个 人 简 历

[个人信息]

姓名：何××先生　　　　　　民族：汉

年龄：23岁　　　　　　　　婚姻状况：未婚

身份证号码：441224199001027×××

目前所在地：东莞　　　　　　户口所在地：肇庆

照片

[求职意向及工作经历]

人才类型：全职　　　　　　　应聘职位：印刷、包装工程、品质管理

工作年限：1年　　　　　　　职称：其他

求职类型：全职　　　　　　　可到职日期：随时

月薪要求：2 000~2 500元　　希望工作地区：佛山　广州　中山

[个人工作经历]

2009/7~2010/5　东莞东仁印刷厂　晒版　辞职原因：有事回家

2010/5~2011/6　东莞永滔印刷制品厂　超声波机长　丝印学徒　辞职原因：得不到发展

2011/7~2012/3　东莞宏基印刷厂　成品QC　辞职原因：有事回家

[教育背景]

毕业院校：肇庆理工学校　最高学历：中专　毕业日期：2009/7/1

所学专业：技工类

[受教育培训经历]

2008/7/1~2009/7/1　肇庆理工学校　印刷　资格证书

2010/4/1~2011/3/28　东莞佳伟计算机培训中心　CAD计算机绘图　专修资格证

[语言能力]

外语：英语　　外语水平：一般

国语水平：精通　粤语水平：精通

[工作能力及其他专长]

本人毕业于肇庆市理工学校，学的是印刷与平版制版。在东仁印刷厂做过晒版工，网版、实地版、树脂版都晒过。在永滔印刷厂开超声波机主要是压相本成型，是出口的产品。在宏基印刷厂是做粘盒部的半/成品QC，主要是Q彩盒/彩卡/手换袋/说明书等印刷品。希望我能找到一份相关的工作。

评析：

例文的写作格式基本符合要求，内容真实可信，但有一些内容显然是对求职不利的，如写上了对薪水的要求，写上了自己的辞职原因等。注意：个人简历的内容应尽量写对求职有利的内容，不利的内容应尽量回避。

个人简历的写作格式一般由以下几个部分组成,即标题、个人信息、求职意向、学习经历、工作经历(实习经历)、个人能力、大学期间所获荣誉与奖励、自我评价等。还可以加上署名和日期。

1. 标题

标题可以直接写"简历"或"个人简历",也可以在简历之前冠以姓名和称谓。

2. 个人信息

个人信息指对个人的基本情况作简要介绍,基本情况包括姓名、年龄(出生年月)、性别、籍贯、民族、学历、学位、政治面貌、学校、专业、身高、毕业时间等。

3. 求职意向

企业一般发布多个岗位的招聘信息,等收到简历后就按照求职意向进行分拣,若无求职意向很可能会放在一边,所以要注明。主要写求职人对哪些工作岗位、行业感兴趣及相关要求。要表明自己应征的职位,说明自己具备哪些资格和技能,想找什么样的工作。包括做过哪些社会实践工作,有什么建树或经验教训。

4. 学习经历(时间+学校+学院+专业)

学习经历可按时间顺序来写自己的学习过程,主要写最高学历。主要列出大学阶段的主修、辅修与选修课科目及成绩,尤其是要体现与你所谋求的职位有关的教育科目、专业知识。

5. 工作经历(实习经历)

工作经历包括在校期间的勤工俭学、兼职打工、实习期间有针对性的工作实践、参加过的社会活动等。特别要写明以上实践过程中所取得的成绩、效果、创造等。目前,许多招聘单位优先招聘有实际工作经历、经验的人员,因此,在撰写简历时,要注意阐述自己曾经从事过的各项工作及成果,努力挖掘自己在这些方面真正具有的实践经验,突出自己的经验和能力,提高被录用的概率。

(1)学校实践经历

参考格式:时间+组织(活动)名称+职位+工作内容+绩效成果

例文一:

2012年1月 组织2012年度西南民族大学管理学院营销论坛 执行主任作为主要负责人之一,负责总体策划及组织工作,得到了各方面的高度评价,因表现突出被索尼公司聘请至市场部实习。

例文二:

××年××月 在学校的募捐活动中,从多家企业获得了捐赠,联络企业的管理层,电话游说捐赠人,帮助学校筹集到了比上一年度多20%的捐款(用数字说明问题)。

(2) 培训经历

若在求职之前参加了很多培训，而且这些培训对你要应聘的职位来说很重要，则一定要写上。比如，你曾接受过一周的销售培训，那么，你在应聘销售职位的时候，就一定要写出你的这段经历。

(3) 公司实习(工作)经历

参考格式：时间段＋公司名称＋部门名称＋职位＋工作内容＋业绩

示例

例文：

2012/7～2012/8　上海××实业有限公司财务部(实习)(负责部门日常事务管理及销售数据处理等)

知识链接

STAR 法则

STAR 法则，即为 Situation Task Action Result 的缩写，具体含义如下。

Situation：事情是在什么情况下发生的。

Task：你是如何明确你的任务的。

Action：针对这样的情况分析，你采用了什么行动方式。

Result：结果怎样，在这样的情况下你学习到了什么。

简而言之，STAR 法则，就是一种讲述自己故事的方式，或者说，是一个清晰、条理的作文模板。不管是什么，合理熟练运用此法则，都可以轻松地对面试官描述事物的逻辑方式，表现出自己分析阐述问题的清晰性、条理性和逻辑性。

STAR 法则，500 强面试题回答时的技巧法则，备受面试者成功者和 500 强 HR 的推崇(宝洁 HR 培训资料有专门的讲座讨论如何用此法则检验面试者过往事迹从而判断其能力)。如果对面试技巧和人力资源招聘理论有所了解的同学应该听说过，没听说也无所谓，现在知道也不迟。由于这个法则被广泛应用于面试问题的回答，尽管我们还在写简历阶段，但是，写简历时能把面试的问题就想好，会使自己更加主动和自信，做到简历、面试关联性，逻辑性强，不至于在一个月后去面试，却把简历里的东西都忘掉了(更何况有些同学会稍微夸大简历内容)。

在我们写简历时，每个人都要写上自己的工作经历，活动经历，想必每一位同学，都会起码花上半天甚至更长的时间去搜寻脑海里所有有关的经历，争取找出最好的东西写在简历上。

但是此时，我们要注意了，简历上的任何一个信息点都有可能成为日后面试时的重点提问对象，所以说，不能只管写上让自己感觉最牛的经历就了事，要想到今后，在面试中，你所写的经历万一被面试官问到，你真的能回答得流利、顺畅，且能通过这段经历，证明自己正是适合这个职位的人吗？

写简历时就要准备好面试时的个人故事，以便应付各种千奇百怪的开放性问题。

为了使大家轻松应对这一切,向大家推荐"个人事件模块"的方法,以使自己迅速完成这看似庞大的工程。

1. 头脑风暴＋STAR法则→个人事件模块

(1)头脑风暴

在脑海里仔细想出从大一到大四自己参与过的所有活动(尤其是能突出你某些能力的活动),包括:

①社团活动职务时间所做事情。

②在公司实习的经历职务时间所做过的事情。

③与他人一起合作的经历(如课题调研、帮助朋友办事)。

回忆要尽量详细,按时间倒序写在纸上,如大一上学期发生……,大一下学期发生……,以此类推。

相信这一步,很多同学都已经做了,但是仅仅直接写在简历上是不行的,想提高竞争力,还得继续。

(2)STAR法则应用

将每件事用STAR四点写出,将重要的事情做成表格。

下面以大一辩论比赛获得冠军为例。

S	系里共有5支队伍参赛,实力……,我们小组……
T	熟悉辩论流程,掌握辩论技巧,获得系冠军
A	自己主动整理资料,组织小组学习流程,编制训练题,小组训练,根据每个人的特点,分配任务(详细,尽量详细,包括当中遇到的困难都要回忆起来,自己是怎么解决的)
R	获得系辩论赛冠军

以上这个例子中,可以让HR迅速了解你整个活动的前因后果,同时,也突出了你在这个活动过程中的领导能力、沟通能力、主动解决问题的能力等。

将刚才在头脑风暴中,想到的事情都用这个方法作出表格。这个时候,个人事件模块的工作就算完成了,但是,怎么运用呢? 还得再做多一步。

2. 挖掘闪光点

开放性问题大家都要回答吧? 大家也都知道,其实每一个开放性问题都在考查自己的每一项能力,如领导能力、沟通能力、适应能力等。而挖掘闪光点就是在这些事件模块中找出你所能体现的这些能力,如上例辩论赛中所体现的领导能力、沟通能力、主动解决问题。这时候,就可以在下面加多一行——能力体现。

改后的大一辩论比赛获得冠军示例如下。

S	系里共有5支队伍参赛,实力……,我们小组……
T	熟悉辩论流程,掌握辩论技巧,获得系冠军
A	自己主动整理资料,组织小组学习流程,编制训练题,小组训练,根据每个人的特点,分配任务(详细,尽量详细,包括当中遇到的困难都要回忆起来,自己是怎么解决的)
R	获得系辩论赛冠军
能力	沟通能力,协作能力,领导能力,主动解决问题能力

　　写简历时就可以应用这些模块,针对你在某阶段的某一件事,将模块中的A、R两项以简洁的语言写上。当然,针对职位的不同,要求自然也不同,但是,这一切都可以参考STAR法则来解决。例如,你要申请的是销售类的,你就将关于沟通能力、营销经验的事例写上,并且突出自己与其相关性,这样,自然就可以提高简历的命中率。

——摘自http://baike.baidu.com/view/1244556.htm

6. 个人能力

①英语能力:要在简历中列出最能反映你的英语水平,尤其是口语水平的成绩或证书。
②计算机能力:描述自己的计算机能力时不要只说"熟悉"、"了解"等词语,最好写明自己对某个软件能够熟练使用。
③其他能力:若工作经验较少,可将你所掌握的一些技能和关键技术列出来。
④爱好与特长:可写可不写,要写一定要写你的强项,要与你的求职意向有关。

7. 大学期间所获证书及奖励

所获证书及奖励建议一般按照时间或者级别顺利采用清单式,注意颁发证书单位一定要用全称。

8. 自我评价

自我评价可写可不写,要写可适当对自己的性格、专业知识进行评价,但一定要真实客观,不要出现对自己的能力夸大的现象。

9. 证明材料

简历的最后一部分一般是列举有关的证明人及有关附加性参考材料,附加性材料包括学历证明、获奖证书、专业技术职务证书、专家教授推荐信、所发表的论文著作等。证明人一般提供3~5个,是你求职资格、工作能力和个人情况的保证人。

个人简历的行文中所表现出的语气,要做到八个字:诚恳、谦虚、自信、礼貌。

简历模板如下(供应届毕业生参考)。

个 人 简 历

[个人概况]

　　求职意向：_____

　　姓名：_____　　　　　　性别：_____

　　出生日期：___年___月___日　　健康状况：_____

　　毕业院校：_____　　　　专业：_____

　　电子邮件：_____　　　　手机：_____

　　通信地址：_____　　　　邮编：_____

[教育背景]

　　___年___月—___年___月_____大学_____专业（请依个人情况酌情增减）

　　主修课程：

　　_____（注：如需要详细成绩单，请联系我）

　　论文情况：

　　_____（注：请注明是否已发表）

　　英语水平：

　　＊基本技能：听、说、读、写能力

　　＊标准测试：国家四、六级；TOEFL；GRE……

　　计算机水平：

　　编程、操作应用系统、网络、数据库……（请依个人情况酌情增减）

　　获奖情况：

　　_____、_____、_____（请依个人情况酌情增减）

[实践与实习]

　　___年___月—___年___月_____公司_____工作

　　___年___月—___年___月_____公司_____工作（请依个人情况酌情增减）

　　工作经历：

　　___年___月—___年___月_____公司_____工作（请依个人情况酌情增减）

　　个性特点：

　　_____（请描述出自己的个性、工作态度、自我评价等）

　　另：（如果你还有什么要写上去的，请填写在这里！）

　　＊附言：（请写出你的希望或总结此简历的一句精炼的话！例如：相信您的信任与我的实力将为我们带来共同的成功！或希望我能为贵公司贡献自己的力量！）

三、注意事项

一份好的简历,既能全面反映求职者现状,又有严密的科学性,所以较能引起招聘者的重视。但如何通过简历来表达自己的特长,以引起招聘者的关注,很多求职者不甚明了,择业人员写好简历务必要注意"五忌":忌长篇大论、夸夸其谈;忌过于轻率、随心所欲;忌笔迹潦草、写错别字;忌虚假不实、前后矛盾;忌稀奇怪异、生僻花哨。

简历的内容、样式、设计方案很多,仁者见仁,智者见智,任何一个好的单位,他们每年收到的求职简历都会堆积如山。和你的预想正好相反,没有哪个人事主管会逐一仔细阅读简历,而是选择自己感兴趣的内容,以快速的方式浏览。个人简历写作时要注意以下几点。

①基本信息一定要准确、真实。基本信息包括你的姓名、性别、出生年月、籍贯、户口所在地、婚姻状况、教育背景(包括学历程度和所学专业及毕业学校)、外语和计算机掌握的熟练程度等,一定要详细列出,给人以完整的印象;同时,也表明你工作态度认真、规范,懂得商业礼仪。内容要真实、准确、不夸大、不缩小、不编造,这样才能取信于人。个人照片如果在有条件的情况下请尽可能的上传到网上,让未曾谋面的招聘负责人对你留下深刻的印象。

②联系方式要准确无误。当你在网上求职时,一定要保证你所填写的手机、电话号码和E-mail真实有效。如果因为联系方式不正确,让用人单位没办法和你联系而使你失去了可能是一份非常好的工作机会,那将对你是非常大的损失。

③求职意向要明确。期望地点、期望行业、期望工作职位要根据自己的情况填写清楚,让别人很好的了解你对自己的职业规划。大学生个人简历上一定要注明求职的职位,如雀巢的招聘经理杨全红说,"每份简历都要根据你所申请的职位来设计,突出你在这方面的优点,不能把自己说成是一个全才,任何职位都适合"。

④教育经历和工作经历一定要填写得详细清楚。此两项是你的简历中的精华部分,一定要根据自己的真实情况填写的详细、清楚,做到让人一目了然的效果。实践证明,从求职者的经历能看出应聘者的经验、能力和发展潜力。这是打开用人单位与你面谈的敲门砖。

⑤材料内容要为正面性的材料。材料应当告诉人们真相,但没有必要告诉全部真相。固然不能说谎,但不需要全部都说出来,负面的内容要远离简历。

⑥填写工资、待遇时要慎重。很多学生都对简历上该不该写对工资、待遇的要求存在疑惑,简历上写上对工资的要求要冒很大的风险,最好不写。如果薪水要求太高,会让企业感觉雇不起你;如果要求太低,会让企业觉得你无足轻重。对于刚出校门的学生来说,第一份工作的薪水并不重要,不要在这方面费太多脑筋。

⑦第一轮递简历时不要附加很多证书的原件。不要这样做,也无须这样做。最好的做法是:在用人单位通知你参加笔试、面试时,才提交你那些与申请职位相关联的证书,而且必须是如实提供相关证书。

四、写作训练

①下面是一篇对2012年毕业生求职材料的感受,请根据个人简历的写作要求,指出简历制作中应注意的问题。

新的一年,又到了招聘的时候,我在人事部每天都要接触大量的简历。

我看简历，首先非常注意那个人的笔迹，都是大学生了，字写得还是小学生的水平，我情愿放弃。字都写得那样了，其他的方面也好不到哪里去。有些人的简历是打印的，不是亲笔写的，但没关系，还有第二轮的面试。

那些照片上的男士，或是长发飘飘，或是神情暧昧，很容易让人误解为他是女孩子，尽管简历写得很好，我也情愿放弃。公司有公司的要求。

有一份简历，在同事间传阅，看简历，这个学生太出色了。但等到面试，让人大失所望，专业知识超差，真不知他的那些成绩是怎么得的！

还有一个封面的问题，基本上如果是来自于同一所学校的学生，封面几乎是一样的。再看里面，千篇一律，缺少新意。

②请你结合所学专业及自己想要求职的单位，为自己设计一份个人简历。

第二节　求职自传

一、文体知识

一个成功的生涯一定要有三个步骤：第一步是认识并成功地推销你自己；第二步是了解并能胜任你的工作；第三步是把前两者整合好。而求职自传就是以书面的形式帮助你迈向成功的第一步。

求职自传是以叙述形式出现的个人简历，自传的内容一般应包括姓名、性别、出生年月、年龄、家庭情况、学历、兼职工作经历、理想与抱负等。它要把自己的各方面的情况系统而又有重点地通过文字形式表达出来。由于求职者千人千面，各人实际情况不同，因而要根据个人的实际情况增加内容或删减内容。

求职者在应征工作之前通常需要准备一份个人简历，而有些公司除要求准备简历外还会要求你附上自传。所以求职者除了准备一份完整的简历资料外，还要附上（最好600字左右）自传补充介绍自己的经历、专长及思想状况。

求职自传可写于求职之前，助你就业。也可写于求职之中，总结经验教训，继续求职。如随着沪上各大高校纷纷唱响毕业歌，离开校园的毕业生们找到了独特的纪念方式——在校园BBS上公开"求职自传"，这不仅可以为前一个阶段的求职情况做一个总结，也能为"后来人"提醒、建议，在这些"自传"中，有人写了自己求职中的坚持、努力，以及遇到的种种坎坷，颇为感人。有人则列举了各家企业的面试流程和面试官的喜好，很是实用。还可写于求职之后，对自己的整个求职生涯作一个回顾。

自传的作用不同于简历。自传更侧重于文学色彩，从中可以看出求职者的文化素质和语言表达能力，也可以看出你的内心精神世界。而简历只是机械地说明你的经历。因此可从以下三方面来区别它们。

①求职自传只能用第一人称写作；而简历既可以用第一人称，也可以用第二人称。

②求职自传既可以用文艺语体，也可以事务语体、文艺语体兼而有之；而简历只能用事务语体。

③求职自传的内容可以具有一定的文学性（但不同于自传体小说），而简历的内容必须要客观、简明、真实。

二、格式和写法

示例

例文：

求 职 自 传

我叫张××，来自于常德。199×年××月××日，我就出生在常德地区那个因1998年洪水决了口的小县城——安乡。我的1～5岁却是在海南岛度过的，因为爸爸在海南岛的某部队服役，我们随军在那里住了几年。然后又随爸爸转业回了老家。

在我的成长过程中，爸爸对我的影响很大。爸爸在部队里多年，已经将以前军人的那种特有的气质——耿直、踏实融入了自己的血脉和一言一行，于是我也在耳濡目染中多多少少秉承一些"父志"。家里虽然说是较为清贫，但是和谐、温馨，在简单、朴实的环境里，我过着简单却也充实的生活。6岁时，我开始启蒙读书，小学和初中一直都在县城里的一个学校读书，由于性格开朗，老师总是在派我做学习委员的同时不忘记给我搭上文娱委员的"美差"，于是在"两职"的夹击之下，我慢慢养成了有计划的做事和学习的习惯。因此，至今我还深深地感谢我的老师们。

初中毕业后，我考上了一中，继续着我的莘莘学子的生活。可是在高三第二学期的时候，一场大病不期而至，因为这意味着我只能参加第二年的高考，必须比别人要多几十分才能去同样的学校。爸爸在这个时候又给我上了一课。他说，同情自己、抱怨自己都是没有意义的，关键是面对现在和以后。高考后，我只被录取到了常德师院，但是我不再怨天尤人，开始认真、踏实的学习，毕业的时候，取得了全系综合测评第一名的成绩，顺便还"拐带"了一大叠"三好学生"、"优秀学习干部"的证书。

爸爸的耿直使得我们家没有什么"大官"朋友，于是尽管我是以综合测评第一名的成绩分配，还是分到了一个比较偏僻的乡村中学。有领导的"青睐"、同事的爱护、学生的淳朴，我也潜心在那里呆着，认真地过着，偶尔在市里上上公开课、比武课，偶尔在市教委或者县教委发两篇教学论文。可是爸爸再一次使我的命运发生了改变。爸爸以前手下的一个兵，现在成了大老板，于是千方百计找到爸爸，邀请爸爸一块旅游，走了大半个中国。回来后，爸爸灌输给我一个观念：年轻人应该多学点东西，应该去外面多长些见识，应该去南方开放城市锻炼锻炼。于是，我选择了报考中山大学的研究生，20××年的秋天我来到了广州。

在中山大学，虽然人生地不熟，但是导师、师兄都很关照我，而且还有爸爸一直"陪着"我，我想我一定会成为一个全新的我，也继续认真、踏实的走我自己的人生之路。

现在就要毕业了，我将一如既往地努力实现我人生最有价值的理想——做一名光荣的人民教师，通过所学的知识帮助人。

——摘自 http://edu.qqread.com，有改动

> **评析：**
> 　　这是一篇语言平实略带幽默的求职自传，它的写作重点不在一个"求"上，它侧重于对作者的主要生平经历的介绍，及由其中反映出来的我的成绩、能力上。整篇文章中没有一个"求"字，但实际上却把我"求"的缘由、"求"内容、"求"条件一展无余。

一般来说，求职自传的格式由标题、正文、结尾三部分组成。

1. 标题

标题应居中，写"求职自传"或"×××自传"。

2. 正文

正文的主要内容包括以下几个方面。

(1) 基本资料

基本资料包括个人身世、家庭状况。

(2) 求学过程

求学过程可按时间顺序叙述个人求学阶段的表现，如果有特殊荣誉、事迹或参与各种培训、学术活动、社团组织、担任干部之资历等，尤其是与应征职务相关者，都可以重点加以强调。

(3) 专长与能力

若具备专业技能、专业证照、外语能力、计算机相关技术等本领，都要列出，以呈现专才形象。

(4) 志趣与嗜好

求职者的生活嗜好和志趣，往往可以表现才情、优点和特色。

(5) 人格特质

自信、乐观、开朗、认真、果敢、诚恳、信实、热忱、团队精神……种种正面的人格特质，常可获得用人单位的青睐，在叙述这项目内容时，用语宜平实具体，切忌夸大不实、华而不实，引人反感，从而降低可信度。

(6) 工作经验

工作经验主要写自己从事过的相关的工作经验。

(7) 自我期许、生涯规划

求职者高标准的自我期许、旺盛的企图心、各阶段的生涯规划，可以彰显其人格和胸襟。自传中如能清楚描述，较容易获得赏识和任用。

3. 结尾

结尾可以用总结性的文字概括自己的主要成果和收获。加上本人署名和日期（如正文中有名字，结尾署名可以省略。若要写，可写于正文的右下方，然后在下一行署名下写上日期）。

三、注意事项

①求职自传应于毕业前一两年就开始着手构思、写作。

②内容必须真实,不能吹嘘炫耀,与事实不符。在面试时你的浮夸与虚假是会被察觉出来的。

③如果个人专长不止一项,资料也很丰富,或想求得的职业不止一种,那么,也可以写几篇不同主题的自传,以备不时之需。

④语言要流畅,篇幅不易过长,内容不能面面俱到、有摘必录,要选取与你想要求的工作有关的东西写。

⑤提前构写自传还可以发现自己的不足,还有时间提高或改正。

四、写作训练

①某工程局要招聘测量人员,你前去应聘,请你作一段3～5分钟的自我介绍。

②根据自己的实际需要,拟写一份附在你的个人简历之后的求职自传。

第三节　求职信和应聘信

求　职　信

一、文体知识

求职信又被称作自荐信,是个体求职者以书面形式向有关用人单位或相关领导举荐自己,介绍自己的主观愿望和实际才干,以便对方了解自己、相信自己,从而获得某种职务的一种专用书信。

求职信的作用和特点紧密相连,即通过自我推荐、自我推销获得自己满意的职位。用人单位一般都要求求职者寄送求职材料,进行比较筛选,再通知面试。因此,求职信是进入职场的入场券,是职业生涯的第一个重要步骤。

求职信的突出特点是"求"及"自荐性"。首先,求职信是为了寻求到一个职位,所以必须明确写明你"求"的是什么职位,你"求"的理由,你具备了哪些"求"的条件;其次,任何形式的求职信都旨在让对方录用自己,因此在撰写求职信时要把自己各方面的基本情况,尤其是符合所求的职位要求的某方面的特长、优势写出来,设法使对方在全面、深入地了解你的基础上决定是否录用你。

求职信的分类如下。

①根据求职者身份的不同,可分为毕业生求职信、待业人员求职信和从业人员求职信三种。

②根据有无明确求职单位来分,可分为专对某一单位而写的求职信和没有明确目标的求职信(注:两者均不知对方是否要用人及用什么样的人)。

③根据求职信息发送的形式来分,可分为以书面材料寄送或当面呈递的求职信和通过媒体发送的求职信两种。

二、格式和写法

例文:

求 职 信

尊敬的公司领导:

  我是×××铁道职业技术学院的一名应届毕业生,在校学习的是道路桥梁工程技术专业,希望能在贵公司谋得一份工作。我无法向您出示任何一位权威人士的举荐信来为自己加分,数年寒窗苦读所掌握的知识和技能是我唯一可立足的基石。

  我来自农村,艰苦的条件磨炼出我顽强拼搏、不怕吃苦的坚韧个性。我很平凡,但我不甘平凡。因为我坚定地认为:天生我材必有用,付出总会有回报!求学期间,我参加过工程测量方面的严格训练,并且获得测量员证书。作为一名道桥专业的学生,我热爱这个专业,并为其投入了巨大的热情和精力。三年的时间,我抓紧时间,刻苦学习,既注重专业课的学习,又重视能力的培养,以优异的成绩完成了学业(有关成绩见附件)。2011年参与了新校区建设的测量工作。学习之余,走出校门,我尽量去捕捉每一个可以锻炼的机会,学习与不同的人相处,让自己近距离地接触社会,感受人生。

  此外,人际关系和心理学方面的自修及训练,将有利于我与公司客户建立融洽的业务关系。其他关于该项工作的任职资格,请见随信附上的个人简历。

  我深深地懂得:昨天的成绩已成为历史,在这个竞争激烈的今天,只有脚踏实地、坚持不懈地努力,才能获得明天的辉煌;只有不断培养能力,提高素质,挖掘内在的潜能,才能使自己立于不败之地。本着检验自我、锻炼自我、展现自我的目的,我来了。也许我并不完美,但我相信只要给我机会,我会尽我最大的努力让您满意,我将把自己的才智无悔地奉献给贵公司。

  贵公司需要一名测量员吗?贵公司需要一名路桥技术人员吗?贵公司需要一名公关人员吗?贵公司需要计算机操作员吗?我愿意接受公司的安排,从基层做起,积累更多的经验,为公司的发展献出自己的一份力。

  如果需要,我很乐意接受实际操作考试和面试。盼望您的回音。

顺祝愉快!

求职人:张小丽
2012 年 5 月 23 日

联系电话:0451-×××××××

通信地址:×××路××号×××室

邮政编码:150×××

> 附件：1. 个人简历一份
> 　　　2. 证书复印件等
>
> **评析：**
> 　　张小丽的求职信是一封自荐信。在信中，她的态度诚恳，介绍全面。不仅介绍了自己在学校的学习情况，更重要的是她充分展现了一名来自农村的学生吃苦耐劳的精神。在信末她还表达了对工作不挑不拣的态度，这正是此信的一个亮点。

求职信的基本格式一般由七部分组成，即标题、称呼、主体(开头、正文、结尾)、落款、附件。

1. 标题

一般以"求职信"三字为标题，居于首页正中。

2. 称呼

称呼是对读信人的称谓。称呼是在求职信的第二行顶格书写。由于读信人是单位的负责人或人事部门的人员，故可直呼他为"××公司负责人"、"××厂人事部"等。求职信不同于一般的私人书信，故称呼时应注意修饰语，不要用"亲爱的"、"我最尊敬的"等刺人的字眼。为了庄重和礼貌起见，可用如"尊敬的××"等来称呼。求职信不管写给什么身份的人，都不要使用"××老前辈"、"××师兄"等不正规的称呼。如果打探到对方是高学历者，可以用"××博士"、"××硕士"称呼之，则其人会更为容易接受，无形中对你产生一种亲切感。

3. 主体

(1) 开头

开头为简单的问候语和对自己所求的职位及求职原因的简单说明，把你要求到什么公司或什么单位工作、你想干什么工作及干这项工作的原因表达明确了，决不能模棱两可。开头部分的表述要简明准确，富有吸引力，从而达到两个效果：一是吸引对方有兴趣看完求职材料，二是引导对方自然而然的进入"求职"的主题而不觉突然。如：在不知对方是否招聘员工的情况下，应写明对该单位的印象，以表明自己愿意到该单位的决心。

(2) 正文

这是求职信写作的重点。一般重点交代你的求职的条件，尤其要注意表现和你所拟求职位相关的内容，突出你的优势。包括以下内容。

①个人基本情况：包括姓名、性别、民族、学历、出生年月、政治面貌、身体状况等，语言要高度凝练。

②在校学习和表现：包括学校名称、所学专业、学制、入学和毕业时间、学习课程和成绩(由于篇幅所限，具体课程与成绩一般放在自荐信的后面作为附件，但正文中对此应予说明)、德智体美劳诸方面表现、获得过何种奖励等。这一部分的文字，同样要求真实、准确、简练。

③实践能力和特长：要证明自己能够胜任某些工作或用人单位的要求，重点介绍学习成绩

和在校表现是不够的,还要针对所求职业的不同或用人单位的要求,重点介绍自己的实践能力、特长、爱好、成就及良好性格等。例如求职当老师,不但专业成绩要优异,还要重点介绍自己的口头语言表达能力和教学科研能力;向筹划、公关单位推荐自己时,要介绍自己在文艺、书法、摄影、美术、写作等方面的特长;求职到涉外企业,就要突出介绍自己的外语水平和交际能力。

从近几年的大学生就业实际来看,用人单位对毕业生的外语水平、计算机水平和实际工作能力、与人合作能力一般要求较高,因此,同学们在平时就要有意识地加强这方面的素质养成,写求职信时也要有针对性地突出这方面的内容。如有担任过学生干部或到企事业单位实习、工作过的经历,在求职信中应予以强调。若发表过论著、参加比赛获奖、或有什么发明发现乃至获得专利,以及获得各种资格证书、水平证书、技能证书等,都是求职成功的有利条件,应作为重点写清写实,这是求职的关键。写作时,要善于扬长避短,针对求职目标,表现自己的主要业绩和优势,在陈述自己求职条件的时候,一定要恰如其分。过于卑怯,读信人会认为你没有信心,缺乏进取心和创造力;一味浮夸,读信人会觉得你不知天高地厚,干事不踏实。因此语言要不卑不亢、礼貌得体。

④求职意愿、生涯规划:交代求职的理由,说明你为什么要到该公司工作,你想获得那份工作的原因是什么。回答这个问题时,要简洁,不要啰嗦,既要实事求是,又要机智灵活。用人单位通常不会录取一个仅仅为获得工作机会而求职的人,而是希望得到一个热爱专业、愿意全身心投入到这个职位的员工,因此在正文的最后一部分,不仅要明确说明希望从事什么职务和能够干什么样的工作,而且还要情绪饱满、态度昂扬地表明如被录用将如何工作,以及能为用人单位作出什么贡献。

同时,要简要地写明自己的未来发展规划,如"人生目标是什么"、"为了这个目标曾尝试过什么工作"、"这个目标与应聘单位、职位有什么关联"、"自己准备怎么样做起"等。不少企业的人力资源部负责人对应聘者在求职材料中明确作出职业生涯规划的做法给予了肯定,因为这让人觉得求职者目标明确,求职意向经过深思熟虑,容易取得用人单位的好感,而且可以让招聘者对求职者的适应能力等作出更加真实、更加有利于求职者的综合评价。

(3)结尾

结尾主要是强调你的愿望和写祝语。写完求职意愿和生涯规划,还要向用人单位表示谢意,想得到该项工作的迫切愿望,以及希望早日得到明确的答复。祝语作为求职信的结尾部分,要写上感谢或祝福性的话语。最后注明附信所寄的有关材料及自己详细的联系地址、邮政编码、联系电话、电子信箱等。

4. 落款

署名日期。在祝语的右下方,要写上"求职者×××",并注明写求职信的具体日期。要认真书写,不能潦草马虎。

5. 附件

如前所述,选用的证明材料,应有必要的签名和盖章。这是附在信末的,对你起着证明或介绍作用的有关材料。它包括你的个人简历,所学专业课程一览表,各门课程的成绩一览表,各种获奖证书或等级认定证书,发表的论文或论著,单位、学校或某个教授、专家的推荐信等。附件在求职信的写作中,具有重要意义。它不仅让读信人对你有具体的了解,还可增强他对你的信任感。为慎重起见,所选用的相关证明材料最好加盖必要的公章。

三、注意事项

①投其所好,重点突出。求职信的核心内容是要针对用人单位及所求职位,重点介绍自己前往求职的优势条件,尽可能找出与所求职位相吻合的地方,要善于推销自己。

②篇幅要短小,切忌长篇大论。

③结尾处可强调求职者要求到这个职位的强烈愿望。如盼望给予肯定答复或给予面试机会以及期望收到录用通知书等。千万不要忘记留下联络方式。

④用词要准确,态度要谦诚,字迹要工整。如是打印则版面要庄重。另外,千万不要写错别字。

⑤求职信尽量要撰写得精美得体。撰写一封得体的求职信可能是你在寻找工作的时候遇到的棘手问题之一。在求职的过程中,体现个人才智并且文辞精美的求职信,一定能帮助你顺利地谋求到一份理想的工作。因此,写求职信,还须讲究写作技巧,力求做到"情"、"诚"、"美"兼备,以"情"感人,以诚"动"人,以"美"迷人。诚然,求职说到底是人与人打交道的活动,掌握和运用技巧是有必要的。但是过分强调,甚至把它作为成败的关键,则显然并非明智之举。事实上就目前情形而言,过度包装、只重技巧的求职者在认识上产生了偏差,正陷入误区,甚至弄巧成拙。顺其自然是最好的求职技巧。

四、写作训练

①你即将参加一个人才招聘会,请事先拟写一封求职信。

②下面是一封求职信,请阅读后修改。

××工程局:

我听说哈大线要开工,我想贵局一定会需要调度员。我是××学院的毕业生,在院读书时,成绩非常优秀,我还爱好体育运动,曾是学校篮球队的主力,曾和队友们一起夺得过全国高校篮球比赛的第三名。我还有很高的唱歌天赋,学校的几乎所有的文艺演出我都参加过。贵局就设在我的家乡,能回家乡工作正合我意,而且调度员的职务正和我的专业对口。不知贵局是否同意,请立即给我回信。

敬礼!

×××
××年××月××日

③你认为如何才能使你的求职信与众不同,打动招聘人员的心呢?

④有这样一个故事:一个年轻人参加招聘面试,当他赶到时已经有20多个求职者排在他的前面,他想,轮到他面试,不知要到何时。此外,到他面试时,招聘人员可能已经很累,有些不耐烦,或者心情不好,那样会使他的求职成功概率变小。怎么办?于是他写了张小纸条,折好

后,很有礼貌地托秘书小姐交给正在面试的老板。老板看后大笑,原来纸条上这样写着:"老板,我现在排在第23位,请您在对我面试之前,不要做任何录用谁的决定。"结果,这个年轻人被录取了。

请根据这个故事,分析这个年轻人成功的原因。

<h1 style="text-align:center">应 聘 信</h1>

一、文体知识

毕业求职时,一个好的个人求职简历和优秀的应聘信可以展现出您的长处,能增加获得面试的机会。只有能体现个人聪明才智的应聘信,才能帮助你顺利地谋求到一份理想的工作。

用人单位可以通过你的应聘信的语言修辞和文字表达能力,对你进行一次非正式的考核,可以说应聘信是用人单位对应聘者取得第一印象的凭证。

求职信和应聘信都是向用人单位自荐、谋求职位的书信。两者的内容、格式、写作注意事项等基本相同。唯一的区别是:求职信一般是在不知用人单位是否要人、要什么样的人的情况下主动自荐,谋求一个未知的职位,因此,对自己的介绍比较全面,信可以同时向多个单位、部门寄送;应聘信则是在知道用人单位要什么人的情况下写的,谋求的是已知的职位,因此,信的目标明确,针对性强,要根据用人单位的需要有侧重地介绍自己的专业特长以及应聘的理由。

应聘信是展示自我能力和想法,主动推销自己的书面材料。应聘信一般应达到以下几个目的:引起对方注意;激发对方对应聘者的渴求;要设法使雇主采取某种行动,为你赢得面试机会。

例文:

<h3 style="text-align:center">应 聘 信</h3>

尊敬的人事部经理:

您好!我从报纸上看到贵公司招聘兼职网页编辑的信息,我很感兴趣。

从2008年获得硕士学位后至今,我一直在出版社担任编辑工作,对出版社编辑的工作已经相当了解和熟悉。经过出版者工作协会的正规培训,加之积累多年的工作经验,我相信我有能力担当贵公司的网页编辑工作。

我对计算机有着非常浓厚的兴趣。能熟练使用FrontPage和Dream Weaver、PhotoShop等网页制作工具。我自己做了一个个人主页,日访问量已经达到百人左右。通过互联网,我不仅学到了很多在日常生活中学不到的东西,而且坐在计算机前轻点鼠标就能尽晓天下事的快乐,更是别的任何活动所不及。

由于编辑业务的性质,使我拥有灵活的工作时间和方便的办公条件,也在客观上为我的兼职提供了方便。基于对互联网和编辑事务的精通和喜好,以及我自身的客观条件和贵公司的要求,我相信贵公司能给我提供施展才能的另一片天空,而且我也相信我的努力能为贵公司的发展作出一定贡献。

随信附上我的简历,如有机会与您面谈,我将十分感谢。即使贵公司认为我还不符合您们的条件,我也将一如既往地关注贵公司的发展,并在此致以最诚挚的祝愿。

此致

敬礼!

应聘人:×××
2012年11月25日

二、注意事项

如何写好应聘信呢?

①如果你有求职单位的人事经理的姓名,那么,你可在求职信的开头定做附信。附信专门致某个特定的个人,切记要使用敬语结束附信。如果你不愿意定做每一封信,而宁愿使用格式信件,使用敬称"尊敬的招聘主管"(不要使用"尊敬的先生",因为招聘主管或许是一位女士)。

②应聘者应该采取换位思考的方法,通过分析用人单位提出的要求,了解他们的需要,然后有针对性地向他们提供自己的背景资料,表现出自己独到的智慧与才干,使他们从你的身上看到希望,并作出对你有利的决定。

③应聘信的第一段应该新颖有条理,对自己的能力的充分自信便是吸引雇主的最好方法。第一段要阐明你是在申请哪一项工作,使雇主不必全部看完便知道此信的目的,第一段应该能够引起招聘人员对你作为候选人的兴趣。

应聘信的中间段落应对前一段落中所作的陈述进行说明。不能一味重复个人简历,但可以谈及个人简历上难以表达的个人品质,如协调能力、迅速适应环境的能力等。在应聘信中展示你独特的解决问题的技能,并且用特定事例加以支持。雇主也会在意你是否有相应的工作经历,因此应在信中介绍你过去从事的工作,在过去的工作中你所获得的经验,以及以往的工作经历、经验对你此次应聘的职位的意义,这有助于你正在谋求的职位。还应该表现你的价值,写出你的那些能够满足应聘职位需要和要求的技术、能力、素质等。展示你的突出的成就、成果和教育背景,因为它们能够直接有力地支持前面的内容。要坚持实事求是的原则,用以取得的成就和事实代替华而不实的修饰语,恰如其分地介绍自己。

结束应聘信的正确方法是要求有某种行动,通常是争取见一次面。注意不要咄咄逼人,也不要卑躬乞求,只需要诚恳地表达自己的愿望即可:请求安排面试,或者告诉应聘单位你期待他们的电话。结尾要说明个人简历已随信附上,并写上自己的准确、详细的联系方式。

④应聘信属于非正式的信函,它必须能够在双方之间建立融洽的氛围。所以,你要用热情洋溢、精力充沛和令人振奋的语言来感染对方。应聘信不应写得太长,要写得好且打印整洁,

不应有语法、标点符号和拼写等错误。要知道,一处明显的错误就可能使雇主不再注意你的其他诸多才能。

⑤尽量把应聘信的长度控制在一页之内。

⑥如果没有被要求,不宜在应聘信中谈论薪金。

⑦不要说谎或者夸大其词。你在应聘信中说的一切都必须能够在面试中得到支持和证实。

⑧在应聘信中回避负面和相互矛盾的内容。应聘信的目的是要向前跨出你最好的一条腿。那些负面材料(频繁离职、先前的职位终止等)能够在信中或可能的面试中采用变通的方法处理。

⑨应聘信的写作,不是一成不变的,是没有统一标准的。除非天下的雇主都是克隆出来的,有着一样的品位、要求和条件。

⑩要自存副本档案。

三、写作训练

①下面是一则招聘启事,请你据此拟写一份应聘信。

招 聘 启 事

中铁三局集团有限公司的前身是原铁道部第三工程局,始建于1952年,2000年11月28日改制为中铁三局集团有限公司,隶属于中国铁路工程总公司,是全国首批工程总承包建筑企业,具有铁路工程施工总承包特级资质及公路工程、房屋建筑、市政工程总承包一级资质的大型综合性建筑施工企业。主要从事新(改、扩)建铁路、电气化铁路、临管运营及公路、桥梁、隧道、市政、城市轻轨、地下铁道、工民建筑等土木工程的施工和勘测设计。中专以上学历,性格开朗,有在深圳一年以上文员工作经验,能熟练操作办公软件,能协助经理与供应商和客户电话沟通,沟通能力强,工作细心,有责任心,字迹清晰。适用期一个月,公司包食宿,月薪1 500元,适用期过后和公司签订正式合同,公司给上三险一金,月薪2 500元以上。

联系人:卢先生　电话:1301296××××　0530-567××××

E-mail:ztsju@163.com

联系地址:山东省菏泽市××××

②下面是一封应聘信的例文,请评析。

应 聘 信

××大学人事处负责同志:

我是一个渴望得到用武之地的在职人员,女22岁。一年前我从临江大学教育管理专业毕业,由国家分到本市,后由市教委分配到市直机关幼儿园当了幼儿教师。一年来,在用非所学(所长)的岗位上已耽误了许多宝贵时光,这对国家对个人无疑都是损失,故本人渴望要寻找一个能发挥自己所长的地方。

现将本人情况略作介绍:本人能力方面长于语文学科,高中时以108分单科为高校录取,在校期间曾在省报发表过小说两篇,在光明日报发表大学生暑假调查报告一篇,曾获学校硬笔书法赛二等奖(正楷)。以前曾被市直×机关借用作文字工作,写过多种计划、总结、报告,为×副市长的电视讲话写过讲稿。另外,我的英语学科一直是中学大学期间的强项,成绩名列前茅。大学三年级时在省级刊物上发表过翻译作品两篇。大学四年级时通过了国家英语四级考试。由以上情况,本人适合担任秘书工作或外语公共课教学工作。

  负责同志,我完全有把握地说,如果你们能让我担任以上两个方面的工作,定会让你们满意。我自己也定将珍惜这来之不易的工作,奋力作出自己的贡献。

  此致

敬礼!

求职者:××
××年××月××日

第四节　竞　聘　辞

一、文体知识

  竞聘辞,又叫竞聘演讲稿。竞聘演讲稿是竞聘者在竞聘演讲之前写成的准备用作口头发表的文稿。竞聘演讲的目的,就是要使听众对演讲者有充分的了解和认识,从而鉴别其是否能胜任该职位。演讲稿的撰写,是竞聘上岗演讲的一个不可忽视的重要环节,值得每一位竞聘者注意。在我国,随着竞争上岗的普遍实行,竞聘讲话稿的写作越来越重要。

  竞聘辞实际上是演讲词中的一类,因此,它除了具有演讲词的口语性、群众性、时限性、临场性、交流性等演讲的一般特点外,由于它是针对某一具体的竞争目标而进行的,还有自己的个性特征。

  竞聘辞的一个重要特征就是:有目的竞争,目的是得到听众的认知和支持以得到竞聘的岗位。而做到这一点的有效方法之一,就是要有气势,但这气势不是傲气,不是骄气,不是盛气凌人,而是自信自强之气,充满创业的激情之气。只要你有了渊博的知识、熟练的专业技能、自如的沟通技巧和对党的事业和对人民的深厚感情,在你的竞聘辞中或在你的竞聘演讲中,你就能造出这种气势,你就能得到听众的呼应、认可,你也就能竞聘到你想要的职位。

  此外,还有思路的"程序"性,指竞聘辞的思维脉络有一定的比较固定的顺序,不像一般演讲词那么自由。一般要先说出自己竞聘的具体岗位;其次说出自己竞聘的理由,自己的优势,自己的长处,自己其他的和竞聘的职位有关的条件;再次,假设自己得到这个职位后的工作打算;最后,再表达自己希望得到聘用的热诚及为其他竞聘者加油祝福的真诚。

二、格式和写法

  竞聘辞的写作格式与讲演辞大致相同,只是在写作上还必须突出它自身的特点——应聘条件。这里说的应聘条件,包括个人的主观条件和竞聘者提出的未来的任期目标、施政构想、措施方略等要项。因此,在结构上它可以分为以下三个部分。

例文:

窗外的世界很精彩　班内的活动大家爱

各位同学:

你们好!

我的竞选目标是文娱委员。实不相瞒,对这一职位我是垂涎已久,因此,我今天走上讲台,不是凑凑热闹,而是有备而来。我自信,我有自己的竞争优势。

我曾在小学和初中阶段长期担任班级文娱委员,有着"从政"的丰富经验。记得小学三年级时,为迎接我县撤县建市,学校要求每班出几个节目。我组织全班同学积极投入,排演了大合唱《让我们荡起双桨》和小品《爷爷,过年了》,赢得了一致好评,我也因此获得"最佳小导演"称号。初中阶段,我所组织的班级"诗朗诵"活动获学校评选的一等奖。好汉莫提当年勇,而今勇气胜当年。进入大学本班后,上学期我组织同学们创编排演的小品《校园生活交响曲》获得了校迎新春汇演一等奖。

当然,会唱歌不一定就能当好文娱委员。下面就请各位听听我的工作设想,考察我的工作能力。我将在竞选成功后的第二天,在教室后墙上开辟一块"歌迷影迷园地",及时向大家报道歌坛、影坛新动态、新信息,介绍歌星、影星的逸闻趣事。我将在重要的节日里,组织主题鲜明、风格独特的联欢晚会,让大家尽情尽兴,以松弛一下平时绷得过紧的神经,调剂我们紧张的学习生活。我还会不定期地在课间搞个"轻松五分钟",或让未来歌星过把瘾,或让准笑星幽他一默,或设计几个"斯芬克斯之谜"让大家有奖竞猜。如果条件允许,我还准备搞个小型的"文化沙龙",不定期地切磋技艺,并且每隔一段时间就交换一下各自的信息,实行"资源共享"。我将定期召开学生代表会议,及时收集对班级"文化生活"的意见,并根据合理的意见不断改进工作。

总之,若我当上文娱委员,我会让每位同学明显地感到,本班的艺术气氛变得浓厚,大家的学习生活也不再是枯燥无味。"不一样,不一样,就是不一样。"我将用自己的实际行动证明我当文娱委员就是"无可替代"。

同学们以前常说:"窗外的世界很精彩,里面的我们很无奈。"你们如果选我当文娱委员,我一定会变它为"窗外的世界很精彩,班内的活动大家爱"。当我全面实施我的施政纲领时请为我喝彩!

明智的你,请投出明智的一票! 谢谢!

评析:

这是一篇比较成功的竞聘辞。开篇就说明竞聘的目标和原因;其次,着重介绍竞聘的优势;最关键的事详述了"施政"纲领,让大家感觉到竞聘者的无可替代。该竞聘辞的语言也很规范,表达意思不枝不蔓,重点突出,是一片规范的竞聘辞。

1. 标题

标题有三种写法。一是文种标题法，即"竞聘辞"、"竞聘演说"。二是公文标题法，由竞聘人和文种构成或竞聘职务和文种构成，如《关于竞聘××铁道职业技术学院学生会主席的演讲》、《关于竞聘××汽车公司营销经理的演讲》。三是文章标题法，可以采用单行标题拟制，也可采用正副标题形式，如《明白做人　踏实做事——竞聘鲁特电子公司网络经理的演讲词》。

2. 称呼

称呼即对评委或听众的称呼。一般用"各位评委"、"各位听众"即可。

3. 正文

正文是全文的重点和核心，应围绕以下几个方面展开。

（1）开头

开头应开门见山地叙述自己竞聘的职务和竞聘的缘由。应自然真切，干净利落。

（2）主体

主体应先介绍个人简历。简洁地介绍自己的情况：年龄、政治面貌、学历、现任职务等一些自然情况。再摆出自己优于他人的竞聘条件，如政治素质、业务水平、工作能力等。最后提出自己任职后的措施目标、施政构想、施政措施。

（3）结尾

结尾用最简洁的话语表明自己竞聘的决心、信心和请求。当然，竞聘辞由于它要考虑多种临场因素与竞争对手因素，它的结构可以灵活多样，但是其基本内容离不开这样几个部分。

三、注意事项

①要努力展示自我优秀的方面。竞聘演讲其实就是"毛遂自荐"。自荐，当然应该将自己优良的方面展示出来，让他人了解自己。但要注意的是，在"展示"时，态度要真诚老实，有一分能耐说一分能耐，不能为了自荐成功而说大话、说谎话。

②表情达意要准确。准确，一般是指要恰如其分地表情达意。但竞聘演讲中的准确除此以外还有另外两层意思：一是所谈事实和所用材料、数字都要"求真求实"，准确无误，比如，介绍经历时，是大专毕业生，就不能说是大学毕业；在谈业绩时，三次获奖，就不能虚说"曾多次获奖"（最好把在什么时间什么范围什么奖项说得清楚明白）；如涉及数字也要尽量具体。二是要注意分寸，因为竞聘演讲的角度基本上是以"我"为核心，如掌握不好分寸，夸大其词，就会让人产生逆反心理，从而使自己的演讲失败。

③开头要开门夺气。竞聘辞的一个重要特点，就是要有竞争性，而竞争的实质就是争取听众的支持，鼓舞、壮大己方支持者的队伍，瓦解、分化对方支持者的营垒。做到这点的有效手段之一，就是在演说之初的几分钟内，在气势上争取主动，战胜对方。

④主体要突出要项及优势。毫无疑问，获取竞聘演讲成功的关键部分就在主体部分。因此，在这部分的写作上，要突出要项，充分展示竞聘者的竞争优势。具体地说，可以从以下几方面努力：一是任期目标，竞聘者提出的任期目标要明确且具体实在，才能使人信服；二是

施政构想,竞聘者写作时可以联系客观实际、体现岗位特点、注重难点问题、适应发展形势来谈施政构想,对未来的岗位工作做统筹安排;三是措施方略,竞聘者围绕实现未来的任期目标所提的方法、措施,必须切实可行;四是个人优势,它的内容广泛,包括个人的各种素质、能力、水平。

⑤结尾要恳切有力。竞聘辞的结尾,犹如乐曲结束时的"强音",可以动人心魄,因此,也要认真对待,以给听众留下更深更好的印象。它可以卒章显"志"表真诚,也可以发出号召表真心,也可以巧借"东风"表决心,还可以借景抒情显水平等。当然,也可以随要项的说完而结束,不另安一个尾巴。

⑥讲究竞聘技巧。有竞争,就有比较,有比较就有等级差距。每个竞聘者都希望自己成为优胜者,怎么取胜呢?是贬低别人,抬高自己呢?还是巧妙地说明"他行,我更行"呢?当然要采用后面的方法。具体说来,一是要根据岗位工作的需要,善于扬己之长,用事实表明自己比对手更有特长;二是根据群众的美好愿望,善于体察民心,用事实表明自己比对手更能满足民众的急切需要;三是根据单位现有的条件,善于物尽其用,人尽其才,用比对手略胜一筹的任期目标,提出对手未曾想到的点子,说明自己比对手更有办法。

总之,竞聘者准备竞聘辞,要善于扬己之长,用事实说话。切忌吹牛、浮夸、华而不实。随着国家干部制度、人事制度以及机构改革的发展,愈来愈多的人将通过竞选的方式实现自己的人生理想。同时,随着社会竞争的日趋激烈,大中专毕业生的求职和下岗职工的再就业,也都面临着竞职、竞聘的考验。竞聘演讲为广大人才提供了一个充分展示自我、表现自我的舞台,为了获得竞争的胜利,有必要在竞聘辞的写作上多花些工夫。

四、写作训练

①要写好竞聘辞,应注意哪些方面的问题?

②内容丰富,结构清晰,便是一篇好的竞聘辞吗?谈谈你的见解。

③下面是美国第16任总统林肯就职演说结尾的原稿和修改稿,请仔细品味。修改稿有什么优点?

原稿:"你们能容忍对政府的攻击,我却不能从保卫它的立场后退,'和平还是战争'这一严肃的问题由你们而不是由我来回答。"

修改稿:"我恨不能永远说下去。我们不是敌人而是朋友。我们一定不要成为敌人。虽然目前的情绪有些紧张,但一定不要使我们之间亲密情谊的纽带破裂。记忆的神秘琴弦,从每一个战场和每一个爱国者的坟墓延伸到这片国土上的每一颗跳动的心和每一个家庭,它们一定会触动,它们一旦被我们天性中更善良的性灵触动,必将会奏出联合的大合唱。"

④比较下列竞聘辞的三种结尾,哪种最好?为什么?

a."请投我一票吧。我不会辜负你们的信任。我的演讲完了,谢谢!"

b."最后,让我再次感谢你们认真倾听,感谢各位评委和在座各位对我的支持和鼓励。"

c."今天,温度这么高,大家还冒着酷暑前来捧场,这使我非常感动。无论我竞聘是否成功,我都要向各位领导、评委和在座的朋友们表示深深的谢意!"

章末练习

一、简答题
1. 个人简历的基本格式是什么?
2. 一份求职自传至少应该包括哪些内容?
3. 求职信和应聘信有哪些异同?
4. 在写作竞聘辞时应注意哪些问题?

二、表格题
请绘出个人简历的模版。

三、阅读题
通常用人单位更喜欢简练的求职简历。据相关的调查,招聘者只是想通过求职简历来大概了解应聘者的一些初步情况,他们平均在每份简历上花费约3分钟,一般会阅读1页半材料,之后再用30秒的时间决定是否让该应聘人参加面试。也就是说决定是否吸引用人单位的时间也就是这3分钟。有的学生的求职简历有十多页,人事部门花大量的时间才能找到需要的信息,效果反而不好。

建议:求职简历力求简练明了,重点突出,材料中的每一个字都要能推销你自己。

简历的格式和外表的重要性远远超过人们的预料。一份好的简历不仅主题突出,其有特点的包装和格式也是吸引用人单位人事经理的主要方面之一。西门子公司人事经理说:"简历一定要简单明了,我们首先选择看上去让人感到舒服的简历。有人为了求新,在封面上用了大美人头,用很怪异的文字,有的写得很乱,揉得很糟,这样的简历,西门子一般不看就直接淘汰了。"

建议:

(1) 尽可能只用不超过3页的A4白纸。A4纸是当前大多数公司使用的文件纸张,具有一定亲和力和正式感觉。一般不要使用A4以下的纸张,除非你明确知道这个公司的文件是以A4以下如B5纸张为常用文件用纸,否则会给人以小气、寒酸和局促之感。3分钟的时间充其量也只够人事经理浏览你的简历,第一印象之下,人事经理再用最多30秒决定是否给你下一个机会。因此,纸张的大小也很重要。

(2) 字体一般用宋体,需要强调的部分采用粗体字、下划线、首字突出、首行缩进等,但只可选用其中一到两种,不可将以上提到的全部同时采用;也不要用太过花哨的字体如斜体字、英文的花体等;否则会分散对方重点信息的注意力。字的大小一般是标题采用2号,正文用4号。

(3) 版式设计上,应避免信息太满、框线顶天立地或参差不齐。清晰明了、留白适当、方便阅读就可以了。

四、写作实训
1. 你所在学院的学生会开始招聘,你准备竞聘体育部部长一职,请拟写一篇竞聘辞。
2. 你是一位即将走出校门的应届毕业生,请你根据自身的条件,拟写一份个人简历、一篇求职自传。

第四章　就职上岗应知应会应用文

第一节　行政公文

一、文体知识

公文是公务文书的简称,是和私人文书相对而言的。广义的公务文书是指党政机关、群众团体、企事业单位在处理公务活动中,按一定的程序和要求制作和使用的内容系统、体式完备的各种文书,它体现着制作单位的意志和意图。

本章所讲行政公文,是一个狭义的概念,指的是"行政机关在行政管理过程中形成的具有法定效力和规范体式的文书",即 2012 年 4 月中共中央办公厅、国务院办公厅联合印发了《党政机关公文处理工作条例》(中办发〔2012〕14 号),决定从 2012 年 7 月 1 日起施行新修订的《党政机关公文处理工作条例》。1996 年 5 月 3 日中共中央办公厅发布的《中国共产党机关公文处理条例》和 2000 年 8 月 24 日国务院发布的《国家行政机关公文处理办法》停止执行。《党政机关公文处理工作条例》规定现行各类党政机关的公文种类有 15 种,它是国家行政机关依法行政和进行公务活动的重要工具。

行政公文不仅为国家行政机关,即各级人民政府所使用,而且其种类和格式与党、军队和其他各机关、团体、企事业单位的公文大体相同,只是其作用和内容有所不同,因此称为通用公文,简称公文。

1. 行政公文的种类

行政公文有多种分类方法,按用途划分,有 15 种,即《党政机关公文处理工作条例》中规定的决议、决定、命令(令)、公报、公告、通告、意见、通知、通报、报告、请示、批复、议案、函、纪要。

①决议。适用于会议讨论通过的重大决策事项。

②决定。适用于对重要事项作出决策和部署、奖惩有关单位和人员、变更或者撤销下级机关不适当的决定事项。

③命令(令)。适用于公布行政法规和规章、宣布施行重大强制性措施、批准授予和晋升衔级、嘉奖有关单位和人员。

④公报。适用于公布重要决定或者重大事项。

⑤公告。适用于向国内外宣布重要事项或者法定事项。

⑥通告。适用于在一定范围内公布应当遵守或者周知的事项。

⑦意见。适用于对重要问题提出见解和处理办法。

⑧通知。适用于发布、传达要求下级机关执行和有关单位周知或者执行的事项,批转、转

发公文。

⑨通报。适用于表彰先进、批评错误、传达重要精神和告知重要情况。

⑩报告。适用于向上级机关汇报工作、反映情况，回复上级机关的询问。

⑪请示。适用于向上级机关请求指示、批准。

⑫批复。适用于答复下级机关请示事项。

⑬议案。适用于各级人民政府按照法律程序向同级人民代表大会或者人民代表大会常务委员会提请审议事项。

⑭函。适用于不相隶属机关之间商洽工作、询问和答复问题、请求批准和答复审批事项。

⑮纪要。适用于记载会议主要情况和议定事项。

按行文方向划分，有下行文、上行文、平行文三类。下行文是上级机关向下级机关或群众的行文，如命令、决定、通知、通报、通告、批复等；上行文是下级机关向上级机关的行文，即上报公文，主要有报告和请示；平行文是不相隶属机关之间相互往来的公文，主要是函。

写下行文，特别是命令和带有指令性的通知、通告等，语气应该坚定、果断，以收到令行禁止的效果；写上行文，语气应该谦虚、平和，以体现对上级机关的尊重；写平行文，由于是对兄弟单位讲话，应用商洽、委婉的语气，不能向对方发号施令。

按阅知范围划分，有秘密公文、内部公文、公布公文三类。秘密公文是涉及党和国家秘密的公文，在一定时期内需要限定阅知范围并保守秘密，分"绝密"、"机密"、"秘密"三个等级，秘密公文应当标注密级；内部公文是在机关或单位内部使用的公文，也称普通公文，一般不对外公布；公布公文是需要向国内外宣布或在一定范围内公布的公文。

按缓急时限划分，有紧急公文和常规公文两类。紧急公文是需要送达和办理的公文。紧急公文应表明紧急程度——"特急"、"急件"。常规公文又称平件公文，按常规送达和办理的公文。大部分公文都属此类。

2. 行政公文的特点

行政公文是实现国家行政管理的工具，具有法定效力和规范体式。具体说来有以下特点。

(1)作者的法定性

公文是由法定的作者制发的。所谓法定作者，是指能以自己的名义行使职权和承担义务的机关、团体、企事业单位。

(2)读者的特定性

公文的读者有特定性。有的是特定的收文机关，如报告、请示等上行文，读者只能是直接的上级机关；有的是社会全体成员，如公告的读者，就是国内外全体成员。

(3)作用的权威性

公文是代表机关发言，体现了制发机关的法定权威，是各个机关组织开展工作的法定依据；对受文机关而言，在法定的时间和空间，具有强制性，如必须强制贯彻执行、办理和复文等。

(4)效用的现实性

公文的特定效用指公文的现实效用，它主要在现行工作中使用，代表它的制发机关发挥法定效力和作用；公文的效用又具有一定的时间性，它是在现行工作中形成，在现行工作中使用，为推动现行工作服务,一旦它的现行使命完成,就转化为档案保存,对今后的工作起着参考、凭证作用。

(5)体式的规范性

公文的体式,必须符合《党政机关公文处理工作条例》规定的体式,即规范体式。一般来说,正式公文都有文件版头、公文管理标记、发文字号、公文标题、主送机关、发文机关、机关印章、发文日期、主题词、抄送机关、印发说明等构成要素。

(6)制发的程序性

公文拟制包括公文的起草、审核、签发等程序。公文办理包括收文办理、发文办理和整理归档。

二、格式和写法

例文一:

国家计划委员会
关于审批××市××河引水工程设计任务书的请示

计资〔××〕××号

国务院:

　　××市以计发〔××〕008号、138号文报来《××市××河引水工程设计任务书》要求审批。经与住房和城乡建设部研究,现将有关情况和我们的意见报告如下。

　　一、××市城市供水十分紧张,现有日供水能力48万吨,实际需要70万吨,缺口22万吨;到××年需要103万吨,缺口55万吨。由于地下水超量开采,造成地下水位下降和地面下沉。为解决这个问题,××省、××市在××年就开展工作,进行多方案比较,最后选定××市××河引水工程方案,并于××年受住房和城乡建设部委托召开了可行性研究报告审查会议,经有关专家现场查勘、认真讨论,一致认为:××市××河引水工程水厂规模日供水60万至80万吨、输水管道89公里、水库库容1.7亿立方米,总投资5.1亿元,在技术上是可行的,经济上是合理的。

　　二、由于该工程投资多、工程比较复杂,而目前国家、地方财力都有一定困难,经商得住房和城乡建设部、××省、××市同意,本着分期建设、逐步受益的原则,将该工程分二期建设。第一期先建设输水管道、净水厂(按日供水60万吨考虑)及市区配水管网,××河水库工程放在二期建设。第一期工程用水资源采取在××河建临时泵站抽水以及从石砭峪水库、田峪河引水(自流),达到枯水期日供水20万吨,年平均日供水45万吨。

　　三、第一期工程总投资1.91亿元,国家补助4000万元,其余投资均由地方安排。

　　四、建议国务院批准××市××河引水工程设计任务书。第一期工程的初步设计,请以××省、××市为主,经住房和城乡建设部审批后,作为地方重点项目列入国家计划。

五、××市××河引水工程的建设，事关××市经济、旅游事业的发展和人民生活的改善。因此，在初步设计中，应充分听取各方面的意见，选择最佳方案进行建设，并注意工程质量，节约建设资金，加快建设速度，力争第一期工程用三年左右时间建成投产。

专此请示，请批复。

国家计划委员会
××年××月××日

——摘自 http://www.sxsdq.cn/dqzlk/dfz_sxz/xasz_7/201012/t20101221_299427.htm，有改动

评析：

  这是请示。请示是机关单位经常使用的一种陈请性上行文。适用于向上级机关请求指示、批准。请示分为事项性请示和政策性请示两类。请示包括标题、主送机关、正文和落款，结构完整规范。请示标题一般要写明"发文机关＋事由＋文种"，发文机关有时可以省略，如《关于丹霞山风景名胜区列为国家重点风景名胜区的请示》。请示的正文都要包括缘由、事项和结语三部分。请示的结语有"以上请示，请批复"、"以上请示如无不妥，请批复"等。结语是请示必不可少的一项内容，不能遗漏，更不能含糊其辞。

例文二：

关于××项目招标方案核准的批复

××单位：

  你单位《关于××项目招标方案核准的请示》收悉。根据《北京市招标投标条例》、《北京市工程建设项目招标范围和规模标准规定》(北京市人民政府第89号令)及《北京市发展和改革委员会关于印发北京市工程建设项目招标方案核准办法的通知》(京发改〔××〕664号)，经审查，核准××项目的招标方案。现就有关事项批复如下：

  一、请项目单位严格按照《建设项目招标方案核准意见书》依法开展招标工作。

  二、在建设项目实施过程中，确有特殊情况需要变更已核准的招标方案的，应当报我委重新核准。

  三、本批复在本项目实施全过程有效。

  附件：建设项目招标方案核准意见书

××年××月××日

（联系人、联系电话）

注意事项：

1.依法必须招标的项目采用公开招标方式的，项目单位应当至少在一家政府指定媒介(北京市招投标信息平台、中国采购与招标网、人民日报、中国日报、中国经济导报、中国建设报)上发布招标公告。

2.政府投资项目,项目单位应当将招标公告,资格预审公告及结果,中标候选人公示,中标结果等招投标信息在北京市招投标信息平台(http://ztb.bjinvest.gov.cn)上全过程公开。

评析：

  这是批复。适用于答复下级机关的请示事项。批复跟指示有相似之处,都是指导性的下行文,所表达的内容都是受文的下级机关开展某项工作的依据。不过,它们又有着很大的不同。

例文三：

交通运输部
关于对××公路改建工程设计任务书几点意见的函

交计字〔××〕××号

国建计委：

  根据你委电话通知,现对××省计经委上报的《关于××公路改建工程设计任务书的报告》及省交通运输厅抄报我部的《××公路建设项目可行性研究报告》,提出如下几点审查意见,供参考。

  一、××(南线)公路是连接××省××、××两大城市的一条重要公路,穿越××省经济发达、人口稠密地区;也是××经济区最重要、最急需改造的一条公路。据观测,该路大部分地段日行车量达2 000～5 000辆,混合交通量很大,大大地超过现有公路的设计交通量,以致交通拥挤、车速低、堵塞严重。尽管少数地段几经改造有所改善,但交通不适应问题仍很严重。拟改建的××公路为357km,较现有的××公路缩短81km,比铁路里程短147km。改建后,原经铁路运输的大批客运、货运将会转移到公路上来,可提高××公路通过能力和运输效益,使公路、铁路分流。因此同意修建××(南线)公路。

  二、原则上同意××省提出的路线走向和全线按一级公路标准分段、分期修建的意见。即除××两市近郊和其余必要路段按一级公路标准一次建成外,其余路段按一级公路标准一次测设,分期修建,先修半幅。对有些工程技术的处理,投资较多者,需作方案比较。如投资能解决全线,宜接一级公路一次建成。为使巨额投资修建的公路能充分发挥经济效益,以及维持施工期间的大量交通、建议该路全线另辟新线,原有老路尽量保留或增设辅道(新线利用老路部分),但新线不要离老路控制点太远,相隔一定距离以连接线相通,使汽车与拖拉机、非机动车、自行车等分道行驶,保证汽车专用快速行驶;同时,利用该线所经丘陵地形,尽量使交叉的铁路、公路及(合并后)机耕道实行立交,只是个别工程投资较大的实行平交,采用信号控制。

  三、投资问题。由于该路前期工作深度不够,在这种地形修建高标准公路尚缺乏经验;同时,还有些可变因素,如全线隧道均无钻探资料,地质不清;为保证汽车专用,需增修辅道、立交桥等；估算单价系按专业队伍施工，国家全包，未考虑政府出面动员地方人力、物力可降低造价等因素，故尚难判断省确定的投资额是否合适。

建议省迅速组织强有力的工程项目前期工作领导小组，抓紧摸清××两市近郊隧道方案地质情况；同时通过初测定线，进一步落实工程量和降低造价措施，提出较为可靠的投资额后，建议国家在"×五"期予以适当投资补助。

中华人民共和国交通运输部
××年××月××日

评析：

这是函。函适用于不相隶属机关之间商洽工作、询问和答复问题、请求批准和答复审批事项。例文是交通运输部写给国家计委的函，而交通运输部和国家计委属于平行机关。文中明确地表达了交通部同意修建××（南线）公路以及路线走向和公路标准等意见，为国家计委顺利审批该项目和地方政府开展此项工作，提出了宝贵的意见。

例文四：

关于××年全省第二次建设工程质量安全生产形势分析纪要

〔××〕××号

××年××月××日，受××厅长委托，×××总工主持召开××年全省第二次建设工程质量安全生产形势分析会。厅安全生产领导小组成员及有关直属事业单位负责人、设区市住房和城乡建设局质安部门负责人、"建筑之乡"建设局领导参加会议（名单附后）。厅安办汇报了××年以来工作情况，各地对完成的特色工作进行了交流。会议认真分析了当前建设工程质量安全生产形势，提出下一阶段工作要点安排。现纪要如下：

一、会议肯定了××年以来全省各级建设行政主管部门在质量安全生产方面所做的大量工作。一是落实目标责任制。对××年全省建筑工程质量安全生产目标管理责任制进行考核并表彰，在全省建设工作会议上，签订××年安全生产目标管理责任状，制订了《××年××省建设工程质量安全工作要点》。二是不断规范工程质量安全生产秩序，强化责任追究。组织开展××年"元旦、春节"督查，对××年全省建筑施工生产安全事故情况进行通报，强化安全生产许可证管理，暂扣发生安全事故的16家施工企业安全生产许可证。三是深入开展安全生产隐患排查治理专项行动，成立了专项行动领导小组，及时部署，突出重点，明确界定"重大隐患"范围，要求建立重大隐患档案管理制度，严格督办，确保整改到位。四是抓好质量安全生产专项整治工作，认真贯彻实施住房和城乡建设部《建筑起重机械安全监督管理规定》，针对全省预拌商品混凝土质量把关不严等问题，印发《××省预拌商品混凝土质量管理办法》，组织开展形式多样的质监队伍建设年活动，继续做好工程质量检测单位资质就位及换证的指导工作,协助做好《××省建设工程安全生产管理办法》后续工作。

二、会议认为,在建筑业持续快速发展的情况下,建筑工程质量安全生产形势总体平稳,但仍存在以下主要问题:一是施工现场安全措施不落实,脚手架、临边洞口等危险部位防护不严,导致事故发生;二是施工现场安全交底不到位,施工人员安全意识淡薄。

三、下一阶段工作要点:

(1)跟踪检查各地安全生产目标责任制落实情况,特别是个别地区一季度死亡人数已经达到了年度目标责任制的上限,要引起足够重视。继续深化季度安全生产形势分析研究,定期和不定期通报行业安全生产形势,促进工程质量安全生产形势稳定好转。

(2)进一步落实监管职责。加大层级间的监督指导检查,落实《××省建设工程生产安全事故和重大安全隐患约谈办法》,确保政令畅通。统筹城乡规划建设管理,坚持属地管理,强化乡镇一级政府在工程质量安全方面检查职责,坚持"谁审批,谁负责",落实市、县(区)相关审批部门的监管责任,促进城乡和谐发展。

(3)继续坚持安全生产预警机制,加强应急救援体系建设。在"五一、高温、台风、汛期"等敏感时期,及时启动预警机制,建立严格的值班制度,落实安全生产各项措施,切实做好全省建设系统敏感时期安全生产工作,保障城乡运行安全。

(4)开展建筑施工企业安全生产百日督查专项行动,研究制订具体的督查工作方案,将百日督查专项行动部署、工作方案落实到基层、到企业。增强安全意识,维护社会稳定,在奥运火炬传递和奥运会期间加强对安全隐患的排查整治,确保安全生产。

(5)继续做好隐患排查治理工作。要建立隐患排查治理的档案,隐患报表数据真实,报送及时。对重大隐患必须全面掌握情况,严格挂牌督办,确保整改到位,做到手中有表、心中有数。对于排查出来的安全隐患,要制订整改措施,明确整改时限,落实整改资金,强化整改责任,加强监督检查,坚决进行治理。

(6)紧紧围绕"治理隐患、防范事故"的主题开展××年"安全生产月"活动。省厅将印发《××年安全生产月活动方案》,各地要结合本地实际,开展形式多样、富有特色的"安全生产月"活动。

(7)继续做好工程质量安全生产专项整治,抓好淘汰限制使用竹脚手架、井字架、人工挖孔桩等落后技术工艺和设备工作;加强超高、超重、大跨度模板工程等危险性较大工程的安全监管。

(8)加快意外伤害保险改革步伐,推广××、××意外伤害保险改革经验,鼓励引入竞争机制,确保农民工发生事故时能够得到及时救助和足额补偿。

(9)积极推进优质工程和文明工地创建活动,强化激励机制,落实优质优价。加大"文明工地"宣传力度,通过"省级文明工地"典型示范,进一步增强各方主体品牌意识,推动创优工作取得新突破。

(10)加强质量安全监督队伍建设。组织好全省建设系统工程质量监督岗位技能竞赛活动,争取出台《安全监督机构管理办法》,抓好对市政基础设施工程质量安全的监督检查,继续开展全省建设工程质监系统监督机构人员考核与监督机构考核工作。

(11)继续开展工程质量监督、检测和监理的社会评价工作,发放《廉洁情况评价表》到工程建设、施工单位,对工程质量监督、监理、检测工作人员的廉洁情况进行评价,遏制行业的不廉洁风气。

(12)开展工程监理专项整治。开展以现场履职为主的工程监理执法检查和监理机构评估工作,加强对监理行业的规范管理;加强技能培训,提高监理队伍的整体水平;依法推进监理行业信用监管体系建设,开展工程监理企业信用等级评定工作,完善自律机制,建立负面信息披露和守信激励、失信惩戒制度。

(13)继续配合省政府法制办做好《××省建设工程安全生产管理办法》论证协调等后续工作,争取尽早出台该办法。

参加人员:×××、××、×××、×××、××、×××、×××、××、×××
记录:×××

××省住房和城乡建设厅
××年××月××日

——摘自 http://www.fjjs.gov.cn/Xsgl/Wzxs/tabid/156/ArticleModuleID/-1/ArticleID/20714/Default.aspx,有改动

评析:

这是一篇专题会议纪要。《党政机关公文处理工作条例》中规定,纪要适用于记载会议主要情况和议定事项。它是在会议记录等材料的基础上整理而成的,它把会议的主要情况、主要精神加以整理,形成文字其行文方向比较灵活,可以是上行文、下行文和平行文。

为了保证行政公文的完整性、权威性和规范化,并便于撰制办理和存档备查,《党政机关公文处理条例》对公文格式作了明文规定。

公文一般由份号、密级和保密期限、紧急程度、发文机关标志、发文字号、签发人、标题、主送机关、正文、附件说明、发文机关署名、成文日期、印章、附注、附件、抄送机关、印发机关和印发日期、页码等组成。

1. 眉首部分

置于公文首页红色反线以上的各要素统称眉首,由份号、密级和保密期限、紧急程度、发文机关标志、发文字号、签发人等项组成。

(1)份号

份号指公文印制份数的顺序号。涉密公文应当标注份号。

(2)密级和保密期限

密级和保密期限指公文的秘密等级和保密的期限。

涉密公文应当根据涉密程度分别标注"绝密"、"机密"、"秘密"和保密期限。

(3)紧急程度

紧急程度指公文送达和办理的时限要求。根据紧急程度,紧急公文应当分别标注"特急"、"加急",电报应当分别标注"特提"、"特急"、"加急"、"平急"。

(4)发文机关标志

发文机关标志由发文机关全称或者规范化简称加"文件"二字组成,如"国务院文";也可以使用发文机关全称或者规范化简称。联合行文时,发文机关标志可以并用联合发文机关名称,也可以单独用主办机关名称。

(5)发文字号

发文字号由发文机关代字、年份、发文顺序号组成。如"国发〔2012〕1号",其中的"国"是国务院的代字,〔2012〕是发文年份,"1号"是发文序号。联合行文时,使用主办机关的发文字号。

示例如下。

```
No.0000001                                          机密★一年
                                                       特急

              □□□□□□文件

              □□□〔2012〕□□号
    ────────────★────────────  (党的文件中间加五角星)
```

(6)签发人

上行文应当标注签发人姓名。签发人的姓名平行排列于发文字号的右侧。

2. 主体部分

主体部分是每份公文的内容部分,由标题、主送机关、正文、附件说明、发文机关署名、成文时间、印章、附注、附件等项组成。

(1)标题

标题由发文机关名称、事由和文种组成。

(2)主送机关

公文的主要受理机关,应当使用机关全称、规范化简称或者同类型机关统称。

(3)正文

正文是公文的主体,用来表述公文的内容。

(4)附件说明

附件说明指公文附件的顺序号和名称。

(5)发文机关署名

发文机关署名为发文机关全称或者规范化简称。

(6)成文日期

成文日期署会议通过或者发文机关负责人签发的日期。联合行文时,署最后签发机关负责人签发的日期。

(7)印章

公文中有发文机关署名的,应当加盖发文机关印章,并与署名机关相符。有特定发文机关标志的普发性公文和电报可以不加盖印章。

(8)附注

附注指公文印发传达范围等需要说明的事项。

(9)附件

附件指公文正文的说明、补充或者参考资料。

示例如下。

□□□□□□通知

□□□□□□:
　　□□。
　　□□。
　　□□。

附件:1.□□□□□□
　　　2.□□□□□□

二○○□年□□月□□日

(附注)

3. 版记

公文末页下方是版记部分,由抄送机关、印发机关和印发日期、页码等组成。

①抄送机关。除主送机关外需要执行或者知晓公文内容的其他机关,应当使用机关全称、规范化简称或者同类型机关统称。抄送机关与主送机关不同,它不是受理或答复本公文的机关,而只是需要告知公文内容的上级、下级和不相隶属机关和下级机关后。向下级机关的重要行文应同时抄送直接上级机关,向上级机关的请示不得同时抄送下级机关。抄送机关应当是确实要了解公文内容的机关,要防止太多太滥,以免增加不相干的机关负担。

②印发机关和印发日期。公文的送印机关和送印日期。

示例如下。

```
抄送:□□□,□□□。
□□□□□□□□□□□□                    二〇〇□年□□月□□日印发
```

三、注意事项

行政公文与一般文章相比,有特定的制发主体、特定的读者、特定的内容、特定的格式、特定的语言,因此,在写作上也区别于一般文章。

①观点必须正确。行政公文是传达贯彻党和国家路线、方针、政策、法律、法规的工具,是党的基本路线和国家政策、法律的体现,是宣传群众、组织群众的根据和武器。因此,行政公文的观点必须正确。所谓观点必须正确,是指公文的指导思想和内容必须符合党的基本路线和国家的政策和法律,必须在思想上、政治上同党中央保持一致。要按照马克思主义的辩证唯物主义和历史唯物主义的立场、观点和方法,按照社会主义初级阶段的理论,根据党中央提出的建设有中国特色的社会主义的总任务、总目标,站在全局的高度去观察形势、分析问题、解决问题。无论是制发有关全局性工作的公文,还是局部性工作的公文,都不能与党和国家的指示精神相抵触、相违背。因此,撰写公文最重要的一条,就是要有全局观念,观点要正确,不能各行其是,各自为政。

②坚持实事求是的基本原则。实事求是是我们党的优良传统,是党的思想路线的核心。党政机关及其所属业务部门的公文是否体现了实事求是的原则,不仅是衡量一篇公文内容的好坏的重要标志之一,同时也反映出了一个领导机关、一个业务部门及思想素质、政策水平和工作作风。所以,撰写公文时一定要坚持实事求是的原则。实事求是,就是要不唯书,不唯上,只唯实。对上请示工作、报告情况,要实实在在,一是一,二是二,不说假话、空话、大话,有喜报喜,有忧报忧,不搞实用主义,不投领导所好,不看领导颜色行事。对下发指示、做决定,要遵循各项工作的客观发展规律,从实际出发,有的放矢,使发出的公文真正切实

可行。

③贯彻上级指示的公文要富于创造性。为了使上级党政领导机关的方针、政策、法律、法规真正落实到基层,使党和政府的指示、号召变成广大干部和群众的自觉行动,在制发贯彻执行上级指示的公文时,要富于创造精神。要有针对性,切忌脱离实际,无的放矢地照抄旧搬。所谓创造性,就是要把完成执行党和国家决策的意见具体化,要从实际出发,紧密结合本地区、本部门、本单位的实际情况,有针对性的提出贯彻落实的办法和措施。因此,写作公文时应对本地区、本部门、本单位的工作情况和问题了如指掌,对提出的工作任务、规定的政策和具体措施,要反复研究讨论。一时拿不准的问题,应当进行调查研究,不要盲目发文。

④文种格式要得体。文体格式是突出公文严肃性、庄重性的重要形式。行文选用什么文种由行文目的、发文的职权和与主送机关的行文关系确定,不可随意乱用。如"命令"只能由国务院及各部、委和县级以上地方各级人民政府使用,一般机关单位无权发布;"公告"和"通告"虽然都是用来宣布和公布事项的,但如果不是面向国内外,而只是在一定范围内公布事项,则只能用"通告"而不能"公告";"报告"、"请示"是下级机关向上级机关汇报工作、反映情况、答复上级机关询问,请求指示、批准时间才能使用的上行文,上级机关切不可对下级机关使用"报告"、"请示"等。

⑤讲究语言准确和逻辑性。

a. 要具有准确性。准确是文章语言的普遍要求。然而文体不同,准确性的含义也有所不同。公文的准确性,是指语言要完完全全切合实际、事理和对收文者的期求。具体说就是要选词恰当;造句严密、合乎逻辑;概念、判断和推理正确,合乎思维的规律;句子和句子之间的因果关系、转折关系、递进关系、假设关系、条件关系等,分析和表述合乎情理。

b. 要具有鲜明性。公文的鲜明性有两个含义:一是观点和材料的统一,二是公文的主体思想突出。因此,写作是一定要扣紧主体,明言直道,观点明确,态度明朗,而不能模棱两可,莫衷一是。

c. 要具有生动性。一般来说,公文的语言讲究庄重朴实,很少运用描写性的文学语言。但是,公文的语言也要讲究生动性。生动性就是在公文抽象的论述中适当地采用一些具体形象的东西,使文章增添色彩,读者看了觉得醒目提神,印象深刻。有些妙语佳句准确地用到公文里,会具有画龙点睛的作用,从而更好地突出公文的主题思想,增强公文的效果。例如"大锅饭""会哭的孩子有奶吃"、"摸着石头过河"等词句,生动形象,写在公文中不仅通俗、真实、生动,而且言简意赅,发人深省。

d. 语言要通顺。公文语言要通顺,一要做到句稳词妥,二要做到文通字顺,语句通畅。在一些公文里,经常出现语言不通顺的句子,如"只有解放思想,大胆改革,就能推动经济建设和各项工作不断发展"、"端正党风,各级领导干部要带头影响群众"、"公文质量的好坏,关系到党的方针、政策更好地贯彻落实问题"等。这样的语句似通非通,让人似懂非懂,会给公文处理带来很多麻烦。

e. 文字要简练。"公文贵简"是古今中外公文写作的普遍要求。"简"就是要简明扼要,"惟陈言之务去",力避烦冗琐细,尽量做到语言精炼、内容精简。毛泽东同志在延安整风时,曾把那些空而长的文章比喻为懒婆娘的裹脚布,要他们赶快扔到垃圾桶里去,这话现在对我们仍有很强的教育意义。

　　f.结构要严谨。公文的结构实质上也是一个逻辑问题,就是要注意整篇文章的布局。公文的结构要开门见山,以围绕主题、突出主题为原则,开头、中间、结尾三部分之间要有一种内部的必然联系,层次和段落之间衔接要紧凑,做到严谨、自然、完整、统一,不能颠三倒四,残缺不全,前后割裂,互相冲突。

四、写作训练

　　①行政公文都包括哪些?
　　②××市人民政府给××省人民政府写了一份公文,公文标题是《××市人民政府关于五女峰国家森林公园申报省级风景名胜区的请示》,发文字号"×政文〔2011〕104号"。××省人民政府依据《风景名胜区条例》和《风景名胜区申报评审办法》的有关规定,经过研究,表示同意。请你代表该省人民政府按以下要求写出相应的公文,回复××市人民政府。
　　a.该公文应该选用什么文种?
　　b.写出公文的标题。
　　c.写出公文的主送机关。
　　d.写出公文的起首语。
　　③下面是一位学生的习作,阅读后回答问题。

关于食堂新增桌椅的请示

校董事会:
　　8月的艳阳热情澎湃,我校再度迎来了来自全国四面八方的莘莘学子。为了响应国家教育普及的伟大号召,我校各部门按照党中央的部署,为提高学生入学率、落实"人人有学上"的政策,开展了扩大招生等方面的大量工作,基本上实现了学子有学可上的目标。但是,学子有学上的问题还没有从根本上得到解决,学子吃饭的问题成为隐患。由于学生人数大幅度增加,使得食堂桌椅严重不足,部分学生无处落座,往往因时间不足,不得不空腹上课。这对学生的身体健康造成严重后果。故我处希望上级给予5 000元的资金补助,为食堂新增桌椅,以消除学生吃饭难的问题。
　　以上请示如无不妥,请审核批准。

总务处
二○一二年九月二十三日

　　a.标题产生歧义,为什么?应如何修改?
　　b.正文开头用语有什么毛病?
　　c.请示缘由与请示事项写法是否妥当?为什么?

第二节 规章制度

一、文体知识

规章制度,是国家机关、社会团体、企事业单位为实施管理的需要,依照国家法律、法令和政策,在自己权限范围内制订的具有规范性、指导性和约束力的文书。

规章制度的种类很多,公约、章程、条例、规定、办法、规则、细则、准则、守则、标准、须知等,都是各自有着不同用途的规章制度。不同种类的规章制度尽管名称与用途不同,但性质和写法大体相同或相近。

规章制度是党和国家的方针、政策的具体化,往往具有法规的效力;它对人们的行为具有指导和约束作用,是人们的行动准则和依据。应当说,具有法规性和约束力,是规章制度的共同特点。规章制度的应用范围极广,大至各社会行业和部门,小至一个单位、一个班组,一般都有自己的规章制度。

二、格式和写法

一般格式都包括标题、正文、落款三部分。

1. 标题

大体上有以下几种。
①由发文单位名称、事由、文种三项要素构成,如《××建筑工程公司办公室管理条例》。
②由事由、文种两项构成,如《人民币银行结算管理办法》。
③由发文单位名称、文种两项构成,如《××建筑工程公司章程》。
④由适用对象、事由、文种三项构成,如《女职劳动保护办法》。
⑤适用对象、文种两项构成,如《公安干警守则》。
⑥只有文种,如《公约》。

2. 正文

常见的有章条式和条文式两种。
(1)章条式
章条式适用于表述内容比较复杂的规章制度,比如条例、章程、办法等。其内容可分为总则、分则、附则三个部分。每部分可按内容多少分成若干章或若干条款。

总则,是文章的开头部分或第一章,一般用小标题写明"总则"。主要概况说明制订规章制度的目的、要求、原则、适用范围等情况,对全文起统领作用。

分则,是从总则以下到附则以上,中间的若干章都是分则。分则是规章制度的主要内容,也就是要求遵守的事项,应分章分条具体、扼要地写明所规定的若干内容。分则的每章要设小标题,标明本章的主旨。

附则,是对中心内容的补充和说明,放在最后一章。小标题要注明"附则"。主要写明规章制度的适用范围、解释权限、生效日期等内容。附则只设一章,根据需要,可分若干条,也有附在最后不单独成章的。

例文:

中国工会章程

总　　则

中国工会是中国共产党领导的职工自愿结合的工人阶级群众组织,是党联系职工群众的桥梁和纽带,是国家政权的重要社会支柱,是会员和职工利益的代表。

中国工会以宪法为根本活动准则,按照《中华人民共和国工会法》和《中国工会章程》独立自主地开展工作,依法行使权利和履行义务。

……

中国工会在国际事务中坚持独立自主、广泛联系的方针,在独立、平等、互相尊重、互不干涉内部事务的原则基础上,广泛发展同各国工会组织的友好关系,同全世界工人和工会一起,为世界的和平、发展、工人权益和社会进步而共同努力。

第一章　会　　员

第一条　凡在中国境内的企业、事业、机关单位中以工资收入为主要生活来源的体力劳动者和脑力劳动者,不分民族、种族、性别、职业、宗教信仰、教育程度,承认工会章程,都可以加入工会为会员。

第二条　职工加入工会,须由本人自愿申请,经工会小组讨论通过,工会基层委员会批准并发给会员证。

第三条　会员享有以下权利:

(一)选举权、被选举权和表决权。

(二)批评工会的任何组织和任何工作人员,要求撤换或罢免工会工作人员,对工会工作进行监督。

(三)对国家和社会生活问题提出批评与建议,要求工会组织向有关方面如实反映。

(四)在合法权益受到侵犯时,要求工会给予保护。

(五)享受工会举办的文化、教育、体育、旅游、疗休养事业等的优惠待遇;享受工会给予的各种奖励。

（六）在工会会议和工会报刊上，参加关于工会工作和职工关心问题的讨论。

......

第八章　会　　徽

第三十九条　中国工会会徽，选用汉字"中"、"工"两字，经艺术造型呈圆形重叠组成，象征中国工会和中国工人阶级的团结统一。会徽的制作标准，由中华全国总工会规定。

第四十条　中国工会会徽，可在工会办公地点、活动场所、会议会场悬挂，可作为纪念品、办公用品上的工会标志，也可以作为徽章佩戴。

第九章　附　　则

第四十一条　本章程解释权属于中华全国总工会。

——摘自 http://news.xinhuanet.com/newscenter/2003－09/11/content_1076539.htm，有改动

（2）条文式

条文式适用于表示内容相当简单的以及非权力机构制定的规章制度，如规则、守则、公约等。条文式不分章，分条列项阐述，可分为以下两种：

一是主体条文式，分前沿和主体两部分。前言不设条，简明扼要的概述制订该文的目的、依据、性质、意义。主体部分分若干条款。

二是条文到底式，将前言、主体、结尾都用条款标示出来。

例文：

聘请科学技术人员兼职的暂行办法

根据《科学技术干部管理工作试行条例》第九条规定，为充分发挥科学技术人员的作用，促进科学技术事业的发展，特制订本暂行办法。

第一条　科学研究、教学、医疗、工农业生产等单位，根据科学技术工作的需要，可以临时聘请中、高级科学技术人员担任顾问（学术技术指导）或承担讲课、讲学、科研、设计等兼职任务。

第二条　凡中、高级科学技术人员，在完成本职工作任务的前提下，经所在单位的同意，可以接受外单位的临时聘请，也可以凭自己的科技专长到有关单位申请兼职，经聘请单位考核聘请的，原单位应予以支持。

......

第十条　本办法自发布之日起施行。

国务院科学技术干部局
××年××月××日

"办法"在写作格式上,多用条款式行文。一般是先把某个机关或某个会议所决定的事项和内容了解清楚,抓住其主要问题和基本精神,用简洁明晰的文字,采取分段分条分析的形式,对内容进行分析,条款较多时,还可以细分章节。因为办法的内容是经过有关部门或会议作出的决定,取得了一致的意见,所以,写作中,应遵照原意,不能有含糊不清、似是而非的提法。未经决定或有分歧的意见,不要写入其中。

3. 落款

在正文的右下方写明规则制度制订的单位名称和日期。如果在标题中已出现或在标题下面已注明的,就无需再写。由上级领导机关随公文发送的规章制度也可以省略。

三、注意事项

①以政策、法律为依据,保证规章制度的严肃性和权威性。
②内容要全面。要对所涉及对象的各个方面都作出规定。
③行文应用条款式。
④措辞要准确,经得起推敲,要先从正面提出要求,再从反面指出应避免的方面。
⑤要有相对的稳定性和连续性,不能朝令夕改、随心所欲。

四、写作训练

①拟写一篇《××班文明公约》。内容要全面,可涉及学习、卫生、人际关系、教室、寝室、有关公共场所等方面,要具体可行,便于操作。
②结合你所在学院的情况,分析或制订学生奖学金评定方法。

第三节 策 划 书

一、文体知识

策划属于"智业"销售,一般按照企业的需求,按照需求内容,寻找所需的专业策划公司购买"外脑",也就是协助企业客户完成企业管理与经营的相关工作领域内容。策划的第一步是明确顾客的需求,进行相关内容的调查与分析,并发现问题,提出解决问题的方案的过程,它是一个思维过程,不是一个文本格式与形式。策划书就是在市场调查研究基础上,对某整体活动或某一方面活动的预先设想和策划。

策划书的种类:广告策划、宣传策划;产品策划、营销策划;市场分析、营销渠道策划等。

二、格式和写法

示例

例文一：

策划书模板

活动标题
——副标题（有需要的话）

一、活动主题
_____
_____

二、活动宗旨/目的
_____
_____

三、活动组织机构
(1) 主办单位：_____
(2) 承办单位：_____

四、活动对象
_____

五、活动时间、地点
时间：_____
地点：_____

六、活动流程
(1) 前期准备
　a. _____
　b. _____
　c. _____
(2) 活动的主要内容及具体安排
　a. _____
　b. _____
　c. _____

七、物资、经费统计
（注：有商家赞助要说明）

项　目	用　途	单　价	数　量	总　价	备　注
合计					

主要负责人：×××（所在协会名称、联系方式）
××年××月××日

＊附件

1. 如有需要，附相应的海报、横幅、场地等相关申请。
2. 如有商家赞助，要附与商家的协议书策划书。

例文二：

"感恩父母，亲情回赠"主体活动策划书

一、活动背景

父母给了我们健康的身体，把我们带到了这个世界，享受到生命的美好；父母含辛茹苦地把我们养大，随着年龄的增长，我们却很少将我们的感恩之情说出口来，我们和父母之间的交流往往越来越少。或许，我们不曾有过浪子的经历，但年少轻狂的日子里，我们有过太多抱怨的言行。父母太古板，太落伍，无法与之沟通等等。当我们历经了坎坷，终于肯反躬自省，才发现父母都拥有生活的智慧，是亲情为我们支撑起一方天空，亲情托起我们翱翔的翅膀。母亲节与父亲节即将到来，在这春末夏初的季节，我们该为父母做些什么？为此，院学生会宣传部将开展以"感恩父母，亲情回赠"为主题的活动。

二、活动目的

"羊有跪乳之恩，鸦有反哺之孝"。本次活动以感恩热线、感恩家信、感恩宣誓三个板块为载体，引导我校同学在活动过程中进行深思，学会感恩父母。感恩父母的生育之恩，养育之情，教育之苦，将中华民族的传统美德发扬光大。

三、活动单位

主办单位：××铁道职业技术学院团委

承办单位：××铁道职业技术学院学生会

四、活动主题

感恩父母，亲情回赠

五、活动对象

(1) 感恩热线针对全校学生

(2) 感恩家信针对大一所有自然班学生

(3) 感恩宣誓针对全校学生

六、活动简介

(1) 感恩热线：在学校一食堂、二食堂门前设置免费拨打感恩热线点，过往同学可免费给父母打电话。

(2) 感恩家信：以通知各自然班班长、张贴海报的形式面向大一新生征文，文章内容规定为信件格式，本次比赛设一等奖 5 名，二等奖 10 名，三等奖 15 名，获奖同学均颁发校级荣誉证书。

(3) 感恩宣誓：需要在感恩热线旁设立木板，过往同学可以将想对父母说的话或者承诺写在便利贴上，贴在木板上。

七、活动时间

感恩家信征文比赛时间：3 月 15 日～3 月 23 日

感恩宣誓、感恩热线时间：4 月 10 日

八、活动地点

学校一食堂、二食堂门前

九、活动具体流程

1. 活动前期准备阶段

(1) 宣传部：制作并张贴海报。

(2) 外联部：拉感恩热线的赞助。

(3) 组织部：负责感恩热线的现场安保以及工作人员值班安排、活动所需物品的采购、横幅的悬挂的工作。

(4) 秘书部：成立感恩家信征文比赛组委会，负责收集上交的征文。

(5) 策划部：召集大一各自然班班长开会，通知征文活动以及获奖的优惠政策，鼓励大家积极参与。

(6) 新闻编辑部：确定横幅内容、采集活动影像资料，拟订一份征文比赛的倡议书。

2. 活动开展阶段

(1) 有关感恩家信征文比赛：

①3 月 7 日下午由邓研各分会策划部协调召集大一各自然班班长开会，通知此次征文比赛的具体事宜，发放征文比赛倡议书，并于 3 月 15 日起正式开始征文。

②3 月 23 日征文结束，征文组委会将获奖名单在 11 月 15 日之前统计出来。

③4 月 20 日将对获奖作者颁发荣誉证书。

稿件必须是原创，不得抄袭，一经发现，取消其参评资格。

④征稿时间：3 月 15 日～3 月 23 日

⑤参赛方式：

a. 参赛作品于 3 月 23 日前交至"感恩父母，亲情回赠"征文组委会。

b. 参赛稿件的右上角注明姓名、系部、班级、联系方式。稿件统一采用 A4 规格纸打印，标题采用 2 号大标宋字体，正文采用 3 号仿宋字体。

c. 参赛稿件不再返还，请作者注意保存原稿。

d.本次征文由举办单位组织和相关专业人士组成评审组,本着公开、公平、公正的原则对参赛作品进行评审。
　　(2)有关感恩热线、感恩宣誓活动:
　　①4月10日中午12:00~14:00在学会一食堂、二食堂门前设立感恩热线免费(无线座机)打电话点,允许过往同学拨打一个通话时间不超过5分钟的电话,感恩父母(或者自己最想感谢的亲戚朋友等),询问父母身体状况等。
　　②在感恩热线旁边设立一个感恩宣誓板,来往同学可以向工作人员索取便利贴,写上最想对父母说的一句话,贴到我们的宣誓板上。
　　十、所需物资
　　桌子(4张)、木板或宣传板(2块)、横幅(1条)、海报A4纸大小(20张)、征文比赛倡议书(100份)
　　十一、经费预算

项　　目	单　　价	经　　费
横幅(1条)	5m×8元/m	40元
便利贴(20包)	3元/包	60元
倡议书(100份)	0.1元/份	10元
荣誉证书(30个)	3元/个	90元
海报(20张)	3元/张	60元
合计:260元		

　　十二、注意事项
　　(1)海报尽可能持久地保留,避免被覆盖并在活动后将海报全部回收,以便日后评选。
　　(2)各分会、各部门之间互相协助工作。
　　(3)所有费用一律以发票作为报销凭证。
　　(4)征文比赛的评选秉承公开、公平、公正的原则。
　　(5)所有活动物资在活动结束后及时返还。

××铁道职业技术学院学生会宣传部
××年××月××日

　　——摘自http://wenku.baidu.com/view/96a4fa6c783e0912a2162a90.html,有改动

1.策划书封面

　　封面由四个内容构成:策划书的名称,将策划主题体现出来,让使用者一目了然;策划者姓名,策划小组名称及成员姓名列示出来;策划书制作时间,年、月、日;策划书的编号。如策划书名称应尽可能具体地写出策划名称,如《××年××月××工会××活动策划书》。

2. 策划书的正文

正文包括：摘要，策划目的以及对策划内容的简要说明；目录；前言，策划经过的说明；策划内容的详细说明；策划实施步骤以及各项具体分工，包括时间、人员、费用、操作等；策划的期望效果与预测效果；策划中的关键环节，策划实施中应注意的事项。

(1) 活动背景

这部分内容应根据策划书的特点在以下项目中选取内容重点阐述，具体项目有：基本情况简介、主要执行对象、近期状况、组织部门、活动开展原因、社会影响以及相关目的动机。其次应说明问题的环境特征，主要考虑环境的内在优势、弱点、机会及威胁等因素，对其做好全面的分析（SWOT 分析），将内容重点放在环境分析的各项因素上，对过去现在的情况进行详细的描述，并通过对情况的预测制订计划。如环境不明，则应该通过调查研究等方式进行分析加以补充。

(2) 活动目的、意义和目标

活动的目的、意义应用简洁明了的语言将目的要点表述清楚；在陈述目的要点时，该活动的核心构成或策划的独到之处及由此产生的意义（经济效益、社会利益、媒体效应等）都应该明确写出。活动目标要具体化，并需要满足重要性、可行性、时效性。

(3) 资源需要

列出所需人力资源，物力资源，包括使用的地方，如教室或使用活动中心都详细列出。可以列为已有资源和需要资源两部分。

(4) 活动开展

作为策划的正文部分，表现方式要简洁明了，使人容易理解，但表述方面要力求详尽，写出每一点能设想到的东西，没有遗漏。在此部分中，不仅仅局限于用文字表述，也可适当加入统计图表等；对策划的各工作项目，应按照时间的先后顺序排列，绘制实施时间表有助于方案核查。人员的组织配置、活动对象、相应权责及时间地点也应在这部分加以说明，执行的应变程序也应该在这部分加以考虑。这里可以提供一些参考方面：会场布置、接待室、嘉宾座次、赞助方式、合同协议、媒体支持、校园宣传、广告制作、主持、领导讲话、司仪、会场服务、电子背景、灯光、音响、摄像、信息联络、技术支持、秩序维持、衣着、指挥中心、现场气氛调节、接送车辆、活动后清理人员、合影、餐饮招待、后续联络等。请根据实情自行调节。

(5) 经费预算

活动的各项费用在根据实际情况进行具体、周密的计算后，用清晰明了的形式列出。

(6) 活动中应注意的问题及细节

内外环境的变化，不可避免地会给方案的执行带来一些不确定性因素，因此，当环境变化时是否有应变措施，损失的概率是多少，造成的损失多大，应急措施等也应在策划中加以说明。

(7) 活动负责人及主要参与者

注明组织者、参与者姓名、嘉宾、单位（如果是小组策划应注明小组名称、负责人）。

3. 策划书的附录

供参考的文献与案例；如有第二、第三备选方案，列出其概要；其他与策划内容相关的事宜。

三、注意事项

①此处提供策划书的基本参考方面，小型策划书可以直接填充；大型策划书可以不拘泥于表格，自行设计，力求内容详尽、页面美观。

②可以专门给策划书制作封页，力求简单、凝重；策划书可以进行包装，如用设计的徽标做页眉，图文并茂等。

③如有附件可以附于策划书后面，也可单独装订。

④策划书应从纸张的长边装订。

⑤一个大策划书，可以有若干子策划书。

四、写作训练

①策划书的内容都包括哪些？

②2011级建工一班针对校园内的一系列不文明现象，拟举办一次校园文明主题团日活动。活动的主要内容为组织观看电影、反映不文明行为的情景剧表演、给父母或同学发短信提倡议等。以2~3名同学为一个小组，合作制订一份活动策划书。

第四节　招　投　标　书

一、文体知识

招标是指招标人在规定的时间和地点发出招标书或招标单，提出准备施工的工程或准备买进商品的品种、数量及有关条件，招引或邀请应招单位或人员进行投标的行为。投标是指投标人应招标人的邀请，根据招标书或招标单位的规定条件，在规定的时间内，向招标方报价，争取达成交易行为。

1. 招标书、投标书的概念

招标书又叫招标广告、招标通告、招标启事等，它是业主为择优实现某一标的（货物、劳务、科技等）对外公布一定的标准和条件，招来合乎要求的单位或个人承包业务的一种经济应用文。

投标书是符合招标书的条件和要求的承包商向招标人提出响应，并要求订立合同的建议。

知识链接

招标和投标业务的基本程序

招标和投标业务包括招标、投标、开标、评标、决标及中标签约几个环节。

(1) 招标的基本程序

① 发布招标书：根据招标方式的不同，可以采用颁发招标通知或在国内报刊或权威杂志上刊登招标广告。招标通知与招标广告的内容基本相同，一般包括招标项目、有关的交易条件和投标须知等。发送招标通知和刊登招标广告都必须及时。按照国际惯例，招标通知或招标广告一般在开始招标前两日发出。

② 资格预审：资格预审是招标人对投标人的基本情况、财务状况、供应与生产能力、经营作风及信誉等进行全面预先审查。预审合格方能取得投标的资格。目前国际上招标人进行资格预审的方式很多，通常采用分发"资格预审调查表"的方式，招标人根据投标人所提供的数据"分项评分"，进行评价。

③ 编制招标文件：在物资采购的招标中，招标文件又称"标书"或"标单"，内容较为简单，主要列明商品的各种交易条件，如同一般买卖合同的条件，唯独价格条件由投标人投标时报价。在工程承包中，招标文件的内容要复杂一些。

(2) 投标的基本程序

① 投标前的准备工作：投标人参加投标之前，需作许多准备工作，包括编制投标资格审查表、分析招标文件、寻找投标担保单位等。其中，分析研究招标文件是一个核心问题。投标人对招标文件中的招标条件、技术标准、合同格式等要认真分析，做到量力而行。

② 编制投标文件和提供保证函或保证金：投标人经过慎重研究标书之后，一旦决定参加投标，就要根据招标文件要求的规定编制和填报投标文件。为防止投标人在中标后不与招标人签约，招标者通常要求投标人提供投标保证金或投标保证函。

③ 递送投标文件：投标文件须在投标截止日期之前送达招标人，逾期无效。递送投标文件，一般应密封后挂号邮寄，或派专人送达。

(3) 开标、评标、决标、中标签约

① 开标：开标是指在指定日期、时间和地点将全部投标者寄来的投标书中所列的标价予以公开唱标，使全体投标人了解最高标价以及最低标价。开标日期、时间、地点通常在招标文件中予以规定。

② 屏蔽和决标：开标后，有些可以当场决定由谁中标，有的还要由招标人组织人员进行评标后决标，选定中标人，然后决定招标人。

③ 中标签约：中标人必须与招标人签约，否则保证金予以没收。

2. 招标书和投标书的分类

(1) 招标书的分类

① 按其内容不同，可分为企业承包招标书、工程招标书和大宗商品交易招标书等。

② 按其时间不同，可分为长期招标书和短期招标书。

③按其发布的范围不同,可分为国际招标书、国内招标书和系统或单位招标书。
④按其招标项目的要求不同,可分为法人代表招标书和合作伙伴招标书。
(2)投标书的分类
①按照其投标方式的不同,可分为公开投标书和有限度投标书(选择性投标书或邀请投标书)。
②按投标方人员组成情况不同,可分为企业(或企业联合体)投标书、全员投标书、集体投标书、合伙投标书和个人投标书等。
③按其内容不同,可分为建设工程项目投标书、经营项目投标书、科研课题投标书等。

3. 招标书和投标书的特点

(1)招标书的特点

公开性,招标本身就是一项公开进行的周知性交易行为,发布招标公告的目的,就是要将事项告知于人,吸引人们参与投标,这就决定了招标书的公开性;明确性,为了吸引人们参与投标,招标书必须写明招标内容、条件和有关要求,因此具有明确性;竞争性,招标通过发布招标书吸引众多的单位参与投标竞争,以使"货比三家",择优录用,因此招标书的内容和语言都要表现出竞争性;具体性,招标书是涉及具体业务项目的文书,其内容越具体,越能引导人们通盘考虑是否投标竞争,不能笼统抽象,含糊不清。

(2)投标书的特点

针对性,投标书的针对性表现在两个方面,一是必须针对投标项目、招标条件和要求来写;二是必须针对投标单位自身的实际承受能力来写;真实性,投标书的内容必须真实,因为投标单位一旦中标后,便对自己的承诺负责,要承担法律责任;竞争性,投标是一种竞争性很强的商业交易行为。为了能够中标,投标书的内容必须具有竞争性,尽可能显示投标单位所具有的某些优势条件,以击败其他竞争者。

二、格式和写法

1. 招标书的结构

由于招标的目的不同,招标书的写法也就各不相同。且不论哪种类型的招标书,在结构上都应包含以下几个方面的内容。

(1)标题

招标书的标题有以下5种形式:
①由招标单位名称、招标项目和文种组成,如《中国人民银行陕西分行办公大楼施工招标书》。
②由招标项目和文种组成,如《××道路工程招标书》。
③由招标单位和文种组成,如《××公司招标通告》。
④单独由文种名做标题。
⑤采用文学性标题,如《谁来承包××项目》。

(2)前言

前言应点明招标项目名称、规模或数量、招标的原因、招标的范围等。

(3)正文

招标书的正文一般要用分列条款的形式将主要内容和具体事宜叙述出来。正文的主要内容有招标项目、招标步骤、保证条件、落款和附件等。

招标项目应该写明项目的具体情况,如具体名称、数量、质量要求、价格条款、投标者资格等。招标步骤包括招标的起止日期,发送文件的日期、方式、地点、文件售价、开标日期和地点等。保证条件包括担保人、保证金等,是保证投标人中标后工作顺利开展的基本条件。

(4)落款

要写清招标单位的全称、地址、邮政编码、电话、网址、传真、联系人姓名等内容。

在大型的招标书中,常常为了正文的简洁,而把复杂的内容或技术性的要求,如建筑工程中的工程质量要求、材料质量、建筑图纸、技术规格等有关内容,作为附件列于文后,或者编号另发。

2. 投标书的结构

投标书是针对招标书的内容进行逐项回答的书面文字。由于招标书的内容各不相同,投标书的写法也自然不同,但在结构上基本上都有以下几方面的内容。

(1)标题

①由投标单位和文种组成,如《××建筑公司投标书》。

②由应标项目和文种组成,如《承包××建设工程投标书》。

③单独由文种名做标题,如《投标书》或《投标申请书》。

④由投标单位、应标项目、文种组成,如《中国人民银行陕西省分行办公大楼施工投标书》。

⑤采用其他形式标题,如《有实力,讲信誉——我的投标书》。

(2)称谓

这里的称谓是指在投标书的标题下写招标单位的名称或招标机构的名称。如果招标书中对投标书的递送有明确的规定,则按规定要求写称谓即可。这一项有时也可以省略。

(3)导语

导语部分是投标单位或个人把自己对招标投标意义的认识、对竞标的态度以及自己的基本情况等用简洁的语言表达出来。

(4)主体

主体是投标书的中心内容,是鉴定投标方案是否可取、投标人能否中标的关键部分。

竞争法人代表的投标书,一般要写自己的年龄、学历、工作经验、工作业绩、对招标对象现状的分析,包括存在的问题、不足、优势。接着要提出自己的经营目标,这一目标一般和招标书中的要求相符合。然后对现实经营目标进行可行性分析,同时提出自己的具体措施。其中心内容是实现经营目标的具体措施。投标者提出的措施要切实可行,令招标者信服,切忌自吹自擂,夸大其词。

竞争承揽商的投标书,首先要写投标单位的基本情况,如级别、技术力量、过去的经营业绩;标价以及对自己提出标价的分析证明;投标者的承诺,如时间保证、技术质量、设备状况、固定资产等情况。

投标书的主体部分的内容较多,一般按照相应的招标书的要求顺次写出即可,有时也可根据招标书的要求分部分来写。总之,无论怎么写都要做到数据准确,分析有理,标价适当,方法妥当,措施可行。只有这样,才能令招标者信服,才有中标的可能。

(5)落款

落款就是在投标书正文后署名,应依次写上投标单位或投标个人的名称、法人代表姓名、盖章、通讯地址、联系电话、传真、网址等,最后写上发文日期。

(6)附件

投标书正文的有些内容,由于对正文只具有补充或解释的作用,就不必在正文部分详细写出,而以附件的形式列于投标书之后。如担保单位的名称、营业执照、银行开出的保证金或提供的担保函、商品的规格及价格、企业的设备清单、工程清单或单位工程主要部分标价明细表等。

三、注意事项

1. 招标书的写作要求

首先,在起草和发布招标书之前,必须经上级有关主管部门的批准。在招标书中,一般都要写清经过什么单位批准而实行公开招标。这样既增加了招标书的权威性,又使投标单位有了责任感。

其次,要求合法、科学。招标书中的具体要求应符合有关法律、政策的要求,不能违法,特别是招标书中的技术要求应科学,符合国际标准或国家颁布的标准。公告的各项数字,一定要认真核实,做到准确无误。

招标书的内容要力求清楚、全面、准确,使投标者能够权衡利弊。做到一目了然,有章可循,避免产生误解。

文字要严谨简洁。招标书的写作要做到干净利落,层次清晰,不可拖沓冗长,语言要严谨准确,表述要准备无误。首先,招标项目涉及的标准要准确,如对物资设备、工程或科研项目的质量标准,应当明确是国际标准,还是国家标准、部颁标准或者单位自定标准;其次,有关技术规格要准确,不能含糊不清,不能用"大约"、"近似"等模糊语言来表述。招标书要求篇幅短小,表述直截了当,因此语言必须简洁明了。

2. 投标书的写作要求

(1)要慎重严肃

在写投标书之前,要对招标书的各项内容进行深入细致的研究,对招标书所涉及的各种情况要了如指掌,切不可随便应付。因为一旦中标,投标书既是对招标、投标双方签订合同的依据,因此,写作时要慎重严肃,严格按照有关要求和投标者的具体情况进行写作。

(2)要求准确有效

投标书中要防止无效标书的漏洞,如未加盖单位公章和法人代表私人印章、有字迹涂改或辨认不清等。在国外,还应杜绝未附投标保证书或保证书的时间与规定不符。同时,在语言上要简明扼要,严谨准确,不可用"大约"、"左右"、"前后"等模糊词语,计算数字要字迹核对准确无误,也不能把与投标无关或关系不大的内容写于投标书,要重点突出,防止冲淡主题。

标价要适中,投标者的标价既要保证自己的经营效益,又要兼顾社会效益,要使招标者和投标者双方都能接受;同时,投标书中提出的各项承诺,要根据自己的实力提出,已经提出就要保证能做到,切忌轻易许诺。

(3)理清写作思路

要按照表明态度→介绍概况→说明投标内容→提出保证事项的顺序编写。

(4)掌握语言要求

语言要求首先是明确。在投标书中,无论是介绍性说明,还是分条分项说明,语言都要具体明确,不能含糊其辞,模棱两可,让人费解。其次是严密。投标书必须是具有说理力量,才能使招标单位信服。说理力量来自实事求是的态度和对事理的严密论证。因此,在写作时,应当努力做到论点和论据的完美统一,无懈可击。

四、写作训练

①某学院需要增建一个运动场,向社会公开招标。

a. 请你拟写一份招标书。

b. 假设哈尔滨市长城建筑公司准备投标,请你拟写一份投标书。

②运用本节所学知识,评析以下例文。

××大学修建图书馆楼招标通告

××大学经上级主管部门批准,拟修建一座图书馆楼,从××年××月××日起建筑招标。现将具体事宜告知如下。

一、工程名称:××大学图书馆楼。

二、建筑面积:××平方米。

三、施工地点:××市××路××号。

四、设计及要求:见附件。(略)

五、材料中钢材、木材、水泥由招标单位供应,其余由投标人自行解决。所需材料见附表。

六、交工日期:××年××月××日。

七、凡愿投标的国营、民营企业,只要有主管部门和开户行认可,具有相应建筑施工能力者均可投标。

八、投标人可来函或来人索取招标文件。

九、投标人请将报价单、施工能力说明书、原材料来源说明书以及上级主管部门的有关签证等密封投寄或派人直接送我校基建招标办公室。

十、招标至××年××月××日止(信寄以邮戳为准)。××月××日于我校办公楼会议室在××市公证处公证下启封开标。

××大学基建处(印章)
××年××月××日

第五节　市场调查报告

一、文体知识

1. 市场调查报告的概念

市场调查报告,就是对某一个事件或某一个问题进行深入细致的调查研究之后所写出的真实地反映情况的书面报告。反映情况、揭露问题、总结经验、揭示规律,是调查报告的主要功用。

调查报告的用途是比较广泛的,它可以用于总结一个单位、一个部门甚至一个地区的经验,也可以用以揭露某一方面的问题,或者探明某一个事件的真相,还可以用以介绍某个事物的发展过程。一篇好的调查报告,通过事例的分析,能够揭示事物发展的规律,总结带有方向性和普遍性的经验,从而对工作起到一种推动作用。调查报告是实际工作中经常使用的一种文体,特别是近年来随着注重实际、注重调查的认真求实工作作风的进一步恢复和发扬,这种文体的用途就更加广泛了。

2. 市场调查报告的特点

市场调查报告的特点:真实性,市场调查报告所反映的内容必须是调查研究的结果,是经过调查所亲自了解到的情况;针对性,进行市场调查研究,撰写市场调查报告,是为了解决实际问题,因此要有很强的针对性,同时,也要针对某个问题进行调查,才容易调查得比较深入,在某种意义上说,针对性是调查报告的灵魂;典型性,市场调查报告所反映的内容,无论是经验,还是问题,都应具有典型性,更能起到以局部反映全局或以"点"带"面"的作用。调查报告如果所反映的只是没有任何典型意义的孤立的个别事例,则难以对工作产生指导意义。

3. 市场调查报告的种类

市场调查报告的种类:按其内容的不同,市场调查报告分为反映情况的调查报告、总结经验的市场调查报告、揭露问题的市场调查报告三种。

反映情况的调查报告,这类调查报告也称基础性调查报告,是比较全面、系统地反映某一方面的情况的调查报告;总结经验的市场调查报告,这类市场调查报告是在确定典型、并对之进行深入、细致了解的基础上,着重总结经验,探寻市场规律的调查报告;揭露问题的市场调查报告,这类调查报告通过揭露问题,并分析其危害和原因,引起有关部门的重视,为问题的最终解决起到促进和参考作用。

二、格式和写法

示例

例文：

外商投资企业中方账户设置、使用和管理情况的调查报告

陈××

财政部1981年颁发的《关于中外合资经营企业中方投资部分若干财务问题的处理意见》中规定，合营企业属于中方投资的各项所得和分配交纳情况，包括从合营企业分得的利润、场地使用费收入、工资差额等，中方必须另立账户，编制报表。此项规定实施转眼13年过去了，如今回过头来看，各地执行情况怎么样。就这一问题，最近笔者对北京、辽宁、大连、吉林、河北、河南、湖南、南京、广州9个省市的部分外商投资企业进行了专题调查，现将调查情况综合归纳如下。

一、外商投资企业中方账户设置、使用和管理的现状

根据国家现行规定，中方账户泛指我国外商投资企业从实际需要出发，对中方投资和分得利润以及某些涉及中方职工的财务收支事项，另设中方辅助账簿，据以记录和反映中方的各项财务收支情况，或者由外商投资企业的中方在银行另立账户，并游离于企业之外进行单独的核算和管理，以维护中方投资者和中方职工的合法权益。中方账户起源于中外合资经营企业，后来中外合作经营企业和某些外资企业也纷纷参照执行。从调查的情况看，表现出两方面的特点：一是从横向比较，各地外商投资企业中方账户设置和管理情况不均衡。在调查的9个省市中，辽宁、北京两省市情况较好。例如，辽宁省已开业的外商投资企业中，设置中方账户的企业平均占90%以上；北京市已开业的1 229家外商投资中，有900多家企业设置了中方账户，占80%～85%。但也有一些地方外商投资企业未能按规定设置中方账户，如大连市有2/3的外商外资企业未设置中方账户；广州市2 653户外商投资企业中，设置中方账户的仅有20户，占0.75%；河南省目前已开业的600多家外商投资企业中，设置中方账户的企业占5%；湖南省现有外商投资企业中，设置中方账户的不到10%。二是从纵向看，改革开放初期，外商投资企业基本能够按规定设置中方账户，但近几年来此项工作渐趋薄弱，有的地方甚至忽视了。

中方账户核算的内容一般包括下列9项：（略）

从调查情况看，由于外商投资企业的类型、工资制度、中方投资方式等不同，不同企业之间中方账户核算的内容和做法各异，归纳起来大体有以下7种：（略）

二、当前存在的主要问题及原因

(1)外商投资企业中方账户设置和管理情况很不规范。（略）

(2)对设置中方账户的看法和意见不同。（略）

(3)地方财政部门人手不足，缺乏管理手段。（略）

(4) 中方职工权益得不到保障的情况时有发生。(略)

(5) 中方收入的使用和管理不规范,检查监督薄弱。(略)

三、改进的意见和建议

(1) 统一认识,把中方账户的设置和管理列作当前外商投资企业财务管理工作的内容之一。(略)

(2) 修改和完善现行法规政策,规范外商投资企业中方账户的设置、使用和管理。(略)

(3) 理顺财务管理体制,完善中方投资及收益管理办法。(略)

(4) 充实外经财会干部,加强培训,扩大宣传,强化监督。(略)

评析:

  例文的标题标明调查对象、调查的问题和文章种类比较完整、规范。正文的第一自然段也即前言部分,写明进行调查的背景、时间、地点、对象、范围等,这是对基本情况的介绍;主体部分全面、系统地报告情况,反映问题,其中既有事实的客观描述,也有问题的明确及其原因的分析;最后是意见和建议的阐释。材料翔实,内容具体,对问题的分析比较深入,对问题的处理意见也颇具实用价值。在主体部分中,作者采用分层立项的写法,并以小标题的形式概括各部分内容要点,层次分明,条理清楚。从总体上看,主体部分的各个部分之间具有层递关系,由现状的描述到问题的明确及原因的探寻,再由原因的探寻到对策的提出,层层推进,衔接紧密。

市场调查报告没有非常固定的格式,其常见的写法是由标题、署名和正文几个部分组成。

1. 标题

标题一般包括调查对象、内容范围和文种名称等几项内容,也有的直接揭示主题,还有的是多行标题,即正标题揭示主题,副标题表明调查对象、内容范围和文种名称。如《支持农业社会化服务促进农村经济发展——四川省财政支持农业社会化服务试点情况的调查》。

2. 署名

在标题之下应当署上直接参加了调查研究和调查报告的撰写、并能对报告内容负责的人员的名字,有时调查报告是以集体的名义完成的,就要写上集体名称。

3. 正文

正文通常包括开头、主体和结尾三个部分。

开头部分又称"导语"、"前言"等,主要用以概述情况,如对调查的范围、对象、目的、方式、内容等作扼要介绍,以使读者对调查的情况有一个大致的了解。

主体部分是集中表述调查结果的部分,是调查报告的核心部分,这一部分的结构形式有三种:

① 纵式结构,即按照事物发展的先后顺序安排材料,确定叙述的次序。采用这种结构形式,可以体现事物的阶段性特点,脉络比较清楚。

②横式结构,即按事物的性质和特征对材料加以归类,从不同的角度反映情况,说明问题。用这种结构形式,以体现事物的逻辑关系,说理性较强。

③混合式结构,所谓的混合式结构也就是纵横式混用结构,即以一种结构形式为主,兼用另一种结构形式,既考虑事物的发展脉络,又照顾事物的分类特征,兼有两种结构形式的特点。为使主体部分的层次更加清楚,在分部分写作时,常常要在每一部分之前加序码和小标题。

4. 结尾

结尾部分的写法有许多种,比如,总结式写法,总述内容,明确观点;指导式写法,指明努力的方向;启发式写法,提出发人深省、引人思索的问题;号召式写法,预示前景,发出号召等等。

三、注意事项

①要认真进行调查研究,充分占有材料,"没有调查,就没有发言权",写好调查报告的基础和前提,是进行深入的调查研究。不作深入的调查研究,不掌握必要的第一手材料,即使写作能力再强,也无法写出高质量的调查报告。

要取得调查研究的成功,或者说,要在调查中得到必要而又充分的资料,就必须注意:一要有明确的目的,但不要带框框;二要做好充分的准备,即确定恰当的调查对象,并根据需要拟订调查提纲或调查细目,以使调查有计划、有步骤地进行;三要能够正确地分析和鉴别材料,即要分析资料来源的可靠程度,辨别真伪,分清主流和枝节。

②要以正确的立场和方法,认真分析并合理组织材料。一般来说,调查与研究是齐头并进的,但在调查工作告一段落之后,还是要专门对调查中得到的材料进行全面的分析研究,进行去伪存真、去粗取精的加工提炼,以便从偶然中发现必然,从现象中抓住本质,并形成对问题的认识和看法。即使最后选中的材料,也不能不讲章法地堆砌到文章中去,要按照观点与材料相统一的原则把材料合理地组织起来,做到以观点统帅材料,以材料证明观点。既不罗列现象,也不空发议论。在分析、组织材料时,一定要从正确的立场出发,并采用正确的方法,否则是无法得出正确的结论的。

③要讲究结构形式和语言特色。前面说过,调查报告没有固定的格式,但大致的结构形式还是具备的,依照这种常用的结构形式写作,有利于提高文章质量,也有利于提高写作效率。另外,调查报告通常采用第三人称的叙述方式叙述事实,其语言除了应当具备公文语言的准确、简洁、朴素等共同特征之外,还可以适当运用一些比喻或生动的口语化词语,有时还可以恰到好处的引用一些诗词、典故或名言警句等,以起到画龙点睛的作用。

四、写作训练

①分小组讨论写作市场调查报告有什么实际意义。

②网络购物是当今社会的一个热门话题,请你就网络购物中出现的问题、发生的影响写一份市场调查报告。

③请针对物价上涨问题写一份市场调查报告。

第六节 可行性研究报告

一、文体知识

可行性研究报告,是指在确定某一经济建设项目或科研项目之前,对该项目实施的可能性、有效性、技术方案及技术政策进行具体、深入、细致的技术论证和经济评价,以求确定一个在技术上合理、经济上合算的最优方案和最佳时机而写的书面报告。

撰写可行性研究报告的前提是进行可行性研究。可行性研究大约于20世纪30年代由美国首先推行,我国于70年代末开始在工程项目建设前期的技术经济分析中应用。80年代初,正式将可行性研究列入基建程序,规定所有新建、扩建的大中型项目都要进行可行性研究,提出可行性研究报告,以此作为审批项目设计计划书的依据。1982年2月,国家计划委员会还制订了《关于建设项目进行可行性研究的试行管理办法》,对拟建项目的可行性研究报告的编制程序和内容等有关问题作出明确规定。后来可行性研究的范围进一步扩大,已进入政治、军事、经济、文化等各个领域,成为各级领导机关决策前进行研究的必要环节。当前,经济管理、基本建设、外贸引进、技术开发、承担国外工程建设任务等,编写可行性研究报告,已作为一项制度规定下来。

可行性研究报告主要内容是要求以全面、系统地分析为主要方法,以经济效益为核心,围绕影响项目的各种因素,运用大量的数据资料论证拟建项目是否可行。对整个可行性研究提出综合分析评价,指出优、缺点和建议。为了结论的需要,往往还需要加上一些附件,如试验数据、论证材料、计算图表、附图等,以增强可行性报告的说服力。

1. 可行性研究报告的内容及构成

①总论。即项目的基本情况。在可行性研究报告编制中,这一部分特别重要,项目的报批、贷款的申请、合作对象的吸引主要靠这一部分。总论的内容一般包括项目的背景、项目的历史、项目概要以及项目承办人四个方面。

②基本问题研究。可行性研究报告的基本问题研究,是对各个专题研究报告进行汇总统一、平衡后所做具有原则性、较系统的概述。其主要内容有:市场情况与企业规模;资源与原料及协作条件;厂址选择方案;项目技术方案;环保方案;工厂管理机构和员工方案;项目实施计划和进度方案;资金筹措;经济评价;结论。

2. 可行性研究报告的作用

(1)为领导者提供项目决策的重要依据

无论什么经济活动,在正式启动之前都应该有一个完备的论证过程。如这个项目是不是需要实施,应该做什么及怎么样做,通过何种途径才能获得"技术上合理,经济上合算"的最佳效果,都要经过认真研究。可行性研究报告就是以确认的资料、科学的数据为依据,从多角度、多层面来考察、分析这个项目,为决策者描绘拟建项目的全貌,并把意见或建议提供给决策者,以帮助决策作出正确的选择。

(2)为保证资金来源提供条件

新项目的实施需要资金保证,资金来源有上级拨款、银行贷款、外商投资等多种形式。要保证资金来源,首先就要送审的可行性研究报告就是他们进行分析、研究的不可缺少的材料。上级主观部门、贷款方或投资方要对可行性研究报告进行审核、评估,以考察该项目是否可以实施,是否能够取得令人满意的社会效益和经济效益。如果没有可行性研究报告,这些工作将无从着手。

3. 可行性研究报告的特点

(1)高度的科学性

可行性研究报告的写作是建立在科学调查、科学研究、科学预测的基础之上的,要以运用现代化的科学技术手段和方法为条件,不仅要阐明项目在技术上和经济上所依据理论、原理,说明它的科学性,还要运用大量的数字、资料来论证该项目在技术上、经济上是否可行,其内容应当是科学的、客观的。

(2)严密的论证性

可行性研究忌讳的是一言堂,崇尚的是集思广益式的群言堂;所忌讳的是主观主义的臆测,所崇尚的是实事求是的调查和充分可靠的论证。具体地说,可行性研究报告具有以下几个特点:第一,它是集体智慧的结晶,是领导、专家、技术人员共同研究的成果;第二,它的技术资料和数据是准确无误的,具有不可逆转的论证性和说服力;第三,在论证过程中所采用的方法一般是理论和事实相结合、宏观和微观相结合、长远和现实相结合、政治和经济相结合。

(3)学科的多样性

成功地完成一个经济项目往往需要得到多学科支持,所以完成可行性研究报告的写作也需要所涉及的各个学科的专业人员的合作。就其内容而言,一个拟建项目可行或不可行,通常要从规模、资源、地质、环保、方案设计、工艺技术、施工组织、人员选定及经济效益、财务评价等多方面进行考察。就学科范围而言,则涉及地质学、建筑学、工艺学、工程学、财务管理学、行政管理学、美学以及生态学等,这就需要多学科专家和技术人员通力协作。

4. 可行性研究报告的主要研究方法

(1)系统研究法

系统研究法,即运用系统的理论来分析、综合事物,并把事物作为多方面联系的动态整体来研究的一种方法。可行性研究,不论研究对象是什么性质的项目,都有学科的多样性和内容的系统性,是内部各个部分和各种因素相互联系、有机结合的整体。因此,可行性研究无论是在内容上还是在工作程序上,都要按照对象系统内部的内在联系和发展顺序有系统地进行研究。一个可行性项目往往同时具备几个不同的系统,在研究时,应抓住主要系统,兼顾次要系统,做到以点带面,纲举目张。

(2)比较研究法

比较研究法,是把同一基础上两个或两个以上的研究对象进行分析比较,从而择优选择的一种研究方法。比较研究法在可行性研究报告中运用得十分广泛,方案比较可行,同一方案中的经济指标进行比较可行,国内外同类项目相比较也可行。总之,纵比横比都可行。

二、格式和写法

例文:

土木工程建筑项目可行性研究报告(目录)

第一章 总论

一、土木工程建筑项目背景

　　1.项目名称

　　2.承办单位概况

　　3.土木工程建筑项目可行性研究报告编制依据

　　4.土木工程建筑项目提出的理由与过程

二、土木工程建筑项目概况

　　1.土木工程建筑项目拟建地点

　　2.土木工程建筑项目建设规模与目的

　　3.土木工程建筑项目主要建设条件

　　4.土木工程建筑项目投入总资金及效益情况

　　5.土木工程建筑项目主要技术经济指标

三、项目可行性与必要性

四、问题与建议

第二章 市场预测

一、土木工程建筑产品市场供应预测

　　1.国内外土木工程建筑市场供应现状

　　2.国内外土木工程建筑市场供应预测

二、产品市场需求预测

　　1.国内外土木工程建筑市场需求现状

　　2.国内外土木工程建筑市场需求预测

三、产品目标市场分析

　　1.土木工程建筑产品目标市场界定

　　2.市场占有份额分析

四、价格现状与预测

　　1.土木工程建筑产品国内市场销售价格

2. 土木工程建筑产品国际市场销售价格

五、市场竞争力分析

 1. 主要竞争对手情况

 2. 产品市场竞争力优势、劣势

 3. 营销策略

六、市场风险

第三章　资源条件评价

一、土木工程建筑项目资源可利用量

二、土木工程建筑项目资源品质情况

三、土木工程建筑项目资源赋存条件

四、土木工程建筑项目资源开发价值

第四章　土木工程建筑项目建设规模与产品方案

一、建设规模

 1. 土木工程建筑项目建设规模方案比选

 2. 推荐方案及其理由

二、产品方案

 1. 土木工程建筑项目产品方案构成

 2. 土木工程建筑项目产品方案比选

 3. 推荐方案及其理由

第五章　土木工程建筑项目场址选择

一、土木工程建筑项目场址所在位置现状

 1. 土木工程建筑项目地点与地理位置

 2. 土木工程建筑项目场址土地权所属类别及占地面积

 3. 土地利用现状

二、土木工程建筑项目场址建设条件

 1. 地形、地貌、地震情况

 2. 工程地质与水文地质

 3. 气候条件

 4. 城镇规划及社会环境条件

 5. 交通运输条件

 6. 公用设施社会依托条件（水、电、气、生活福利）

 7. 防洪、防潮、排涝设施条件

 8. 环境保护条件

 9. 法律支持条件

 10. 征地、拆迁、移民安置条件

 11. 施工条件

三、土木工程建筑项目场址条件比选
  1. 土木工程建筑项目建设条件比选
  2. 土木工程建筑项目建设投资比选
  3. 土木工程建筑项目运营费用比选
  4. 土木工程建筑项目推荐场址方案
  5. 土木工程建筑项目场址地理位置图

第六章　土木工程建筑项目技术方案、设备方案和工程方案
一、土木工程建筑项目技术方案
  1. 土木工程建筑项目生产方法(包括原料路线)
  2. 土木工程建筑项目工艺流程
  3. 土木工程建筑项目工艺技术来源
  4. 推荐方案的主要工艺(生产装置)流程图、物料平衡图,物料消耗定额表
二、土木工程建筑项目主要设备方案
  1. 土木工程建筑项目主要设备选型
  2. 土木工程建筑项目主要设备来源(进口设备应提出供应方式)
  3. 土木工程建筑项目推荐方案的主要设备清单
三、土木工程建筑项目工程方案
  1. 土木工程建筑项目主要建、构筑物的建筑特征、结构及面积方案
  2. 土木工程建筑项目矿建工程方案
  3. 土木工程建筑项目特殊基础工程方案
  4. 土木工程建筑项目建筑安装工程量及"三材"用量估算
  5. 土木工程建筑项目主要建、构筑物工程一览表

第七章　土木工程建筑项目主要原材料、燃料供应
一、主要原材料供应
  1. 土木工程建筑项目主要原材料品种、质量与年需要量
  2. 土木工程建筑项目主要辅助材料品种、质量与年需要量
  3. 土木工程建筑项目原材料、辅助材料来源与运输方式
二、燃料供应
  1. 土木工程建筑项目燃料品种、质量与年需要量
  2. 土木工程建筑项目燃料供应来源与运输方式
三、主要原材料、燃料价格
  1. 土木工程建筑项目原材料、燃料价格现状
  2. 土木工程建筑项目主要原材料、燃料价格预测
四、编制主要原材料、燃料年需要量表

第八章　总图、运输与公用辅助工程
一、土木工程建筑项目总图布置

1. 平面布置
2. 竖向布置
   (1)场区地形条件
   (2)竖向布置方案
   (3)场地高程及土石方工程量
3. 总平面布置图
4. 总平面布置主要指标表

二、土木工程建筑项目场内外运输
1. 场外运输量及运输方式
2. 场内运输量及运输方式
3. 场内运输设施及设备

三、土木工程建筑项目公用辅助工程
1. 土木工程建筑项目给排水工程
   (1)给水工程(用水负荷、水质要求、给水方案)
   (2)排水工程(排水总量、排水水质、排放方式和泵站管网设施)
2. 土木工程建筑项目供电工程
   (1)供电负荷(年用电量、最大用电负荷)
   (2)供电回路及电压等级的确定
   (3)电源选择
   (4)场内供电输变电方式及设备设施
3. 土木工程建筑项目通信设施
   (1)通信方式
   (2)通信线路及设施
4. 土木工程建筑项目供热设施
5. 土木工程建筑项目空分、空压及制冷设施
6. 土木工程建筑项目维修设施
7. 土木工程建筑项目仓储设施

第九章　土木工程建筑项目节能措施
一、节能措施
二、能耗指标分析

第十章　土木工程建筑项目节水措施
一、节水措施
二、水耗指标分析

第十一章　土木工程建筑项目环境影响评价
一、场址环境条件
二、项目建设和生产对环境的影响

  1. 土木工程建筑项目建设对环境的影响

  2. 土木工程建筑项目生产过程产生的污染物对环境的影响

 三、环境保护措施方案

 四、环境保护投资

 五、环境影响评价

第十二章 土木工程建筑项目劳动安全卫生与消防

 一、危害因素和危害程度

  1. 有毒有害物品的危害

  2. 危险性作业的危害

 二、安全措施方案

  1. 采用安全生产和无危害的工艺和设备

  2. 对危害部位和危险作业的保护措施

  3. 危险场所的防护措施

  4. 职业病防护和卫生保健措施

 三、消防设施

  1. 火灾隐患分析

  2. 防火等级

  3. 消防设施

第十三章 土木工程建筑项目组织机构与人力资源配置

 一、土木工程建筑项目组织机构

  1. 土木工程建筑项目法人组建方案

  2. 土木工程建筑项目管理机构组织方案和体系图

  3. 土木工程建筑项目机构适应性分析

 二、土木工程建筑项目人力资源配置

  1. 生产作业班次

  2. 劳动定员数量及技能素质要求

  3. 职工工资福利

  4. 劳动生产率水平分析

  5. 员工来源及招聘方案

  6. 员工培训计划

第十四章 土木工程建筑项目实施进度

 一、土木工程建筑项目建设工期

 二、土木工程建筑项目实施进度安排

 三、土木工程建筑项目实施进度表（横线图）

第十五章 土木工程建筑项目投资估算

 一、土木工程建筑项目投资估算依据

二、土木工程建筑项目建设投资估算
　　1. 土木工程建筑项目建筑工程费
　　2. 土木工程建筑项目设备及工器具购置费
　　3. 土木工程建筑项目安装工程费
　　4. 土木工程建筑项目工程建设其他费用
　　5. 土木工程建筑项目基本预备费
　　6. 土木工程建筑项目涨价预备费
　　7. 土木工程建筑项目建设期利息
三、土木工程建筑项目流动资金估算
四、土木工程建筑项目投资估算表
　　1. 土木工程建筑项目投入总资金估算汇总表
　　2. 土木工程建筑项目单项工程投资估算表
　　3. 土木工程建筑项目分年投资计划表
　　4. 土木工程建筑项目流动资金估算表

第十六章　土木工程建筑项目融资方案
一、土木工程建筑项目资本金筹措
二、土木工程建筑项目债务资金筹措
三、土木工程建筑项目融资方案分析

第十七章　土木工程建筑项目财务评价
一、土木工程建筑项目财务评价基础数据与参数选取
　　1. 财务价格
　　2. 计算期与生产负荷
　　3. 财务基准收益率设定
　　4. 其他计算参数
二、土木工程建筑项目销售收入估算（编制销售收入估算表）
三、土木工程建筑项目成本费用估算（编制总成本费用估算表和分项成本估算表）
四、土木工程建筑项目财务评价报表
　　1. 土木工程建筑项目财务现金流量表
　　2. 土木工程建筑项目损益和利润分配表
　　3. 土木工程建筑项目资金来源与运用表
　　4. 土木工程建筑项目借款偿还计划表
五、土木工程建筑项目财务评价指标
　　1. 土木工程建筑项目盈利能力分析
　　　（1）项目财务内部收益率

(2)资本金收益率

　　(3)投资各方收益率

　　(4)财务净现值

　　(5)投资回收期

　　(6)投资利润率

　2.土木工程建筑项目偿债能力分析(借款偿还期或利息备付率和偿债备付率)

六、土木工程建筑项目不确定性分析

　1.土木工程建筑项目敏感性分析(编制敏感性分析表,绘制敏感性分析图)

　2.土木工程建筑项目盈亏平衡分析(绘制盈亏平衡分析图)

七、土木工程建筑项目财务评价结论

第十八章　土木工程建筑项目国民经济评价

一、土木工程建筑项目影子价格及通用参数选取

二、土木工程建筑项目效益费用范围调整

　1.土木工程建筑项目转移支付处理

　2.土木工程建筑项目间接效益和间接费用计算

三、土木工程建筑项目效益费用数值调整

　1.土木工程建筑项目投资调整

　2.土木工程建筑项目流动资金调整

　3.土木工程建筑项目销售收入调整

　4.土木工程建筑项目经营费用调整

四、土木工程建筑项目国民经济效益费用流量表

　1.土木工程建筑项目国民经济效益费用流量表

　2.土木工程建筑项目国内投资国民经济效益费用流量表

五、土木工程建筑项目国民经济评价指标

　1.土木工程建筑项目经济内部收益率

　2.土木工程建筑项目经济净现值

六、土木工程建筑项目国民经济评价结论

第十九章　土木工程建筑项目社会评价

一、土木工程建筑项目对社会的影响分析

二、土木工程建筑项目与所在地互适性分析

　1.土木工程建筑项目利益群体对项目的态度及参与程度

　2.土木工程建筑项目各级组织对项目的态度及支持程度

　3.土木工程建筑项目地区文化状况对项目的适应程度

三、土木工程建筑项目社会风险分析

四、土木工程建筑项目社会评价结论

第二十章　土木工程建筑项目风险分析

一、土木工程建筑项目主要风险因素识别

二、土木工程建筑项目风险程度分析

三、土木工程建筑项目风险防范和降低风险对策

第二十一章　土木工程建筑项目可行性研究结论与建议

一、土木工程建筑项目推荐方案的总体描述

二、土木工程建筑项目推荐方案的优缺点描述

  1.优点

  2.存在问题

  3.主要争论与分歧意见

三、土木工程建筑项目主要对比方案

  1.方案描述

  2.未被采纳的理由

四、结论与建议

第二十二章　附图、附表、附件

一、附图

  1.土木工程建筑项目场址位置图

  2.土木工程建筑项目工艺流程图

  3.土木工程建筑项目总平面布置图

二、附表

  1.土木工程建筑项目投资估算表

    (1)土木工程建筑项目投入总资金估算汇总表

    (2)土木工程建筑项目主要单项工程投资估算表

    (3)土木工程建筑项目流动资金估算表

  2.土木工程建筑项目财务评价报表

    (1)土木工程建筑项目销售收入、销售税金及附加估算表

    (2)土木工程建筑项目总成本费用估算表

    (3)土木工程建筑项目财务现金流量表

    (4)土木工程建筑项目损益和利润分配表

    (5)土木工程建筑项目资金来源与运用表

    (6)土木工程建筑项目借款偿还计划表

  3.土木工程建筑项目国民经济评价报表

    (1)土木工程建筑项目国民经济效益费用流量表

    (2)土木工程建筑项目国内投资国民经济效益费用流量表

可行性研究报告一般有标题、正文、附件几个部分组成。

1. 标题

标题一般有两种形式:第一种形式,标题包括建设单位名称、项目名称及文种三项内容,如《长安机床厂关于开发新产品 Y 系列电机壳流水线的可行性研究报告》、《湖南省建设银行关于新建长沙市光明区居民点的可行性研究报告》;第二种形式,标题中只包括项目名称及文种两项内容,如《关于建立富新电厂的可行性研究报告》等。

2. 正文

正文通常包括前言、主题、结论三个部分。

(1)前言

可行性研究报告前言的写法固定模式,常见的写法是概括介绍拟建项目提出的背景、依据、目的及其经济效益,说明可行性研究的范围、要求。

(2)主体

主体部分是对项目可行性的分析论证,是可行性研究报告的核心部分。由于论证对象不同,所以这一部分的写法也不尽相同。从总体上看,大多数可行性研究报告都包含以下几个方面的内容。

①市场调查。通过分析市场现状和未来前景,考察该项目实施后进入市场的发展状况,包括对国内外的市场需求、价格、竞争能力等作出分析。如果市场调查的结论是否定的,那么该项目就是不可行的。

②对规模和方案的分析。包括对项目名称、规格(规模)、技术性能、实施计划和方案的分析。

③技术力量和水平的说明与分析。说明与分析的项目包括地址选择及其理由;原材料、资源配备;技术设备、工艺流程、辅助设施;组织机构设置、所需人员及培训方案;项目的实施方案、工程设计、设备订货、工程施工和验收、设备安装和调试、试生产和正式投产的时间安排和进度;现有的环境状况及工程实施后给环境带来的影响及如何控制环境污染等。

④资金来源分析。确定资金来源的方式,对投资数额进行估算,对资金到位的时间、资金偿还的办法、流动资金的合理安排和使用等进行分析。

⑤经济效益分析。分析投资的收支、盈亏状况等财务问题,评价项目的经济效益。

以上是可行性分析的主要内容,由于拟建项目的性质不同,所分析的内容各有不同,在写作时应按实际情况灵活掌握和处理。

(3)结论

结论是对整篇研究报告内容的总结、概括。应就项目实施的可行性提出明确的结论性意见,也可对主体部分中一些较为重要的内容,如实施该项目可带来的社会效益、经济效益,实施中须注意的关键性问题等加以强调。

概括地说,可行性研究报告的正文大都包括三方面内容:概括说明情况、从不同的角度展开论证、阐明结论。由于可行性研究报告是一种论证性、专业性较强的文种,而且篇幅较长,所以多采用"总—分—总"式(即先总述,再分述,最后加以总结)结构模式,也有的采用"总—分"式结构模式,把情况概述和结论都放在开头部分。

3. 附件

很多可行性研究报告的正文之后都有一些附件,如统计图表、设计图纸、试验数据及文字性论证材料。这些材料具有很强的说服力和参考价值,但又不宜放在正文中。把它们作为附件放在正文后,既可以保证正文内容的简洁、顺畅,又可以保证资料的齐全。

三、注意事项

①要实事求是,做好调查研究。在动笔撰写可行性研究报告之前,首先必须以实事求是的态度,认真、全面、细致地做好调查研究工作。通过调查研究获取全面、准确、可靠的资料。

可行性研究报告所用的资料主要有两种:一是"死资料",包括文字材料和数据,如公开出版物上的记载、内部档案资料等。二是"活资料",有两种。第一种是"有关人员"反映的各种情况。"有关人员"主要是指项目的领导人员、主管人员、承办人员及与该项目有关的群众。以上人员因各自所处的位置不同,看待问题的角度不同,反映的情况可能也有所不同。第二种是现场材料。调研人员一定要亲自到项目现场进行考察,了解工作和生活环境、地域特点、基础设施状况等。

②要虚心学习,掌握有关专业知识。可行性研究报告具有很强的专业性,因此常需要组成一个专家组进行可行性研究,一般来说技术专家3人、经济专家7人为专家组的最佳构成比例。联合国工业发展组织认为任何大型项目的可行性研究小组成员都应该包括下列人员:1名工业经济专家,1名市场分析专家,若干名精通建设项目的工艺师,1名会计,1名机械工业工程师,1名土木工程师。可行性研究报告的撰写人员必须虚心学习与项目有关的专业知识,了解和把握与整个项目有关的专业知识。

③要认真研究,进行科学的分析。在对材料进行整理的基础上,还要对材料进行综合分析。分析工作可按两个步骤进行:首先,要按类别分析材料,根据材料对各种情况作出准确的判断;其次,要从理论上对具体材料及根据材料作出的判断加以分析,对各项指标认真进行核算,最后得出科学、客观、明确的结论。应当注意的是在对经济效益所作出的分析中,必须重视对不确定因素的分析。所谓不确定因素,主要是指有可能造成事先估算与实际情况之间产生出入的各种客观因素。不确定性因素的变化有可能导致项目经济效益的变动,会给项目带来潜在的风险。

不确定因素分析的内容主要包括以下几项。

a. 盈亏平衡分析:这是在一个时期和范围内(一般是正常生产的年份),探讨成本、产量、价格等和盈余的关系,从而对项目的市场需求变化适应能力、项目的抗风险能力等作出判断的分析方法。

b. 敏感性分析:这是分析项目的某一个主要因素(如产量、成本、投资等)的变动,对经济效益指标(如投资收益率、返本期等)的影响的方法。通过对多个方案敏感性大小的对比,选择敏感性较低的方案,可使项目风险减少到最低程度。

c. 概率分析：这是按概率研究不确定性因素对项目的经济效益的影响的一种定量分析方法。即通过研究几个按一定概率分布同时变动的因素，来预测经济指标的概率分布情况，从而判断不确定因素有可能给项目带来的损失或风险。

四、写作训练

①你所在的学院拟在家属区建一个超市，请分析讨论其建设规模及可行性。
②你所在的学院计划在南校区建一个运动场，请写一份可行性研究报告。

第七节 经济合同

一、文体知识

1. 经济合同的概念

经济合同是民事主体的法人（指依法成立并能够以自己名义行使权力、承担义务，进行经济活动的组织）、其他经济组织、个体工商户、农村承包经营户相互之间为实现一定的经济目的，并经当事人双方或多方共同商定，确立相互权利和义务的协议。

1981年12月13日全国第五届人大第四次会议通过了《中华人民共和国经济合同法》。1993年9月2日全国八届人大常委会第三次会议通过了《关于修改〈中华人民共和国经济合同法〉的决定》，对《中华人民共和国经济合同法》予以修正并重新公布。1999年10月1日又实施了《中华人民共和国合同法》。

同时，为顺利实施《中华人民共和国经济合同法》，国务院及其有关部门还颁布了一系列相应的条例、实施细则、规定和管理办法。这样我国就已形成了一个有关经济合同的设立、变更、终止的较为完备的法规系统，它为我国市场经济下的各类经济组织之间经济合作的公允、有效性提供了法律保证。

2. 经济合同的特点

(1) 合法性
经济合同必须依法订立、履行、变更或终止，否则不具有法律效力，也得不到法律保障。
(2) 强制性
合同关系即法律关系，具有强制性。合同已经签订就对当事人具有法律约束力，违反合同就要承担相应的经济和法律责任。
(3) 平等性
签订合同双方是平等的，一方不得将自己的意志强加给另一方。合同的内容必须是双方在平等协商的前提下签订的，对双方都平等的条款。

(4)双向性

签订合同的双方当事人,都享有要求对方的权利,同时也应承担保证对方权利实现的义务。

(5)有偿性

订立合同的双方都有自己的经济目的,都想要获取一定的经济效益,若作为无偿的、无目的的给予和馈赠,这样的行为是不可能构成经济合同的。

3. 经济合同的种类

根据新的《中华人民共和国合同法》规定,目前常见的经济合同主要有以下几种。

(1)买卖合同

买卖合同是出卖人转移标的物的所有权于买受人,买受人支付款的合同。

(2)供用电、水、气、热力合同

供用电合同是供电人向用电人供电,用电人支付电费的合同。供用水、供用气、供用热力合同,参照供用电合同的有关规定。

(3)借款合同

借款合同是借款人向贷款人借款,到期返还借款并支付利息的合同。

(4)租赁合同

租赁合同是出租人将租赁物交付给承租人使用、收益,承租人支付租金的合同。

(5)融资租赁合同

融资租赁合同是出租人根据承租人对出卖人、租赁物的选择,向出卖人购买租赁物,提供给承租人使用,承租人支付租金的合同。

(6)承揽合同

承揽合同是承揽人按照定做人的要求完成工作,交付工作成果,定做人给付报酬的合同。承揽包括加工、订做、修理、复制、测试、校验等工作。

(7)建设工程合同

建设工程合同是承包人按要求进行工程建设,发报人支付价款的合同。

(8)运输合同

运输合同是承运人将旅客或者货物从起运地点运输到约定地点,旅客、托运人或者收货人支付票款或者运输费的合同。

(9)技术合同

技术合同是当事人就技术开发、转让、咨询或服务而订立的确立相互之间权利和义务的合同。

(10)保管合同

保管合同是保管人保管寄存人交付的保管物,返还该物并收取一定保管费用的合同。

(11)仓储合同

仓储合同是保管人储存存货人交付的仓储物,存货人支付仓储费的合同。

(12)财产保险合同

财产保险合同是指投保人向保险人缴纳保险费,保险人在所保财务或利益受损时,在保险责任范围内承担赔偿责任,或在约定期限届满时给付保险金合同。具体分为财产保险、货物运输保险、运输工具保险、责任保险、保证保险、信用保险等几类。

(13)委托合同

委托合同是委托人和受托人约定,由受托人处理委托人事务并且收取一定费用的合同。委托人可以特别委托受托人处理一项或数项事务,也可以概括受托委托人处理一切事务。

(14)行纪合同

行纪合同是行纪人以自己的名义为委托人从事贸易活动,委托人支付报酬的合同。

(15)居间合同

居间合同是居间人向委托人报告订立合同的机会或者提供订立合同的媒介服务,委托人支付报酬的合同。

4. 经济合同的分类

①按其内容性质的不同,可分为购销合同、建筑工程承包合同、仓储合同、财产租赁合同、借款合同、能源供应合同和货物运输合同等。

②按其责任人不同,可分为个人合同和单位合同。

③按其履行期限不同,可分为长期合同、中期合同、短期合同。

④按其书面表达形式不同,可分为条款式经济合同、表格式经济合同、条款和表格综合式经济合同。

二、格式和写法

例文:

工程承包合同(范本)

甲方(以下简称发包方):×××(写明名称、法定代表人和住所)

乙方(以下简称承包方):×××(同上)

甲乙双方按照《中华人民共和国经济合同法》和《建筑安装工程承包合同条例》规定的原则,结合工程的实际情况,达成如下协议。

第一条　承包工程概况(包括工程名称、地点、内容、承包的范围、开工和竣工日期、质量等级等内容)

第二条　合同文件使用的语言文字、标准和适用的法律(本条主要是用于涉外方面的)

第三条　图纸(写明图纸提供的日期、套数、保密要求以及图纸的解释权等)

第四条　甲乙双方驻工地代表(写明姓名、性别、年龄、在单位中的职务)

第五条　甲乙双方的基础工作

第六条　工程进度计划
　　第七条　工程监督（包括隐蔽工程的中间验收等）
　　第八条　人事同价款及其调整
　　第九条　工程预付款及工程的支付方式和时间
　　第十条　工程验收
　　第十一条　决算
　　第十二条　保修
　　第十三条　争议处理
　　第十四条　违约责任
　　第十五条　双方约定的其他内容
　　第十六条　本合同一式　　份，当事人各执　　份。本合同自　年　月　日（写明生效的时间或者条件）之日起生效。本合同未尽事宜，双方可以协商订立补充协议，补充协议与本合同具有同等的效力。

发包方	承包方	鉴(公)证意见
单位名称(章)：	单位名称(章)：	
单位地址：	单位地址：	经办人：
法定代表人：	法定代表人：	鉴(公)证机关(章)
委托代理人：	委托代理人：	
电话：	电话：	年　月　日
电报挂号：	电报挂号：	
开户银行：	开户银行：	〔注：除国家另有规定外，鉴
账号：	账号：	(公)证实行自愿原则〕
邮政编码：	邮政编码：	
年　月　日	年　月　日	

　　从结构上讲，经济合同的表现形式有两种，即条文式合同和表格式合同。一份较完整的经济合同文书应具备标题、签约当事人的名称或姓名、正文、结尾四个部分。

1. 标题

　　标题是指合同的名称。一般只写明合同的种类，如《供用合同》、《承揽合同》等。此外，标题还有以下几种写法：

　　①将经营范围和合同名称写在一起，如《纺织品购销合同》、《针棉织品购销合同》等。
　　②将合同有限期和合同名称写在一起，如《2003 年第一季度购销合同》、《2004 年货物运输合同》等。
　　③将签约单位名称并列写在合同名称的前面，如《××市××公司与××厂购销合同》。

2. 签约当事人的名称或姓名

在合同标题的下方，分行并列写明签订合同当事人双方的单位名称（全称）或者姓名和住所，有的在单位名称之前还写明合同的性质。为了行文方便，可在括号里注明一方是"甲方"或"供方"，另一方是"乙方"或"需方"，但不能写成"我方"或者"你方"，以免理解时产生歧义。

3. 正文

正文部分一般包括合同的主要条款和双方自愿协议的内容。根据《中华人民共和国合同法》的规定，合同应具备以下条款。

（1）标的

标的是合同中双方当事人权利和义务的所指对象。任何合同都必须有标的，没有标的的或标的不明确，双方的权利和义务就没有所指，合同就无法履行。例如，购销合同中的标的是某种产品，建设工程合同中的标的是某项设计或工程等。合同的标的必须有利于当事人权利和义务的具体实现，因而不能含糊抽象，要有明确的限制，清楚的界限。

（2）数量

数量是衡量合同双方利益义务大小的尺度，它包括数字和计量单位。除了数字要具体准确外，计量单位的度必须明确。有些产品数量较难做到十分精确，则应规定要交货数量允许的超欠幅度、正负尾数和运输耗损；有些工业产品附带给予易耗备品、配件和安装修理工具，合同上要注明件数并标明已计入成本或另行收费。

（3）质量

质量是标的的外观形态和内在素质的综合体现，产品质量的技术要求，包括物理（或机械）性能、化学性能、使用特征、耗能指标、工艺要求、卫生和安全要求等。凡是有法定标准可依的，要指出属于哪一级标准；没有法定标准的，要明确双方协议的具体标准以及检验方法。验收和检疫方法，按国家的有关规定执行，没有规定的由当事人双方协商确定。有些分等级的产品，要规定等级品率。

（4）价款或报酬

价款或报酬是取得对方的产品、劳务或智力、成果所支付的表现为货币的代价。以事务为标的的叫价款，以劳务为标的的叫报酬。报酬除了数额以外，还要明确计算依据（根据某项国家规定的价格，或是由当事人协商议定的价格），规定支付方式。国内经济关系，除法律另由规定的以外必须用人民币计算和支付；除国家允许使用现金履行义务的以外，必须通过银行办理转账或者票据结算。

（5）履行的期限、地点和方式

履行的期限是指交货或完成劳务的日期。明确期限有利于双方安排生产和工作，以及有计划有步骤的完成任务。合同对当事人双方应履行的权利和义务都要规定明确的期限，同时期限也是判定当事人双方能否按期履约的客观标准。履行的地点和方式是指当事人在什么地点、什么方式履行合同，这些直接影响费用的计算，应明确规定。例如，自提产品应明确规定提供地点、送货单位，要对交货地点、运费的承担、运价标准和途中耗损等，都作出明确的规定。

(6) 违约责任

违约责任又称"罚则",是对不按合同规定履行义务的制裁措施。合同的核心问题是责任,明确违约责任对于维护合同的法律严肃性,督促当事人遵守合同义务,具有重要意义。违约的经济制裁措施主要是违约方给对方支付违约金和承担由于违约造成的经济损失。

(7) 解决争议的方法

当事人可以通过和解或者调节解决合同争议。当事人不愿和解、调解或者和解、调节不成的,如由仲裁约定的应根据仲裁协议向仲裁机构申请仲裁;当事人没有订立仲裁协议或者仲裁协议无效的,可以向人民法院起诉。

此外,根据法律规定的或按合同性质必须具备的条款,以及当事人有要求必须规定的条款,也是合同应包括的内容。

4. 结尾

结尾是合同合法性和有效性的标记,一般包括双方公章、法定代表人或委托代理人签章,还应写明地址、电话、开户银行和账户号。条款式合同最后还要注明签字时间和地点。如果该合同需经过鉴证或公证,还要载明鉴(公)证意见以及经办人签章和鉴(公)证机关公章。

三、注意事项

① 必须符合国家的政策、法令,遵循一定的原则。

a. 必须遵守国家的有关法律、政策和行政法规,不得利用合同进行违法活动,扰乱社会经济秩序,损害国家利益和社会公共利益。

b. 应当遵循平等互利、协商一致的原则,任何一方不得把自己的意志强加给对方。

c. 必须切实维护当事人的合法权益。

d. 必须以能够全面履行合同规定的义务为前提,不能写入无法履行义务的条款。

② 内容要具体明确,条款要齐全完备。写作合同,应当具备《中华人民共和国合同法》及有关合同条例规定的条款。条款的内容要具体明确,不能使用模糊语言来表述。

③ 要严肃合同纪律,不得随意涂改或终止。《中华人民共和国合同法》规定:"依法成立的合同对当事人具有法律约束力。当事人应当按照约定履行的义务,不得擅自变更或解除合同。"因此,在写作合同时,必须自觉维护合同纪律的严肃性,未经当事人之间的协商一致,不得随意涂改合同的内容。此外,在填写政府有关监督、管理部门统一监制的合同时,字迹要工整清晰,书写要规范,应当用毛笔或钢笔填写,以便保存。

④ 理清写作基本思路。明确签订合同的目的,即为什么签订合同;明确签订合同的主要依据或原则;明确国家有关政策和法律规定的当事人共同享有的权利和应尽的义务,即当事人各自在履行合同过程中针对对方应享有什么权利,怎样行使权利,应尽什么义务,怎样履行义务以及权利和义务的标准、条件等;明确当事人应当承担的责任,即当事人违反了国家有关政策和法律时应承担的责任,当事人在履行合同过程中出现违约行为而导致合同不能正常履

行的情况时应承担责任(违约方发生不可抗力的情况除外)。

⑤掌握语言要求。合同是受到法律制约的文书,一经成立就不能随意改动;合同又是有偿性的,直接与当事人的经济利益有关。因此,要求语言必须准确严密,不允许有丝毫的含混,更不能产生歧义。写作时,对于合同全文,尤其是主要条款的表述,一定要字斟句酌,准确无误地表达既定的含义。合同语言的严密性突出体现在主要条款的表达上:首先要每一条款的表意要严密,该表达的意图一定要表达清楚,不要有疏漏;其次是各条款之间的内在逻辑关系要严密,不能颠三倒四,前后重复或矛盾。

四、写作训练

①病文修改。

交换写字楼合同

甲方:××路桥公司
乙方:××广告集团公司
甲乙双方为了便于在××两地联系业务,需交换写字楼作为各自的办事处。现本着友好合作的精神制订如下协议。

一、甲方在××市××路168号大楼中为乙方提供一单元住宅(三房一厅,实用面积不得小于80平方米)作为乙方驻××办事处用房。

二、乙方在××市为甲方提供同样的一单元住宅,规格同上,作为甲方驻××办事处用房。

三、双方分别在负责为对方上述办事处供水、供电及安装电话,以确保日常业务活动的正常开展。

四、本合同有效期为五年,是否延期届时根据需要商定。

五、本合同自双方同时履约之日起生效。

六、未尽事宜,由双方另行商定。

甲方代表签字　　　　　　　　　　　　乙方代表签字
甲方公章　　　　　　　　　　　　　　乙方公章
　　　　　　　　　　　　　　　　　　××年××月××日

②请你根据下述内容写一份经济合同。

××铁道职业技术学院委托××建筑工程公司修缮教学楼。乙方按甲方的要求进行修缮(附修缮要求一份)。修缮费(包括材料、人工费)议定为人民币50万元整。甲方在订立合同后一周内,先付给乙方全部修缮费的50%,其余的50%在教学楼完工验收后一周内一次全部付清。修缮期限为半年(从××年××月××日到××年××月××日)。修缮所用材料按双方议定的标准(附材料标准一份)由乙方筹备。如有一方违背合同条款,影响修缮工程,由违约一方负责赔偿损失(赔偿比例双方约定)。本合同一式三份,双方各执一份,另一份交省财政厅监督。

第八节　商务谈判方案

一、文体知识

1. 商务谈判

商务谈判也称商务洽谈，是指业务双方为协调彼此的关系，满足各自的需求，通过协商对话以争取达到意见一致的行为和过程。简单地说，就是指业务双方之间为实现一定的经济目的，明确相互的权利义务关系而进行协商的活动。商务谈判是在商品经济条件下产生和发展起来的，它已经成为现代社会经济生活必不可少的组成部分。可以说，没有商务谈判，经济活动便无法进行，小到生活中的购物还价，大到企业法人之间的合作、国家与国家之间的经济技术交流，都离不开商务谈判。

(1) 商务谈判的特征

商务洽谈，一方面具有一般谈判所具有的特征，另一方面也有其自身特有的一些特征：以获得经济利益为目的；以价值谈判为核心；注重合同条款的严密性与准确性；是双方合作与冲突的对立统一；谈判的行为特别是协议的产生不能突破双方的利益底线；各方所得利益的确定，取决于各自的谈判技巧和实力，以及各种相关的环境因素等。

(2) 商务谈判应遵循的原则

在商务谈判过程中既要保证自己的合理利益，又要达到预定目标，并不是一件轻松的工作，稍不留意，谈判就容易破裂。因此，商务谈判须遵循以下基本原则：

①扩大总体利益原则。
②营造公开、公平、公正的竞争局面原则。
③明确目标，善于妥协原则。
④把人的问题与谈判问题分开原则。
⑤重利益不重立场原则。
⑥坚持使用客观标准原则。
⑦科学性与艺术性相结合原则。
⑧其他应遵循的原则——诚信、可信性、少玩弄花招、不随便威胁对方。

根据不同的标准，可以把商务谈判划分为不同的类型：按参加谈判的人数规模，可以把商务谈判分为个体谈判和集体谈判；按谈判的利益主体的数目，可以把商务谈判分为双边谈判和多边谈判；按谈判双方接触的方式，可以把商务谈判分为口头谈判和书面谈判；按谈判进行的地点，可以将谈判分为主场谈判、客场谈判、中立谈判；按谈判中双方所采取的态度和方针，可以将谈判分为让步型谈判、立场型谈判和原则型谈判。

2. 商务谈判方案

商务谈判方案又称谈判计划，是谈判之前，根据谈判目的和要求预先拟订的谈判的具体内容和步骤。

商务谈判方案内容上一般包括四个要素：

①谈判主题,商务谈判方案必须有明确的主题,在整个商务谈判活动中,谈判小组的各项工作都要围绕谈判主题而开展。

②谈判目标,谈判的主题确定后,还需要确定谈判具体目标,如技术要求、交易条件、价格等。

③谈判程序,要安排好所谈事项的先后次序。

④谈判组织,确定谈判小组成员,并进行明确分工。

二、格式和写法

例文:

关于引进××公司矿用汽车的谈判方案

五年前我公司曾经经手××公司的矿用汽车,经试用性能良好,为适应我矿山技术改造的需要,打算通过谈判再次引进××公司矿用汽车及有关部件的生产技术。××公司代表于4月3日应邀来京洽谈。

具体内容如下。

1. 谈判主题

以适当价格谈成29台矿用汽车及有关部件生产的技术引进。

2. 目标设定

(1) 技术要求

①矿用汽车车架运押15 000h不准开裂。

②在气温为40℃条件下,矿用汽车发动机停止运转8h以上在接入220V的电源后,发动机能在30min内启动。

③矿用汽车的出动率在85%以上。

(2) 试用期考核指标

①一台矿用汽车试用10个月(包括一个严寒的冬天)。

②出动率达85%以上。

③车辆运行375h,行程3 125km。

④车辆运行达312 500m³。

(3) 技术转让内容和技术转让深度

①利用购买29台车为筹码,××公司免偿(不作价)地转让车架、厢斗、举升缸、转向缸、总装调试等技术。

②技术文件包括:图纸、工艺卡片、技术标准、零件目录手册、专用工具、专用工装、维修手册等。

(4) 价格

①××年购买××公司矿用汽车,每台FOB单价为23万美元;5年后的今天如果仍能以每台23万美元成交,那么定为价格下限。

②5年时间按国际市场价格浮动10％计算,今年成交的可能性价格为25万美元,此价格为上限。

　　小组成员在心理上要做好充分准备,争取价格下限成交,不急于求成;与此同时,在非常困难的情况下,也要坚持不能超过上限达成协议。

　　3.谈判程序

　　第一阶段:就车架、厢斗、举升缸、总装调试等技术附件展开洽谈。

　　第二阶段:商定合同条文。

　　第三阶段:价格洽谈。

　　4.日程安排(进度)

　　4月5日上午9:00～12:00、下午3:00～6:00为第一阶段

　　4月6日上午9:00～12:00为第二阶段

　　4月6日晚7:00～9:00为第三阶段

　　5.谈判地点

　　第一、二阶段的谈判安排在公司十三楼洽谈室。第三阶段的谈判安排在××饭店二楼咖啡厅。

　　6.谈判小组分工

　　主谈:张××为我谈判小组总代表,为主谈判。

　　副主谈:李××为主谈判提供建议或见机而谈。

　　翻译:叶××随时为主谈、副主谈担任翻译,还要留心对方的反应。

　　成员A:负责谈判记录的技术方面的条款。

　　成员B:负责分析动向、意图,负责财务及法律方面的条款。

矿用汽车引进小组
××年××月××日

商务谈判方案通常由标题、正文、落款三部分组成。

1.标题

标题一般为事由＋文种。如《关于进口VCD的谈判方案》、《与日本××商社洽谈商品的方案》。

2.主体

主体包括以下两项内容:前言,写明谈判的总体构想、原则,说明谈判内容或谈判对象的情况;具体条款,包括谈判主题、谈判目标、谈判程序、谈判组织等条款。

3.落款

落款应写明谈判小组和日期。

三、注意事项

①搜集信息要全面。在拟订商务谈判方案前,要多渠道地收集与谈判活动有密切关系的各种信息资料,包括谈判者自身的情况,谈判对手企业及谈判对手个人的情况,谈判环境资料(如政治法律环境、社会文化环境、经济政策、经济制度、自然资源、基础设施、生产力发展水平、技术发展水平),市场信息资料(如商品所属行业特征、竞争情况、销售情况、需求情况)等。准确充分的信息资料,是写好商务谈判方案的基础。

②谈判目标要明确。商务谈判的目的就在于追求最佳利益目标,因此,在谈判方案中要明确提出谈判的目标。谈判目标可以分为三个等级:第一级目标是最优期望目标,如能达到这一目标,整个谈判可谓获得圆满成功;第二级目标是可接受目标,这一目标的实现也意味着谈判的胜利;第三级目标是最低目标,是必须达到的基本目标,没有再进行讨价还价的余地,否则宁可离开谈判桌。

③谈判程序要合理。合理的谈判程序,是谈判顺利进行的重要保证。具体的谈判程序,应根据不同的谈判内容和目标来确定。一般有以下几种安排方法:第一种是先易后难,这种程序的确定主要考虑到为整个谈判活动创造一个良好的气氛,先将容易谈妥的事项确定下来,可为谈判较困难的问题打下基础。第二种是先难后易,这种程序的确定主要是为了突出洽谈的重点和难点,先集中谈判各方的精力和时间将重点和难点谈清,剩余的问题也就容易取得共识,易于得到解决。第三种是混合型,即不分主次,把所有的问题都排列出来以供讨论,经过一段时间后,把各种要讨论的意见归纳起来,将已经明确统一的意见放开,再就尚未解决的问题加以讨论,以求最终得到解决。

④谈判策略要适当。拟订商务谈判方案,要对谈判各方实力及影响其实力的各种因素的认真分析研究,制订谈判策略。如分析研究对方最终要达到一个什么目标,对方可以作出哪些让步,为实现其目标对方最有利的条件是什么,最不利的因素是什么,从而有针对性地确定出我方的各级目标,把握谈判中的利益界限,让对方作出更大的让步。而对谈判对方可能提出的各种要求和问题也应有所准备,规划出小组成员在讨价还价中妥协的方法和让步的原则,这样就可以避免仓促应战而出现的被动局面。

⑤谈判时最好还要写好商务谈判备忘录。商务谈判备忘录,是指在业务谈判时,经过初步讨论后,记载双方的谅解和承诺,以作为进一步洽谈时参考的一种记事性文书。商务谈判备忘录的结构及写作方法:标题,可写成"备忘录"、或"××谈判备忘录";谈判双方情况,包括双方国别、单位、名称、谈判代表姓名、会谈时间、地点、会谈项目;事项,即双方通过谈判,各自作出的承诺;签署双方谈判代表署名。

四、写作训练

以××铁路局谈判小组的名义拟写一份向××机械厂购买架桥机的商务谈判方案。

第九节 铁路科技论文

一、文体知识

铁路专业科技论文是对铁路专业某个方向的问题进行研究的表述和记录,是对本专业某项活动现象进行分析和评价,以揭示其本质特征及其规律的议论性文章。它要求探索专业领域中的新问题,并提出新的见解和观点。科技论文对促进铁路的发展,有着十分重要的作用和意义。

科技论文是议论文中的一类,却又与一般议论文有区别。它是专门对科技领域中的现象和问题进行研究和探索的文章,具有以下的特点。

(1)科学性

专业科技论文必须具有科学性,这是由它的任务、性质所决定的。它要求作者在立论上必须切实的从客观实际出发,并从中引出符合实际的结论来,而不容许带有个人的好恶和偏见,不得主观臆造。在论据上,必须经过周密的调查研究,尽可能多占有材料,以及最充分的、确实有力的论据论证观点。在论证上,则要求结构严谨,富于逻辑性和说服力。为达到上述要求,作者必须有较丰富的专业知识、良好的科学素养和辩证唯物主义的思想方法。

(2)理论性

科技论文不同于总结、调查报告等实用文体,也不同于一般说明文,它要求运用一定的科学原理和方法去研究阐明新的科学技术问题,即作者必须在科学理论指导下,站在理性的高度,去分析和解决生产活动中的具体问题,它侧重于理论的论述,要进行有理有据、富于逻辑力量得分析和说明。

科技论文的分类,很难有一定的标准。从交通土建专业实际出发,参考有关资料,交通土建专业科技论文可分为五个类型:科普性论文、总结经验性论文、调查研究性论文、建议性论文和理论研究性论文。

①科普性论文。它的职能是对交通土建专业中运用新的科学技术、新的工作方法等进行分析报道和介绍。它不同于一般的说明文,要求在介绍、报道中进行理论上的阐述和说明。

②总结经验性论文。它要求在认真研究、总结具体工作经验的基础上进行理论的论证,进而探索带有规律性的、具有普遍指导意义的东西。这类论文着重点不是工作过程,不要求像写总结那样面面俱到地写"四个方面",而要求在既有经验的基础上,探索、概括出新的观点和方法。这类论文在铁路业务研究中经常使用。

③调查研究性论文。它是对本专业中那些突出的、紧要的问题进行调查,然后进行分析、综合、归纳、论证,最后得出规律性认识的研讨性论文。它重点不在于调查的过程和材料的多寡,而是从材料中挖掘、提炼出新的观点,用以指导实际工作。这类论文常常由业务管理部门或科研部门组织力量调查、撰写。

④建议性论文。它是对本专业实际工作中的现行规章制度、工作规范、工作方法等进行分析和评价,并在此基础上提出新的构思和建议的论文。它不是一般的建议书,而是要对现行规范和新的构思进行具体的分析和严谨的逻辑论证。

⑤理论研究性论文。这类论文学术性较强,它是通过理论证明和综合分析来阐明论题的,其主要研究对象是本专业中的普遍性的问题。它主要靠逻辑分析和证明、比较和综合等手段进行理论论证,往往在纠正通说或提出新观点时,兼用立论和驳论的方法。

上述五种论文的分类是相对的。事实上,论文的类型决定于任务的需要,不同类型的论文中也有内容和方法上的交叉,这是学习时应该注意的。

二、格式和写法

例文:

地铁大跨度小间距隧道近接施工影响预测

摘　要:本文对"广州地铁6号线如意坊车站隧道下穿房屋近接施工影响预测与安全评估"这一课题进行研究,通过三维有限元数值模型的模拟分析和实测数据的检验,对隧道和周边结构物的安全性作出评价,建立一套隧道施工对周边结构物的影响分析的方法体系,为该工程和今后相似工程的顺利实施提供理论依据和指导作用。

关键词:大跨度　暗挖隧道　近接施工　地铁

1 前言

随着城市建设的发展,许多大城市都开始修建城市地铁,地铁暗挖隧道临近建筑物的近接施工问题越来越多,为了保证工程的安全建设,必须分析预测近接施工对既有建筑物和地铁暗挖隧道的影响。由于地面建筑物的结构形式各不相同,所处的地质条件各异,下穿隧道与其的相对关系也不相同,因此对于城市地铁隧道施工对周边结构物的影响,目前尚无成熟的分析方法体系,只能通过个体的研究对类似工程进行指导。在广州地铁6号线的规划设计方案中,出现了许多地铁区间隧道下穿房屋的典型隧道近接施工问题,且常与大跨隧道和小间距隧道一起出现,较典型的例子是如意坊站站后小交隧道需下穿框架结构的大型重载仓库和多层民房。地铁施工必须保证建筑物的安全使用,为此必须对地铁施工对建筑物的影响进行预测分析,并在设计和施工中采取相应对策。本文对中铁隧道勘测设计院承担的"广州地铁6号线如意坊车站隧道下穿房屋近接施工影响预测与安全评估"这一课题进行部分工作的研究以及拓展研究,通过室内试验结果指导,进行三维有限元数值模拟分析,再用实测数据对计算模型和参数进行检验,建立一套隧道施工对周边结构物的影响分析的方法体系。根据分析结果,对隧道和周边结构物的安全性进行评价,提出要减小隧道施工对地表建筑物的影响以及确保在地表建筑物影响下的隧道结构安全的应对措施,为该工程和今后类似工程的顺利实施提供理论依据和指导作用。

2 工程概况

如意坊站站后设置小交路,采用暗挖施工方案,中间设置施工竖井兼作盾构吊出井和永久结构风井,其断面最大跨度为19.8m,如图1所示(略)。根据该站站后小交路区段的使用功能,具有多种断面形式并涉及多种施工方法;从常规的单线小断面到双线、三线的大跨断面,最大净跨19.8m,初期支护0.3m,二次衬砌1.0m,双侧壁导坑法施工,一般断面初期支护0.3m,二次衬砌0.5m,采用CRD法施工;多类隧道工程近接问题包括各暗挖隧道自身在先后施工过程中的相互影响,且大断面从广铁南站车间及多层住宅楼、如意坊一号仓库下穿过,为框架结构。其中如意坊一号仓库桩基距隧道拱顶最小距离仅为1.8m,且设计单桩承载力较大,达560t,隧道施工近接房屋桩基的问题更为突出,可能因过大沉降和倾斜造成建筑物开裂甚至破坏,更可能因开挖时隧道拱顶和掌子面的坍塌而导致的结构物坍塌的大事故,风险较大。

3 工程地质

本段地层自上而下分别为:杂填土5.6m,淤泥质土1.5m,淤泥质细砂8.7m,淤泥2.45m,粉质黏土1.45m,强、中、微风化基岩层。本段地下水较丰富,与珠江水系连通,隧道拱顶埋深24~29m,主要位于中、微风化岩层中,局部位于强风化地层。围岩及建筑材料物理力学指标见表1(略)。

4 预测方法与模型

预测分析采用三维有限元施工模拟法结合类比法进行,有限元计算为充分模拟隧道的三维空间效应,计算模型所取范围是:从如意坊车站端部开始,沿地铁线路方向,包含小交路区段的大约200m纵向(Z轴方向,起点为YAK7+112)范围。考虑隧道开挖应力重分布的影响,以隧道区域为核心,横向(X轴方向)范围取130m,竖向(Y轴方向)取至地面,下取至隧道地板下约40m,结构物模型如图2所示(略)。在模型范围,地铁工程的结构物有小交路暗挖隧道,12m×28.6m×38m的施工竖井,以及盾构隧道,民用建筑物有广铁南站车间及多层住宅楼及其桩基(A9)、如意坊一号仓库及其桩基(A5)和1幢高层及其桩基。模拟计算采用AYS有限元通用程序,整个模拟过程中有限元模型共划分为22.3万个单元,计算中初期衬砌、二次衬砌和管片采用弹性壳单元模拟,群桩用空间梁单元模拟,其余桩基及地层及均采用弹塑性8节点空间实体单元模拟。其中建筑物桩基均按端承桩考虑,与地层的连接采用耦合一定自由度的方法实现。

5 数值模拟结果与分析

5.1 隧道施工对建筑物的影响范围。根据典型横断面在不同施工步时的沉降曲线(图略)以及隧道横向地表沉降曲线图,可得出几个横断面的横向影响范围,其中最大影响范围为-30~60m,共计90m。

5.2 对建筑物产生影响的小交路隧道范围(1)对A5产生影响的隧道范围(略)

5.3 受隧道施工影响的建筑物安全评价(略)

6 结论

6.1 如意坊站站后小交隧道下穿框架结构的大型重载仓库和多层民房,工程的综合规模、难度和复杂程度是较少见的,具有一定的风险。采用有限元三维施工模拟预测对既有结构物的影响,可以分析预测影响范围和程度等。

6.2 受隧道施工影响的范围和隧道的跨度、埋深、隧道间的净距等关系密切,隧道跨度大的影响范围大,故施工中要注意大断面隧道的施工。

6.3 地表建筑物的安全性评估必须先对结构物的现状进行评估,然后按照相关规范和技术规程进行评估,各建筑物的沉降和倾斜指标都在允许范围内。

6.4 三维有限元施工模拟计算验证了设计方案的合理性。

参考文献

[1] 刘兴旺,益德清,施祖元.基坑开挖地表沉陷理论分析[J].土木工程学报,2000(8).

[2] 俞建霖.基坑性状的三维数值分析研究[J].建筑结构学报,2002(8).

[3] 张玉军.拟建武汉地铁盾构法施工的有限元数值模拟[J].岩土力学,2001(1).

[4] 孙钧,刘洪洲.交叠隧道盾构法施工土体变形的三维数值模拟[J].同济大学学报,2002(4).

[5] 陈兴年.软土基坑的离心模型试验[D].同济大学博士论文,1999.

专业论文的基本形式(结构)一般包括以下几个部分:标题、摘要、前言(绪论)、本论、结论和参考文献。

1. 标题

专业论文的标题,要求文字简练,涵义确切,要能够把全篇的主要内容、研究目的,确切地表述出来。标题忌过于笼统或冗长烦琐,忌意义不明或发生歧义。

2. 摘要

摘要也称内容提要,应当以浓缩的形式概括研究课题的主要内容、方法和观点,以及取得的主要成果和结论,反映整个论文的精华。一般以300字为宜。

3. 前言

前言一般包括以下内容:
①说明本文所研究问题的价值和意义。要求写得简洁。
②提出问题。这是绪论的核心内容。问题要提得明确、具体。

③必要时,要说明作者论证问题所使用的方法。

较长的论文,在绪论部分,还可以对本论部分加以提要式的概括的介绍,或提示论述问题的结论。绪论的篇幅要短小。

4. 本论

本论是论文的主体部分,要写得充分、饱满。无论采用"直线推论式"(即提出论点之后,一层一层深入展开论述,循一个逻辑线索直线推移),或是采用"并列分论式"(即把总论题的几个分论点并列起来,一个一个加以论述),或者两式综合使用,都要注意层次的清楚和各部分逻辑关系的明晰。写作时,常常采用序码表示各层之间的关系或者加上小标题,以便于读者阅读。

5. 结论

结论是整篇文章的收束部分,包括以下内容:
①论证得到的结果。这部分要力求简要得体,使读者明确了解文章的独到见解或论证的结论要旨。
②还可以写一点本问题研究的展望,以及对帮助过自己的同志表示谢意。

6. 参考文献

文后要集中列出研究过程中参阅和引用的主要文献、资料,一般应按文献在论文中出现的先后顺序排列。

以上讲的是一般形式,不是一成不变的公式,哪部分要,哪部分不要,都可以根据内容而定。论题、论据如何安排、结合,也可以根据研究的需要加以灵活处理。

三、注意事项

①要认真做好选题工作。好的选题是文章成功的一半。选题首先要考虑有实用价值,要考虑大小适当。题目过大则难以控制,过小则无意义,要"量体裁衣"。选题还要有新意,无新意就无价值,也难以深入展开论述。选题还要考虑条件,包括工作条件、资料条件等。

②要下气力搜集、整理材料。材料是文章的血肉,是支持论题的基础。因此,要下气力,尽可能地多占有材料,并对材料进行认真的选择、鉴别,把最有说服力的、最典型的材料写到论文中。

③要学会写提纲。提纲的写法,依据文章的篇幅和个人的习惯,可以有不同的写法。总的要求是要能清晰地显示出作者的思路和文章的逻辑结构关系。有人习惯写详细的提纲,有人习惯写简明的提纲;有人习惯于写文字提纲,有人喜欢用图表式提纲,这可以根据需要和习惯自行选择。

④要重视论文的修改。论文写作过程实际上是研究问题的过程,很难一挥而就。论点的推敲,论据的鉴别、使用,论证的逻辑要求,文字是否简明、准确、流畅,都要认真负责地进行细

致修改。

四、写作训练

①根据你所学的专业,拟写一份科技论文提纲。

②你目前学了哪些专业知识?请在此范围选择一个较小的问题,结合本学期的学习内容,拟写一篇 3 000 字左右的学科小论文。

第十节　铁路工程等专业常用应用文

一、文体知识

1. 铁路工程专业常用应用文种类

铁路工程专业常用应用文种类繁多,主要有:可行性研究报告(咨询报告)、项目建议书、设计任务书、计划任务书、勘测报告、设计说明书、工程承发包文件(招标通告、邀请书、招标文件、标书、承发包合同)、施工组织设计(施计方案)、监理文件(监理动态、监理简报、监理日报、初验报告)、技术鉴定、竣工报告、施工总结、技术总结等。本节仅介绍以下几种。

(1)设计说明书

设计说明书,是在生产建设中对于基建工程或开发产品进行说明的文体。它是设计任务赖以实施的保证,也是工程建设或产品生产的依据。铁路工程设计说明书按照"三阶段"设计的原则可分为三种,即:初步设计说明书、技术设计说明书、施工图说明书。工程简单、技术不复杂的工程项目可分为两种,即:扩大的初步设计说明书、施工图说明书。工程简单、原则明确、条件允许的也可只写施工设计说明书。

(2)竣工验收报告

竣工验收报告是竣工文件的重要内容。它是基本建设工程(包括新线、改建、扩建、大修工程)经过工程检查、现场初验、正式验收等程序之后而编写的重要文件。验收总报告经验收委员会核准签字后,该工程即由接管单位按确定的时间接管,开办运营或投入使用。

(3)施工组织设计

施工组织设计是用来指导施工项目全过程各项活动的技术、经济和组织的综合性文件,是施工技术与施工项目管理有机结合的产物,它是工程开工后施工活动能有序、高效、科学合理地进行的保证。其实质就是一个项目用适当办法保证质量,按期完成的一套方案。

(4)技术交底

土木建设施工企业中的技术交底,是在某一单位工程开工前,或一个分项工程施工期,由主管技术领导向参与施工的人员进行的技术性交代,其目的是使施工人员对工程特点、技术质量要求、施工方法与措施等方面有一个较详细的了解,以便于科学地组织施工,避免技术质量等事故的发生。各项技术交底记录也是工程技术档案资料中不可缺少的部分。

2. 铁路运输经济类专业实用文

运输、经济类实用文文种很多,如车站工作分析,行车、客货运事故调查分析,经济活动分析,决算说明,以及各种报表。这些文种在写作上同以前讲的事务文书类文体并无多大区别,从专业角度看,主要是:第一,要能准确地运用专业术语和概念,使人感到文章确实"在行";第二,在分析问题,说明情况时,应特别注意用语简洁,且合于范围,以便提高工作效率。

二、格式和写法

示例

例文:

××市××化工厂铁路专用线施工设计总说明书

一、设计依据及设计范围

1. 设计依据

(1)××市化工局《关于××化工厂拟建铁路货运专用线(站)立项的申请报告》(××字〔××〕×号)。

(2)××市计划委员会《关于建设××化工厂铁路专用线项目建议书的批复》(×计投资〔××〕×号)。

(3)××市××化工厂《关于建设交通土建专用线的申请报告》(中化规〔××〕×号)。

(4)××铁路局××铁路分局《关于××化工厂申请修建铁路专用线的复函》(××字〔××〕×号)。

(5)××市××化工厂《关于修建铁路专用线的勘测设计委托书》。

(6)××年11月15日《××化工厂铁路专用线设计方案审查会议纪要》。

……

2. 设计范围

(1)××市××化工厂铁路专用线,包括走行线、回转线、卸煤线、衡器线及库内三股危险品货物线和有关桥涵工程。

(2)铁路配套设施,包括铁路通信、铁路照明、轨道衡、货物站台,以及操作室、联运办公室房屋建筑。

二、地理位置及自然特征

1. 地理位置(略)

2. 自然特征

(1)地形地貌(略)

(2)工程地质(略)

(3)水文地质(略)

(4)本地区地震基本烈度为Ⅶ度

三、修建意义及勘测设计过程(略)

四、货物品种及运量(略)

五、主要技术条件

(包括专用线等级、牵引种类、机车类型、最大设计坡度、最小曲线半径、闭塞方式、车站登记、道发线有效长度等,其内容略)

六、运输作业方式

(1)本专用线建成后,由××站负责取送车作业。

(2)本设计采用牵引取送车作业方式,并严格按照原铁道部危险货物运输规则进行作业。

(3)为保证危险品库内运输安全,回转线设在库外进行调车作业,而后将车辆顶送库内。

(4)卸煤线作业可一次性牵引到位。

七、线路、路基及轨道

1.线路(略)

2.路基设计原则(略)

3.轨道设计标准

(1)钢轨类型:50kg/m,12.5m。

(2)道岔类型:50kg-1/9单开道岔,木岔枕。

(3)轨枕:除道岔及道岔前后各12.5m范围内铺设Ⅱ类木枕外,均铺设钢筋混凝土枕。钢筋混凝土枕铺设标准:直线部分1 520根/km,曲线部分1 600根/km;Ⅱ类木枕铺设标准:1 600根/km。

(4)道床:采用碎石道砟,道床厚0.30m,顶宽2.90m,曲线外侧加宽0.10m,边坡1∶1.5。木枕与钢筋混凝土枕高差及设计轨顶与路基面高差大于标准上部建筑厚度时,均用道砟调整。考虑调车人员的安全,走行线与回转线间、库内三股货物线间的注垄均用碎石填平。

(5)轨道加强设备:曲线内铺设普通轨距拉杆,400根/km。道岔及铺设木枕线路安装防爬设备。线路安装防爬器320对/km;防爬支撑960个/km。道岔安装防爬器16对/组,防爬支撑18个/组。

(6)扣件:钢筋混凝土枕采用扣板式扣件。

(7)垫板:钢筋混凝土枕采用胶垫板;木枕采用双肩式铁垫板。

(8)上部建筑高度。

5kg/m钢轨	0.152m
橡胶垫板	0.010m
钢筋混凝土枕	0.200m

道床　　　　　　　　　　0.300m
　　合计　　　　　　　　　　0.662m
　　八至十七条略(其内容是轨道衡设置、桥涵、站场、机务设备、给水或排水、通信与信号、电力、房屋建筑、施工组织意见、总概算及定员)。
　　十八、施工注意事项
　　(1)为避免返工,库内1、2道间接卸液体栈桥基础应与铁路路基施工同步进行。应注意栈桥宽度不得侵入铁路限界。
　　(2)为保证轨道的施工质量和正常使用,衡器线线上部分及轨道衡部分,拟由原铁道部科学研究院铁建所负责施工,总施工单位应予配合。
　　(3)路基施工时,应严格按照铁路有关施工规范进行,并控制施工速度。

附件:1. 主要控制桩表(略)
　　　2. 土石方数量计算单(略)
　　　3. 工程数量计算单(略)
　　　4. 有关设计依据文件(略)

评析:
　　按《铁路基本建设工程设计文件编制规定》,"线路、路基及轨道"部分,应写明沿线主要情况概述(水利、工矿、城市等建设及规划对线路的影响,线路运营长度,建筑长度等);主要线路比选情况简述;路基主要设计原则;重点路基工程概述。

　　上文是一个铁路专用线"新建线"设计说明书,因是比较简单的专用线设计文件,内容上有所简化、变通。
　　说明书的格式和写法均应遵循《铁路基本建设工程设计文件编制规定》。

示例 例文:

××综合楼竣工验收报告

　　一、工程概况和工期
　　××综合楼工程,建筑面积××m²,设计总概算××万元(含外部水、电、暖、通信、人防)。该工程由××设计所设计,局直属建筑段施工,于××年11月14日开工。施工中由于路局领导的重视,局内各处、部、室的支持和××工程公司、××水电段、××通信段等单位的协作支援,在设计、施工、建设单位的共同努力下,于××年10月31日竣工,施工总工期352天。按照局领导要求,为满足运输生产急需,楼内工程提前在10月31日交付使用,如期实现了上级下达目标。按照×铁房〔××〕××号文件要求××年底竣工交付。比计划工期413天提前了61天;根据××市工期定额(不含电梯)工期为635天,提前了283天,即缩短工期45%。

二、质量监察和分部工程验收情况

该工程设专职监察工程师,对隐蔽工程实行全数检查,重点检查了基础和主体工程2 117处点。施工队设置专职质量检查员2人,认真实行了自检自验制。××年10月4日房建处组织了联合检查,10月26日直属建筑段组织了自验,10月31日房建处组织了初验,10月5日局组成了验交领导小组,组织21名技术人员和设计人员进行了正式验交。根据原铁道部铁基字××号部令公布的"铁路建筑安装工程质量评定验交标准",对以下十个分部工程进行了验收评定。评定结果如下。

1. 地基基础工程

地基及钢筋等隐蔽工程,施工中经全部检查签认合格,对有允许偏差值的项目检查了199处点,合格191处点,合格率95.98%,可评为优良。但初期施工中,西段外墙混凝土因选用试验级配不当,有较大蜂窝露筋等缺陷。为确保工程质量,主管单位组织研究确定采取了预防性补墙措施。验交中经领导小组审议,决定该分部工程评为优良。但施工单位应注意汲取经验教训。

2. 主体工程

钢筋等隐蔽工程全数检查合格,混凝土和材质试验资料齐全并符合标准。对有允许偏差值的项目,共检查了1 918处点,合格1 731处点,合格率90.3%,评定为优良。

3. 地面工程

检查了4个分项工程,共检查100处点,合格75处点,合格率75%,评定为合格。

4. 门窗及装修工程

检查了3个分项工程,除钢窗按规定为外加工不参加评定外,共检查了90处点,合格81处点,合格率90%,评定为优良。

5. 装饰工程

检查5个分项工程,共检查232处点,合格214处点,合格率92.24%,评定为优良。

6. 房屋及防水工程

检查了2个分项工程,共检查130处点,合格111处点,合格率85.4%,评定为优良。

7. 暖气工程

共检查181处点,合格164处点,合格率90.5%,未发现影响使用缺陷,评定为优良。

8. 上水工程

共检查87处点,合格81处点,合格率93%,评定为优良。

9. 下水工程

共检查40处点,合格38处点,合格率99%,评定为优良。

10. 电源工程

共检查 95 处点,合格 75 处点,合格率 79%,评定为合格。

三、验交评定意见

验收领导小组分析了分部工程验收情况,经综合评定,一致认为××综合楼工程十个分部工程有七个评定为优良,占分部工程的 70%,且主体工程评为优良,根据部颁验交标准,此工程评定为优良。

该工程在确保工程质量的前提下,缩短了工期,提高了经济效益,取得了较好的成绩。整个工程除电梯工程正在安装,确保 12 月 15 日前完成外,其他楼内工程做到了水通、电通、暖气通,工程收尾清理较好,通信工程可以配合使用,该工程已经具备了投产使用条件,可以交付使用。施工单位应抓紧整理竣工文件和分项工程验收资料,办理交接手续。

不足之处是屋面防水工程不够平整严密,部分装饰项目因工期紧、干扰大等原因,做工还不够精细,有待今后注意改进。

内部消防工程等尾工,要列出项目于 11 月 15 日前彻底扫清。外部配套的正式电源及人防出口等配套项目,应专题研究,抓紧施工,确保正常使用。

附件:局综合楼工程竣工验收领导小组名单(略)

××局综合楼竣工验收领导小组(公章)

××年××月××日

上文是一篇竣工验收报告,其格式和写法如下。

(1)建设的依据与经过(包括设计简要过程)

(2)修建意义及工程概况

修建意义及工程概况包括工程的意义或重要性、沿线生产情况、主要技术标准、主要工程数量及重点工程特点、困难区段、输送能力、牵引定数、主要机构及设施地点等。

(3)施工及临时运营情况

施工及临时运营情况包括推行先进技术、具有显著成效的技术等新项目及其成效、降低造价及重大浪费的情况;全线完成的总造价与概算对比;施工单位开办临时运营时间,完成客、货运量情况。

(4)验收交接经过及工程评价

验收交接经过及工程评价包括验收依据、验收项目的起讫点和里程、验收过程及日期、对各项工程的评价(合格、优、良比率及主要优缺点),设计与施工等方面的主要优缺点,以及对验收过程中各项试验项目的描述。

(5)主要指标完成情况

主要指标完成情况包括每千米平均造价、平均使用劳动力、材料费、运杂费、水泥、钢材、木材的数量。

(6)对主要问题的处理意见

对主要问题的处理意见按照验收委员会的决议分项编写。

(7)结论

结论应确定是否可以交付运营及其方式、年限。

(8)落款

落款应包括验收委员会委员签名(主任委员、副主任委员、委员的职务、姓名)、日期及地点。

(9)主要附件

主要附件包括：设计概算、主要工程数量完成情况、劳力、材料消耗情况、未完工程及所增工程统计表。

例文：

××站2月份生产情况分析

2月份是春运高峰期，给我站完成任务带来困难，但由于干部、职工的团结奋斗，终于完成了除"中时"以外的各项运输任务。现将情况简要分析如下。

一、正点完成情况

全月共交出××××列，晚点××列，正点率为95.4%。与去年同期相比，少晚××列，正点率提高2%。正点率虽然有所提高，但与站领导提出的"创历史纪录"的要求尚有一定差距。造成这种情况的原因主要是：二月下旬局管内运输秩序不好，全月共晚点××列，而下旬内竟晚××列，占全月晚点数的51.7%。在下旬××列晚点车中，机交、车流、占线三项合计××列，占53.3%。全月共发生机车紧交路××台次，经努力抓成功×台次，占27.6%。根据以往经验，狠抓机车紧交路是我站提高正点率的主要途径。今后一定要合理地安排机车出入库工作，加强与区段的联系，努力向机交要正点。

二、中时完成情况

本月中时完成××小时，车均比计划延长了×小时，全月共亏欠××小时。与去年同期比较，虽然中时完成数相近(均为×小时)，但去年2月份无调比仅为8.2%，而今年2月份则为17.3%。中时完成不好的原因是：

(1)流线结合不好。(略)

(2)枢纽小运转开行不好。班均××列，未实现"保四争五"的目标。

(3)晚点××列。(略)

三、停时完成情况

停时完成××小时，车均压缩××小时，全月共赚回××××小时。停时完成好的原因：

(1)作业车少，而且到达均衡，日均卸车××辆，全月有两天卸车在××辆以上。由于列车到达均衡，几个老大难卸车单位均未出现堵塞现象。

(2)卸车组织工作有明显改进。主要是抓得紧，落得实，全月56个班中，有21个班消灭了车等人(劳力)现象。

(3)取、排作业车抓得较紧，特别是三班取车作业抓得好。全月应取车××辆，实取×××辆，多取××辆。

四、对 3 月份生产的建议

3 月份气候好,是运输工作的黄金季节,也是我站夺取首季开门红的关键月份。一、二月份我站完成了除中时以外的所有运输任务,为首季开门红打下了一定基础,但仍有一些问题。为此,提出以下建议:

(1)完成中时是我站实现首季开门红的关键。(略)

(2)货物发送吨位和运输收入的指标不容忽视。(略)

(3)有关车间要采取措施保证各调按时交接班。

××站技术室
××年××月××日

评析:

车站工作分析(又称车站运输工作分析),包括日常分析、定期分析和专题分析。月份分析属于定期分析。本例即属车站工作分析,开头用简明的"导语"做了概括总结;然后,对"正点率"、"停留时间"、"装卸车情况"进行具体的说明,并分析了任务完成好、坏的原因。最后,对下月工作提出了建议。

工作分析的格式和写法如下。

(1)导语

导语应概括说明完成任务的背景和情况。

(2)主体

主体应具体说明完成任务的情况、条件、程度和完成任务好、坏的原因及对下一个阶段工作的建议。

(3)具名和日期

示例 例文:

桥梁施工组织设计(目录)

1 编制说明
  1.1 编制依据
  1.2 编制原则
2 工程概况
  2.1 工程地貌水文地质
  2.2 主要工程数量
3 施工组织机构及施工队任务划分、人员部署
  3.1 施工组织机构
  3.2 施工队任务划分及人员部署

4 施工工期计划
　4.1　计划开、竣工日期
　4.2　施工计划日期
5　施工人员及机械配备
　5.1　人员配备
　5.2　主要施工机械配备
6　施工准备
　6.1　技术准备
　6.2　材料准备
　6.3　设备准备
　6.4　水、电及通信设施
　6.5　T形梁预制场
7　施工方案
　7.1　桩基础
　7.2　扩大基础
　7.3　承台及系梁
　7.4　墩台身
　7.5　钢筋加工及安装
　7.6　桥梁预制、架设
　7.7　桥面系
8　施工方法及工艺
　8.1　挖孔桩
　8.2　扩大基础
　8.3　承台
　8.4　桥台
　8.5　高墩
　8.6　桥墩盖梁
　8.7　T形梁预制及存放
　8.8　梁体安装
　8.9　先简支后连续施工
　8.10　桥面系施工
9　冬、雨季施工保证措施
　9.1　冬季施工安排
　9.2　雨季施工安排
10　质量保证体系及措施
　10.1　质量方针

> 10.2 质量目标
> 10.3 质量保证体系
> 10.4 质量管理职责
> 10.5 质量管理制度
> 10.6 质量保证措施
>
> 11 安全保证体系及措施
> 11.1 安全方针和指导思想
> 11.2 安全目标
> 11.3 安全保证体系
> 11.4 安全生产管理制度
> 11.5 保证安全生产组织措施
>
> 12 工期保证措施
> 12.1 工期目标
> 12.2 保证工期保证组织措施
> 12.3 做好施工过程中的协调
>
> 13 文明施工管理体系及保证措施
> 13.1 文明施工目标
> 13.2 文明施工管理体系
> 13.3 文明施工措施
>
> 14 环保保证体系及措施
> 14.1 施工环保管理组织体系
> 14.2 施工环保措施
> 14.3 临时工程环保措施
>
> 工程图表

施工组织设计的格式和写法如下。

(1)施工组织设计的基本内容

施工组织设计的内容要结合工程对象的实际特点、施工条件和技术水平进行综合考虑,一般包括以下基本内容。

①工程概况。

a.本项目的性质、规模、建设地点、结构特点、建设期限、分批交付使用的条件、合同条件。

b.本地区地形、地质、水文和气象情况。

c.施工力量,劳动力、机具、材料、构件等资源供应情况。

d.施工环境及施工条件等。

②施工部署及施工方案。

a.根据工程情况,结合人力、材料、机械设备、资金、施工方法等条件,全面部署施工任务,合理安排施工顺序,确定主要工程的施工方案。

b.对拟建工程可能采用的几个施工方案进行定性、定量的分析,通过技术经济评价,选择最佳方案。

③施工进度计划。

a.施工进度计划反映了最佳施工方案在时间上的安排,采用计划的形式,使工期、成本、资源等,通过计算和调整达到优化配置,符合项目目标的要求。

b.使工序有序地进行,使工期、成本、资源等通过优化调整达到既定目标,在此基础上编制相应的人力和时间安排计划、资源需求计划和施工准备计划。

④施工平面图。施工平面图是施工方案及施工进度计划在空间上的全面安排。它把投入的各种资源、材料、构件、机械、道路、水电供应网络、生产、生活活动场地及各种临时工程设施合理地布置在施工现场,使整个现场能源组织地进行文明施工。

⑤主要技术经济指标。技术经济指标用以衡量组织施工的水平,它是对施工组织设计文件的技术经济效益进行全面评价。

(2)施工组织设计的分类及其内容

根据施工组织设计编制的广度、深度和作用的不同,可分为施工组织总设计;单位工程施工组织设计;分别(分项)工程施工组织设计或称分部(分项)工程作业设计。

①施工组织总设计的内容。施工组织总设计是以整个建设工程项目为对象〔如一个工厂、一个飞机场、一个道路工程(包括桥梁)、一个居住小区等〕而编制的。它是对整个建设工程项目施工的战略部署,是指导权局性施工技术和经济纲要。施工组织设计的主要内容如下。

a.建设项项目的工程概况。

b.施工部署及其核心工程的施工方案。

c.全场性施工准备工作计划。

d.施工总进度计划。

e.各项资源需求量计划。

f.全场性施工总平面图设计。

g.主要技术经济指标(项目施工工期、劳动生产率、项目施工质量、项目施工成本、项目施工安全、机械化程度、预制化程度、暂设工程等)。

②单位工程施工组织设计的内容。单位工程施工组织设计是以单位工程(如一栋楼房、一个烟囱、一段道路、一座桥等)为对象编制的,在施工组织总设计的指导下,由直接组织施工的单位根据施工图设计进行编制,用以直接指导单位工程的施工活动,是施工单位编制分部(分项)工程施工组织设计和季、月、旬施工计划的依据。单位工程施工组织设计根据工程规模和技术复杂程度不同,其编制内容的深度和广度也有所不同。对于简单的工程,一般只编制施工方案,并附以施工进度计划和施工平面图。单位工程施工组织设计的主要内容如下。

a.工程概况及施工特点分析。

b.施工方案的选择。

c.单位工程施工准备工作计划。

d. 单位工程施工进度计划。

e. 各项资源需求量计划。

f. 单位工程施工总平面图设计。

g. 技术组织措施、质量保证措施和安全施工措施。

h. 主要技术经济指标(工期、资源消耗的均衡性、机械设备的利用程度等)。

③分部(分项)工程施工组织设计的内容。分部(分项)工程施工组织设计〔也称为分部(分项)工程作业设计,或称分部(分项)工程施工设计〕是针对某些特别重要的、技术复杂的,或采用新工艺、新技术施工的分部(分项)工程,如深基础、无黏结预应力混凝土、特大构件的吊装、大量土石方工程、定向爆破工程等为对象编制的,其内容具体、详细,可操作性强,是直接指导分部(分项)工程施工的依据。分部(分项)工程施工组织设计的主要内容如下。

a. 工程概况及施工特点分析。

b. 施工方法和施工机械的选择。

c. 分部(分项)工程的施工准备工作计划。

d. 分部(分项)工程的施工进度计划。

e. 各项资源需求量计划。

f. 技术组织措施、质量保证措施和安全施工措施。

g. 作业区施工平面布置图设计。

示例

例文:

土方开挖安全技术交底

一、施工准备

(1)土方开挖

①制订开挖方案,确定合理的开挖方式、施工顺序和边坡防护措施,选择适当的施工机械。

②清除施工区域内的障碍物。

③做好建筑物的标准轴线桩、标准水平桩,用白灰洒出开挖线,办理预检手续。

(2)回填工程

①回填前,对基础、地下防水层、保护层等办理隐蔽验收。

②将基坑内的杂物、积水等清理干净。

③房心、管沟的回填应在上下水道的安装完成以后进行。

④施工前,做好水平高程的设置。在基槽边上钉水平橛,在基础墙表面划分层线。

⑤作完技术交底。

二、质量要求
(一)土方开挖质量要求
1. 主控项目
(1)高程的允许偏差(单位:mm)
①桩基、基坑、基槽的允许偏差值+0、-50。
②挖方场地平整允许偏差值:a)人工±30;b)机械±50。
③管沟允许偏差值+0、-50。
④地(路)面基层允许偏差值+0、-50。
(2)长度、宽度(由设计中心线向两边量)允许偏差值(单位:mm)
①桩基、基坑、基槽的允许偏差值+200、-50。
②挖方场地平整:a)人工+300、-100;b)机械+500、-100。
③管沟允许偏差值-0、+100。
④边坡:设计要求。
2. 一般项目
(1)表面平整度(单位:mm)
①桩基、基坑、基槽的允许偏差值20。
②挖方场地平整允许偏差值:a)人工的为20;b)机械的为50。
③管沟20。
④地(路)面基层20。
(2)基底土性:设计要求
(二)土方回填质量要求
1. 主控项目
(1)高程的允许偏差(单位:mm)
①桩基、基坑、基槽的允许偏差值-50。
②挖方场地平整允许偏差值:a)人工±30;b)机械±50。
③管沟允许偏差值+0、-50。
④地(路)面基层允许偏差值+0、-50。
(2)分层压实系数:设计要求。
2. 一般项目
(1)回填土料:设计要求。
(2)分层厚度及含水率:设计要求。
(3)表面平整度(单位:mm)
①桩基、基坑、基槽的允许偏差值20。
②挖方场地平整允许偏差值:a)人工20;b)机械30。
③管沟20。
④地(路)面基层20。

三、工艺流程

(一)土方开挖

测量放线、验线→开挖→修槽→钎探→验槽

(二)回填工程

分层回填夯实→取样试验→至计划高程

四、操作工艺

(一)土方开挖

1. 人工开挖浅基础、管沟等

一般顺序为:测量放线→切线分层开挖→修坡→整平

挖土自上而下水平分段进行,每层0.3m左右,边挖边检查槽宽,至设计高程后,统一进行修坡清底。相邻基坑开挖时,要按照先深后浅或同时进行开挖的原则施工。

2. 机械开挖

一般深度2m以内的大面积开挖,宜采用推土机或装载机推土和装土;对长度和宽度较大的大面积土方一次开挖,可采用铲运机铲土;对面积大且深的基坑,可采用液压正、反铲开挖;深5m以上的设备基础或高层建筑地下室深基坑,宜分层开挖。一般机械土方开挖由翻斗汽车配合运土。

机械开挖时,要配合少量人工清土,将机械挖不到的地方运到机械作业半径内,由机械运走。机械开挖在接近槽底时,用水准仪控制高程,预留20cm土层人工开挖,以防止超挖。

3. 检验基槽尺寸

开挖到距槽底50cm以内后,测量人员抄出距槽底50cm的水平标志线,然后在槽帮上或基坑底部钉上小木橛,清理底部土层时用它们来控制高程。根据轴线及基础轮廓检验基槽尺寸,修整边坡和基底。

4. 钎探

土方开挖完毕后,对基底要进行钎探。若设计无特殊说明,钎探布置按下表执行。

槽宽(cm)	排列方式	间距(m)	深度(m)
小于80	中心一排	1.5	1.5
80~200	两排错开	1.5	1.5
大于200	梅花型	1.5	1.5
柱基	梅花型	1.5~2.0	1.5且不小于短边尺寸

钎探完成后,钎孔要用干中细砂贯实。同时在钎探平面布置图上注明特硬、特软点。

线、基坑打钎探测完毕后,应由设计、监理、勘察及质监站等单位人员验槽。对不符合要求的软弱土层等情况作出处理记录,处理后符合要求,参加各方签证隐蔽工程记录。

5.边坡保护

雨季施工时,要加强对边坡的保护。可适当放缓边坡或设置支撑,同时在坑外侧围以土堤或开挖水沟,防止地面水流入。冬季施工时,要防止地基受冻。

6.注意事项

①开挖过程中,严格控制开挖尺寸,基坑底部的开挖宽度要考虑工作面的增加宽度,并在开挖过程中试打钎,避免大面积的二次开挖。施工时尽力避免基底超挖,个别超挖的地方经设计单位出方案可用级配砂石回填。

②尽量减少对基土的扰动,若基础不能及时施工时,可预留200cm土层不挖,待作基础时再挖。

③开挖基坑时,有场地条件的,一次留足回填需要的好土,多余土方运到弃土处,避免二次搬运。

④土方开挖时,要注意保护标准定位桩、轴线桩、标准高程桩。要防止邻近建筑物的下沉,应预先采取防护措施,并在施工过程中进行沉降和位移观测。

评析:

这是一份土方开挖安全技术交底。针对土方开挖过程中容易出现的安全隐患,做好了预防性的交代。

技术交底可分为以下四种:①设计交底,即设计图纸交底。这是在建设单位主持下,由设计单位向施工单位(土建施工单位与各设备专业施工单位)进行的交底,主要交代建筑物的功能与特点、设计意图与要求等。②施工设计交底。③安全技术交底。④分部、分项工程施工设计交底。

施工方案、施工组织设计、技术交底之间的区别

施工组织涉及的范围广、面宽,是总的计划安排。施工方案基本是分部工程的施工计划,内容包括计划怎么施工、如何施工、采取什么方法、什么材料等。技术交底基本是分项工程的施工计划,钢筋怎么扎、模板怎么支设等。它们是互相关联的,越来越详细,内容也越来越具体。

施工组织设计是总的指导方针,具体工作中每个分项工程必须有施工方案,比如钢筋施工方案、混凝土施工方案等;也可以合并,比如主体施工方案、装饰装修工程施工方案等;但是一些特殊部位的施工是不能合并的,比如大体积混凝土施工、防水工程、门窗安装、节能工程等。有了施工方案还不行,在工人施工的时候不能拿着施工方案给大家看,而是需要技术交底,分质量的和安全的,交底的内容没有方案那么理论化,主要是操作步骤和施工要点等。还有一些施工方案不是为了分项工程而设,比如冬季、雨季施工方案等。

方案和技术交底都要存档,特别是交底要有书面的签字确认,方案在施工准备阶段下发。方案是一个总体的轮廓,技术交底及时其在不同施工阶段的细化。

一般来说,方案是给检查的人看的,交底是给具体施工的人看的。

三、注意事项

①设计说明书的主要特点是"说明",即主要以说明的表达方式反映设计全貌。说明必须具有明确性和科学性。所谓"明确性",是指对工程设计的主要依据、基本原则、基本程序和方法等,作出明白而确切的具体表述,不能含糊其辞,模棱两可;所谓"科学性",是指要遵循科学原理,按科学规律办事。它要求必须使用专业科学术语和概念,实施和数据必须确凿无误,名称、符号、数字要按规定书写。

②铁路工程设计说明书的内容依据均应依据原铁道部《铁路基本建设工程设计文件编制规定》编制,同时要结合工程具体情况来决定内容的增减与详略。

③竣工验收报告的结构与内容的繁简,应根据具体工程而定。分期、分项工程及小型项目的验收报告可简略一些;大中型建设项目的验收报告是在分期、分项工程验收报告的基础上形成的,内容较为繁复。以下简要介绍验收总报告的结构与内容。

④机械专业的文章说明和分析条理要清楚,用词要准确。

四、写作训练

①试仿写一份铁路专用线施工设计总说明书。
②试仿写一份竣工验收报告。
③试仿写一份××年××月生产情况分析。

章末练习

一、填空题

1. 按行文方向分,公文可分为(　　)、(　　)和(　　)三种。
2. 公文标题中的(　　)在任何情况下都不能省略。
3. 请示应该坚持(　　)、(　　)的原则,并且不能多头主送。
4. 投标书的特点包括(　　)、(　　)、(　　)、(　　)。合同的特点包括(　　)、(　　)、(　　)。
5. 合同是(　　)主体的自然人、法人及其他组织之间为实现一定(　　),明确相互(　　)而订立的书面协议。
6. 常见的市场调查报告有(　　)。
7. 可行性研究报告的写作格式包括(　　)。
8. 商务谈判方案的特点有(　　)。
9. 专业论文的格式包括(　　)、(　　)、(　　)、(　　)、(　　)和(　　)。
10. 铁路工程设计说明书的特点有(　　)、(　　)和(　　)。
11. 施工组织设计是用来指导施工项目全过程各项活动的(　　)、(　　)和(　　)的综合性文件,是施工设计与施工项目管理有机结合的产物。
12. 施工组织设计合理与否,直接影响(　　)、(　　)及(　　)。

13. 土木建筑施工企业中的技术交底,其目的是使施工人员对(　　)、(　　)等方面有一个较详细的了解,以便于科学地组织施工,避免技术质量等事故的发生。

14. 技术交底的种类包括:(　　)、(　　)、(　　)、(　　)。

二、病文修改

从合同条款的完整性和写作的规范性等方面,找出下面这份合同在写作上存在的问题,并进行修改。

合　　同

立合同人:第二建筑公司
　　　　　化工厂第四车间

为建筑化工厂第四车间西厂房,经双方协商,订立本合同。

甲方委托乙方建西厂房一座,有乙方全权负责建造。

1. 全部建造费(包括材料、人工)127 000元。
2. 甲方在订立合同后先交一部分建造费,其余在西厂房建成后抓紧归还所欠部分。
3. 工期待一方筹备后立即开始,力争三月中旬开工,争取十一月左右交付使用。
4. 建筑材料由乙方全面负责筹备。
5. 本合同一式两份,双方各执一份。

立合同人:化工厂第四车间主任
　　　　　第二建筑公司经理

　　　　　　　　　　　　　　　　　　　　　　　　年　月　日

三、填表题

铁路行车(货运)事故报告经常采用表格式,更为简便明了。请拟填下表。

行车事故概况

局_____

	种别	地点	(线)		职名	姓名	所属
年月日	名称	车次	种类	气候	司机		
		机车	型号		副司机		
		所属机务段	牵引定数　吨		车长		
		编组	现车　辆　吨计长		值班员		
		发生	日　时　分		调车员		
		复旧	日　时　分		连接员		
		区间开通	日　时　分		扳道员		
		堵塞正线	日　时　分		检车员		

续上表

事故原因					
事故概况					
损失程度					
处理	月　日			责任部门	
值班调度员	月　日　时　分				

四、写作实训

1. 天使玩具厂从市区搬往50公里外的远郊区，虽在附近盖了一些家属宿舍，但仍有一部分职工住在市区，往返交通极为不便。厂里为解决这部分职工的交通问题，决定向主管上级玩具总厂请求购买一辆客车作班车用。请代天使玩具厂写一份请示。

2. 以你所在的学校为范围，以"某学院学生择业状况"进行发散性思考，并用词语或短语写出10条以上与中心有关的情况、问题、看法，然后将写出的内容归纳为几个方面，写成一篇论文，要求格式必须完整(要有摘要、关键词、正文、参考文献)。

第五章 日常生活应知应会应用文

第一节 日用书信

  我国是一个有着悠久文明史的古国,从古到今,人们在社会交往和思想感情交流时,大多通过一定的礼仪形式和一定的文化活动方式来进行。生活中,每个人都经常使用到一系列的应用文,如传统的书信、启事、题诗等,现代的如电报、传真、电子邮件等。这其中人们最常用的莫过是书信了,"信"在古文中有音讯、消息之义,如"阳气极於上,阴信萌乎下"(扬雄:《太玄经·应》);另外,"信"也有托人所传之言可信的意思。所以,书信是一种向特定对象进行思想感情的联络、传递信息或社会交往的应用文书。亲笔给亲戚朋友写信,不仅可以传达自己的思想感情,而且能给收信人以"见字如面"的亲切感,这是联络感情的非常有效的方式。

一、文体知识

  书信有两种类型:专用书信和日用书信(也叫一般书信)。专用书信是指用于某种特定的场合、针对某种特定的事务所写的书信。专用书信有许多不同的种类,如介绍信、证明信、感谢信、表扬信、贺信、慰问信、咨询信、推荐信、公开信等。我们这里要学习的是日用书信的写作。

  日用书信通常适用在下列一些场合:写信询问久已不见的对方的近况;或是对方在工作、学习中取得了成绩,受到了表彰或遇到了什么问题、不幸,于是写信去向他表示祝贺或问候;自己遇到了问题要向对方倾诉或寻求解决问题的方法。

  从写作对象和写作目的上来看,书信具体分为以下三种。

1. 兄弟姐妹间往来的书信

  兄弟姐妹在工作、生活、学习中常会遇到一些问题需要相互交流,寻求解决的办法。同时兄弟姐妹由于地位平等而又从小生活在一起,彼此非常了解,所以有些不愿向长辈讲也愿意向对方去说,所以这样的信就既具有家书的性质又具备一般的朋友书信的性质。

2. 同学朋友间的书信

  同学、朋友是人生交往中重要的对象,同学、朋友之间的相互理解和支持较亲属之间而言有过之而无不及,所以给朋友、同学写信是书信中最常见的一种。

3. 其他日用书信

  这是一种在生活、工作、学习中为交流思想而写给非亲属、朋友、同学等人的一类信件,这类信件在书信中占有较大部分。

二、格式和写法

示例

例文一：

肖珊写给巴金的信（1960年11月24日于上海）

巴先生：

收到你十五日信后，还没有见到你的信，你的身体怎么样了，伤风好了没有？伤风虽不算大病，但折磨人，你也得当心。你的衣服够不够？你有两件毛衣，还有两件短袖羊毛衫，一条毛裤，一条羊毛裤，天冷时可以重穿起来。我认为你的帽子太薄，应该去买一顶，成都一定有地方买。小棠早已好了，只是还咳嗽，这孩子也不在乎。

告诉你一件事，济生要下放了，其实我十八日信中已经说给你听过，不算新鲜事了。今晚上我请他们去看《悲壮的颂歌》。我想把南南也带去。只是天下雨，非常不方便。

沙汀为什么不给我来信，我们已经把他的小说算在一月号，作为重点。希望十二月廿日以前给我稿子。你的小说也希望廿日左右寄来。一月号是我们争取销路的关头。

我很好，只是想念你。

祝你好！

蕴珍
十一月廿四晨

例文二：

巴金写给肖珊的一封信（1960年11月26日于成都）

蕴珍：

前寄各信想均已收到。棉鞋寄递相当麻烦，请不要寄了。国莹今天把她的本子送来。我打算过两天拿去买棉鞋和手套。这两天寒流又到成都，我把衣服全穿上了。要是再冷，就只好烤火。我搬过来时，招待所就送了不少杠炭来。因此烤火不成问题。

两个小鬼的图章都刻好了。每人还有一个牛角盒子，带有印泥。

我今天把最近写好的一个短篇《军长的心》给《人民文学》寄去了。现在刚开始写另一个短篇《英雄李大海》，写好就寄给《上海文学》。倘使需要先登出要目预告，请把我的题目排在小说栏的最后。这个短篇我打算写得短些，但有时我也控制不住自己的笔，那就会拖长了。

下个月请准备给我汇四百元来。什么时候汇，我会通知你。我估计迁葬事可能花两百元，这只是我的非科学的估计，但至少总得花百元吧。听他们说五婶死后连烧带葬花了四十八元。我们这次要火化的有六副棺材之多。

不用说,等我找殡仪馆谈过后心中就有数了。
祝好！问候大家。

尧棠
廿六日

评析：
　　这里辑录了肖珊写给巴金的一封信,另附巴金同时写给肖珊的一封信。这两封信件的称呼是很特别的,这是他们书信交往常用的称呼。巴金同肖珊的书信称呼是很"礼貌"的,肖珊称巴金"巴先生",巴金称其名字"蕴珍",自称则用了笔名"尧棠"。
　　肖珊写给巴金的信和巴金写给肖珊的信都是充满了深切的关怀和无尽的爱的。第一次离别的担心和挂念,尽在那人在此处心在彼处的叙写中。夫妻分别,天气变冷,肖珊担心的是巴金的"衣服够不够"、"帽子也太薄了"、"你的身体怎样了,伤风好了没有？"
　　生活在一起的夫妻,妻子考虑的更多,考虑的也更细。肖珊告诉巴金两条毛裤天冷时可重起来穿。生活琐事是每位恩爱伴侣面对的最多的问题,也是最能体现出相爱相随,永永远远的情感的。当然作为都是重视事业的人,在书信来往中,她们也没忘谈谈自己的学习和工作上的事。肖珊谈到了沙汀的稿子的事和巴金的小说的事。
　　夫妻之间的书信交往常常可以加深彼此之间的理解和促进双方的情感交流,对于身在两地的夫妻来说让对方了解自己的近况,了解发生的一些事情也是沟通信息的一种方式。他们夫妻俩的信很好地体现了这一点。这两封信在今天看来,那种对情感的执著、对爱人的关心仍是我们效仿的典范。

日用书信一般由信封和信文两部分组成。

1. 信封

　　信封有横竖两种款式。竖式信封,又称中式信封,是我国传统的信封款式。竖式信封的选用有日渐减少的趋势,尤其是青少年中,已很少使用,但是在年长者的书信往来中还常常使用,在港、台等地区及海外侨胞的中文书信中,竖式信封仍使用很普遍。横式信封,又称西式信封,是今天常用的款式。
　　现在的标准信封印有填写邮政编码的6个方格,信封左上角的方格用来填写收信人的邮政编码,右下角的方格填写发信人的邮政编码。横式信封的书写顺序是由上至下、由左至右。上边写收信人的地址,位置偏左；中间写收信人姓名,字要写得稍大一些；下边写发信人的地址,位置偏右,地址要详细,字迹要工整。竖式信封的顺序是由右至左、由上至下。
　　信封是写给邮递人员看的,使邮递人员知道信从哪里来,寄往哪里去；万一投递找不到收信人,还能将信退给寄信人。

2. 信文

(1)称呼

　　称呼顶格,后加冒号。称呼可直呼其名,有的还可以加上一定的限定、修饰词,如"亲爱的"、"想念的"等。在称呼上还有长辈与晚辈,年龄大小,地位高低、关系亲疏等分别。

(2)问候语

问候语应写"你好"、"近来身体是否安康"等。独立成段,不可直接接下文。

(3)正文

正文是信的主体,可以分为若干段来书写。信的内容要具体,所述的事情要分段来写,以显其清楚明了。正文的第一行要空两格。正文的内容通常要包括下面的内容:向对方问好、问候对方现在的情况及介绍关于自己的一些情况、如果是复信则写明自己什么时候收到的信件,回答对方在来信中所涉及的一些问题。

(4)祝颂语

祝颂语以最一般的"此致"、"敬礼"为例。"此致"可以有两种正确的位置来进行书写,一是紧接着主体正文之后,不另起段,不加标点;二是在正文之下另起一行空两格书写。"敬礼"写在"此致"的下一行,顶格书写。后应该加上一个惊叹号,以表示祝颂的诚意和强度。

(5)具名和日期

写信人的姓名或名字,写在祝颂语下方空一至二行的右侧。最好还要在写信人姓名之前写上与收信人的关系,如儿、父、你的朋友等。再下一行写日期。日期应写在署名的右下方,和署名大致对齐。

三、注意事项

书信虽然写法上比较灵活,但书信还是应该遵循一定的要求,最基本的可概括为以下五点。

①写作必须规范。书信是人们借助文学交流思想感情或互通信息的一种方式,它的格式是特定的,所以一般性书信,要严格地依据格式去写。书信写作规范突出地表现为两个方面,一是书写格式的规范,二是书信语言的礼仪规范。书信中的称呼和措辞要倍加注意,称呼要根据双方的亲疏程度,由个人来定,但求恰当,不失礼貌,以免引起收信人的不满,影响彼此的关系。这两种规范都必须严格遵守,否则就会出乱子、闹笑话。更不可随意改变格式,给人不够庄重和礼貌之感。

②内容真实诚挚。最忌无病呻吟,为写信而写信。"信"字本身含有信任之义,这要求书信不论写给谁看,所述之事都要实在,所表之情都要率真,所讲之理都要通达。书信是交际的工具,所以有什么话就直截了当地写出来,一般无须含蓄婉转,它的语言要口语化,不能文白相间不伦不类。

③信件不能用铅笔书写,以防模糊不清;也不要用红笔书写,红字书信表示绝交。一般不用铅笔写信,如果这样,对方会认为你不尊重他,轻视他。一般用毛笔、钢笔或圆珠笔书写。信纸一般用专用信纸或稿纸,切不可随便捡一片纸就写信。信件书写务求字迹工整,一般也不要出现错字、别字,信件一定要保持清晰整洁,不可涂抹太多。

④切记千万不要为了写信而写信。人们写信一般大都事出有因,写信时也会有感而发,真挚感人。若只是为了应付,赘言连篇,不仅会让对方反感,也会造成彼此关系的疏远。给长辈写信要注意用词的恰切。

⑤遇见他人读、看信,不应凑近听、看,不应问"是谁的来信",不准私拆他人信件。私看他人信件是违法行为,有损他人通信自由。

四、写作训练

①以介绍进入新学校后的情况或感受为题材,给自己的父母或最好的朋友写一封信,要有感情,写出不同的特色,格式无误。

②可要求学生给现任的教师写一封信,内容视具体情况而定。可以介绍自己的家庭,也可探讨学习上遇到的问题。

第二节　个人博客

一、文体知识

1. 博客的概念

博客是指在网络上发表或者出版文章,又称网络日志。它是一种通常由个人管理、不定期张贴新文章、图像或视频的网站。网志上的文章通常根据张贴时间,以倒序方式由新到旧排列。博客也可以解释为博客写手(Blogger)使用特定的软件作为载体,将自己的心情、感想、感悟,以及自己和他人的经历、往事,用各种手段,比如文字、图片、图画等,以网页的形式记录下来的全部活动及其全部内容。

2. 博客的特点

博客只是一个在网络虚拟世界中搭建的私人空间,首先是供自己看的,当然也可以和朋友共享。但除特定官方博客以个人名义运作外,博客属于非常私人化的网络日志,这一属性是较明确的。具体来说,它有以下几个特点。

(1)操作简单

这是博客发展的推动力之一,也是博客受众多网民青睐的最大特点。操作简单不仅体现在注册的时候,而且进入管理平台后,提供模板(自主选择)、博客设置(参数变更)、日志管理(建立分类)、添加日志(记录内容)、发表日志(点击保存)、预览首页(完全确定),只需这几个环节,你就可以开始博客之旅的第一站了。

(2)不断更新

这是博客生命的催化剂。博客更新速度快得惊人,如果博客注册申请了,将近半个月内没有更新过,那样的博客可以称之为"睡眠博客"。现代社会,信息传递快速,更新博客就似生物的新陈代谢,没有了新陈代谢也就意味着生命的结束,而没有了更新,博客也就失去了生命力。

(3)开放互动

网络赋予了博客以开放性,博客也就不再是一个单纯的私人空间了。访客与博主在写评论和签留言,这就是他们在进行交流。如果回复,并通过链接地址进行回访,就达到了互动效应。因此,利用开放互动的特点,可以交流推广,形成固定的博友圈。

(4)个性鲜明

博客的主体是人,因此,每一个人都可以通过博客这个载体来展示自己的个性。日志内容、博客界面、文章数量、日志分类、人气指数,都可以体现出博主的个性。同时,现在博客也越来越自主化,DIY的模式也越来越强,人们完全可以把博客做成自己想象的模样。比如,你可以换上心爱的背景图片,可以使用喜欢的字体颜色,还可以增添动感的特效代码等。所以,好的博客,一定要有自己的个性。

(5)私人性与公共性相结合

博客虽然比较以个人为中心,适合个人自主管理和个人言论表达,是个人式的文字收集,但它毕竟是一个人写,很多人看,因此,就具有私人性和公共性有效结合的特点。所以,博客绝不仅仅是纯粹个人思想的表达和日常琐事的记录,它所提供的内容可以用来进行交流和为他人提供帮助,具有极高的共享精神和价值。

二、格式和写法

博客首先是个人资料库,是工作总结、学习心得、心情宣泄的平台,是个人日记,所以,它的写作具有较强的自由性和广阔的空间。同时它还可以作为专业论坛、经济合作空间、政治军事讲坛;也可以作为官方特发新闻集散地、各种连接的汇集地;既可以是个人想法记事本,也可以是世界大事备忘录等。博客的类型很多,可以从不同的方面划分。如可以根据博客的内容、博客写作的风格、博客的形式等进行划分,但由于博客是非常自由的一种写作,所以,我们在这里也不便作硬性划分,仁者见仁,智者见智吧。

三、注意事项

博客的终极境界就是写作的自由性,不管什么话题都可以涉及(法律不允许的除外),这也符合互联网的自由精神。对于写作要求,有几下几点。

①真实可信。博客是个人在网络上的名片,是现实在网络上的延伸,无论是写专业性博客,还是个人生活感悟之类的文章,都应让浏览者觉得有意义,有价值,能产生共鸣,而共鸣的产生源于真实情感的表达。

②乐于分享。博客是开放的,因此,要让大家分享你的喜怒哀乐、经验技巧、失败教训、工具资源等。浏览者能够从你的博客中找到他所需要的东西,这也就是博客的价值所在。

③勤于积累。写博客还要注重原创,所以每天的积累显得特别重要,有了坚持和积累,就能写好博客。

传统博客与微型博客(俗称微博)的区别

(1)传播渠道不同。传统博客主要以计算机为最终传播终端,即用户通过Web页面访问博客;或使用移动通信设备通过Wap浏览手机页面。除了Web页面之外,微型博客在博客的基础上放大了手机用户的使用潜力,用户可以通过绑定IM即时通信软件收发信息。

(2)传播效果不同。传统博客是Web2.0时代具有开创意义的多媒体日志,其表达欲望可通过图片、音频、视频多种方式满足、全方位展现。同时,观者全方位感知作者亦成为可能,信息传播体现出相对深度。因为自身定位和要面对所针对的载体,微型博客主要支持文字与图片,信息传播更为快捷、广泛,体现出相对广度。

(3)用户体验不同。多种主题更改和小插件的应用为传统博客用户的页面增添了个性化色彩,而微型博客受接收端制约,页面相对简洁。

(4)聚合成熟度不同。传统博客的聚合功能已经达到比较成熟的水平,如在博客首页将博客分类为科学、读书、财经、IT、电影、生活等频道,并重点推介名人博客、社会热点、话题争论等博文。微型博客则是根据自身优势尝试每日推出不同的热点话题,组成临时社区,鼓励用户参与和交流传递。

(5)机制不同。传统博客的信息集纳服务比较完善,而微型博客的信息发布方式和界面分布又似乎方便用户连接和转发,使用户之间的互动变得更为简单、便捷。

例文一:

人格是最高的学位——白岩松

标签:杂谈

很多很多年前,有一位学大提琴的年轻人去向本世纪最伟大的大提琴家卡萨尔斯讨教:我怎样才能成为一名优秀的大提琴家?卡萨尔斯面对雄心勃勃的年轻人,意味深长地回答:先成为优秀而大写的人,然后成为一名优秀和大写的音乐人再后就会成为一名优秀的大提琴家。听到这个故事的时候我还年少,老人回答时所透露出的含义我还理解不多,然而随着采访中接触的人越来越多,这个回答就在我脑海中越印越深。

在采访北大教授季羡林的时候,我听到一个关于他的真实故事。有一个秋天,北大新学期开始了,一个外地来的学子背着大包小包走进了校园,实在太累了,就把包放在路边。这时正好一位老人走来,年轻学子就拜托老人替自己看一下包,而自己则轻装去办入学手续。老人爽快地答应。近一个小时过去,学子归来,老人还在尽职尽责地看守。谢过老人,两人分别!

几日后是北大的开学典礼,这位年轻的学子惊讶地发现,主席台上就坐的北大副校长季羡林正是那一天替自己看行李的老人。

我不知道这位学子当时是一种怎样的心情,但在我听过这个故事之后却强烈地感觉到:人格才是最高的学位。

这之后我又在医院采访了世纪老人冰心。我问先生,您现在最关心的是什么?老人的回答简单而感人:是年老病人的状况。当时的冰心已接近人生的终点,而这位在"五四"爆发那一天开始走上文学创作之路的老人心中对芸芸众生的关爱之情历经近80年的岁月而依然未老。这又该是怎样的一种传统!冰心的身躯并不强壮,即使年轻时也少有飒爽英姿的模样,然而她这一生却用自己当笔,拿岁月当稿纸,写下了一篇关于爱是一种力量的文章,然后在离去之后给我留下了一个伟大的背影。

今天我们纪念五四,80年前那场运动中的呐喊、呼号、血泪都已变成一种文字留在典籍中,每当我们这些后人翻阅的时候,历史都是平静地看着我们,这个时候,我们觉得80年前的事已经距今太久了。然而,当你有机会和经过五四或受过五四影响的老人接触后,你就知道,历史和传统其实一直离我们很近。

世纪老人在陆续地离去,他们留下的爱国心和高深的学问却一直在我们心中不老。但在今天,我还想加上一条,这些世纪老人所独具的人格魅力是不是也该作为一种传统被我们向后代延续?

前几天我在北大听到一个新故事,清新而感人。一批刚刚走进校园的年轻人,相约去看季羡林先生,走到门口,却开始犹豫,他们怕冒失地打扰了先生。最后决定,每人用竹子在季老家门口的土地上留下问候的话语。然后才满意地离去。

这该是怎样美丽的一幅画面!在季老家不远,是北大的博雅塔在未名湖中留下的投影,而在季老家门口的问候语中,是不是也有先生的人格魅力在学子心中留下的投影呢?只是在生活中,这样的人格投影在我们的心中还是太少。

听多了这样的故事,便常常觉得自己是只气球,仿佛飞得很高,仔细一看却是被浮云拖着;外表看上去也还饱满,肚子里却是空空。这样想着就有些担心了,怎么能走更长的路呢?于是,"渴望年老"四个字对于我就不再是幻想中的白发苍苍或身份证上改成60岁,而是如何在自己还年轻的时候,便能吸取优秀老人身上所具有的种种优秀品质。于是,我也更加知道了卡萨尔斯回答中所具有的深意。怎样才能成为一个优秀的主持人呢?心中有个声音在回答:先成为一个优秀的人,然后成为一个优秀的新闻人,再然后是自然地成为一名优秀的节目主持人。

我知道,这条路很长,但我将执著地前行。

——摘自白岩松的博客,2009-06-03 00:03:52

评析:

这篇网络日志全篇有感而发,个性鲜明,立意较高。是作者从心底流淌出来的,所以有很强的感染力。引发读者体会人格力量的巨大作用和对"立业与做人"的深层次思考。语言流畅而富有质感,首尾呼应,耐人寻味。

例文二：

我看上海世博会开幕式

标签：杂谈

　　2010年4月30日，举世瞩目的中国2010年上海世博会在黄浦江畔的世博园区，以一场令人叹为观止的美妙的开幕式正式揭开了帷幕。我有幸受邀出席了开幕式，成为这一旷世盛典的见证。这必将成为我生命中美好的记忆。

　　现代传媒无远弗届。我相信，通过电视和网络，无数的观众都会有身临其境的感受。在接受新华社记者采访时，我这样说道："如果说北京奥运会开幕式展示了中国的崛起和强盛，展示了中国文化的独特性，上海世博会的开幕式则更多的是显示了中国文化自信的另一面：包容、接纳、欢乐、分享。""分享、欢乐，相信全世界都从中感受到了中国的姿态。上海世博会的舞台也是全世界共同的舞台。"

　　上海世博会开幕式的理念是"简洁、唯美"，强调艺术性和仪式感的圆融统一、高科技与原生态的交相辉映，中国文化和西方艺术获得了完美的交融和和谐的体现。我用了"绚烂归于平淡"来概括开幕式给我的印象。"绚烂"无需辞费。这里所讲的"平淡"，当然绝对不是没有特色之谓，而是以一份平常心，展示出今天的中国在首次于发展中国家举办的世博会这样的全球盛会面前，所秉持的那一份淡定与从容。这才是真正的自信。

　　然而，让我感触最深的却是三个也许是小小的细节。开幕式的主持者，中共中央政治局委员、上海市委书记俞正声"恭请"胡锦涛主席宣布世博会开幕。在重大而正式的官方典礼中，这是我第一次听见"恭请"这样的用词。我以为，短短的一声"恭请"，传达出的不仅是庄重典雅，更是对中华传统文化的深沉体认。用词的准确考究，难道不正是营造仪式感的题中应有之义吗？

　　来自青海玉树地震灾区的两位藏族儿童也出现在了开幕式的舞台上。和以往不同的是，他们的出现并没有带来哀伤悲戚的气氛。他们和不同国家、不同肤色的孩子牵手相拥，在不同国家、不同肤色的手臂的举托下，他们摆脱了灾难的阴霾，幸福地欢笑。人类在面对各种问题、各种灾难的时候，更需要的难道不正是坚强乐观、守望相助吗？

　　转场以后的烟花表演场面恢弘、运思巧妙、绚丽斑斓。事先不少人持有这样的疑问：比北京奥运会开幕式规模更大的烟花表演固然极具视觉震撼力，可是，又如何才能处理好和上海世博会的主要关注点低碳、减排之间的冲突与矛盾呢？就我在现场的感受而言，几乎没有闻到燃放烟花通常必定会产生出来的刺鼻气味。这就说明，按照最大限度地降低烟气、减少残渣的要求特殊设计制造的上海世博会烟花，也取得了非凡的成功。同时，这难道不也正是对本届世博会主题"城市，让生活更美好"的最佳实践和演绎吗？

　　这是一场成功的开幕式，这是一场难忘的开幕式。

——摘自钱文忠的博客 2010-05-02 17:34:01

> **评析：**
> 　　这篇网络日志是作者对上海世博会开模式的观后感，再现上海世博会开幕式绚丽斑斓的恢弘场面，同时还写出了让作者感触最深的三个细节，从文化、情感、环保几个层面上，概况出举办上海世博会的意义，具有较强的感染力和启发性。

四、写作训练

请以杂谈为标签拟写一份"大学里应该学什么"的博文。

第三节　名片与请柬

　　在现代社交礼仪中，名片和请柬的使用非常普遍。名片是一个人身份、地位的象征，是一个人尊严、价值的一种外显方式，是个人或组织形象的缩影，也是使用者要求社会认同、获得社会理解与尊重的一种方式。请柬既表示邀请者的郑重态度，也表明主人对客人的尊敬。通过发请柬既可以密切主客之间的关系，也可以使客人能够自然地接受邀请。名片和请柬的个性化设计非常重要，具有鲜明特色的名片和请柬对成功的公关活动无疑会发挥重要作用。

名　　片

一、文体知识

　　现代社会，人们越来越注重名片的使用。联系业务，结交朋友，互留名片似乎成为初次相识时不可缺少的程序。然而在人际交往中，这些小小的卡片却往往会使人们不知所措，名片上面究竟印什么比较得体？面对大人物，该如何索要名片？交换名片时，又该注意些什么？

　　名片又叫名帖，是为了便于社交和处理公务之用，是各界人士在社会活动中通报姓名，介绍身份的卡片。在漫长的人生旅途中，无论你打拼在官场，还是奔波于商场，你无时无刻不需要交往，而一张高雅、得体的名片，将会在瞬间提升你的形象。

　　名片起源于文明时代的交往，作为生活在数字化信息时代的现代人，名片代表了你和你公司的形象，是你和你公司的第二代言人。好的名片应该是能够巧妙地展现出名片原有的功能及精巧的设计；名片设计主要目的是让人加深印象，同时可以很快联想到专长与兴趣，因此引人注意的名片，活泼、趣味常是共通点。

　　随着名片使用日益广泛，除所用纸张越来越好外，名片的版面设计也越来越新颖。借助于文字设计表现、插图设计表现、色彩的设计表现、饰框、底纹的设计表现、色块的设计表现，如可以在片头上印一些装饰图案，还可以将单位徽记印在名片上，可树立崭新、有吸引力的企业形象。

　　名片除了互相认识时使用外，有时还用在祝贺、拜访、道谢、吊唁等特殊场合，社交名片现在往往被附在礼物中。

二、格式和写法

例文一：

哈尔滨日报社总编辑
哈尔滨日报广告信息处处长

赵　平

地址：哈尔滨市学府路122号　邮编：150086
电话：0451-664789××　　手机：135×××9198
E-mail：××××@163.com

例文二：

正面：

岳阳华瑞假日酒店

李　永　安

客务总监

岳阳华瑞假日酒店

中国湖南省岳阳市东湖大道100号　邮编414000

电话(86-730)809 6888-××××　传真(86-730)809 ××××

电子邮件 fengping2006@ichotelsgroup.com

网址 www.Holiday.com

背面：

Holiday Inn

HOTELS. RESORTS

YUEYANG

Leon li

Director of Rooms

Holiday Inn Yueyang

100 Donghu, Yueyang, Hunan, 414000 P. R. C

Tel (86-730) 809 6888-×××× Fax (86-730)809 ××××

E-mail：fengping2006@ichotelsgroup.com

Website：www. holiday-inn. com

例文三：

```
哈尔滨日报社

            赵  平
         总编辑  主任记者

   地址：哈尔滨市学府路122号    邮编：150086
   电话：0451-664789××       手机：135×××9198
       E-mail：×××××@163.com
```

评析：

名片上通常可印有个人所属机构或单位的标志、名称、广告词、地址和网址以及个人的姓名、职务、电话、传真和电子邮箱等信息。英语名片，首字母要求大写。不管是中文还是英文名片，版面设计都不是一成不变的。它主要是告诉别人你的基本情况，让人明了你所从事的行业及业务范围。名片的横式写法可又三种排版方式：一种是名片的文字向名片的左边靠齐（例文一）；另一种是名片的文字居中（例文二），另外一种是如例文三，单位居左偏上，名字居中、字号略大，名字下为职称、职务，联系方式于下偏右。

名片的常见格式和写法如下。

1. 名片的特点

由于名片本身就不大，又印有文字，空间更为狭小，可以用来书写的范围有限，所以内容要更简单，措辞要更扼要。一般包括：①姓名；②工作单位以及职务；③联系地址（Add）；④邮政编码（Postcode）。

2. 名片的格式

名片的格式有横式和竖式之分。横式，行序由上而下，字序从左到右。第一行顶格书写持片人的单位名称，要写全称。如果是工作用名片，还要印上企业的标志，如麦当劳的大"M"。第二行是持片人的姓名，用较大字号写在片正中。有职务、职称或学衔的，通常用小字标在姓名下右侧。第三行是持片人的详细地址及电话号码、邮政编码。还可以用竖式，行序由左到右，字序从上到下。第一行是持片人的单位名称，顶格写在名片左边。第二行是持片人的姓名，低两格用较大字号写在名片正中，持片人的职务、职称、学衔等用小字标在名字下右侧。第三行是持片人的详细地址及电话号码、邮政编码。这只是一般的通常写法，也可体现个性特征，无论在内容上，还是在形式上均可。

3. 常见的名片类型

(1) 中式名片

有正反两面。正面自上而下横排或竖排，有的中央直接印上姓名，再无其他文字；有的分为三路，中路印姓名，上路或右路印服务机关及职衔，下路或左路印地址、电话号码，反面是空白；有的正面印中文内容，反面印外文内容。

(2) 西式名片

西式名片也分正反两面。正面同中式名片，但多用横排，反面用英文或其他外文排印内容。名片反面的使用比较灵活，有的在反面印上本公司经营的产品或服务宗旨、服务项目等。

从名片用途讲，名片又有简式和详式之分。使用时，选择详式还是选择简式，视交际需要而定。如介绍、探询等交际活动，名片就要写得详细些，因为文字过于简单的话就难以达到交际目的，所以以选择详式为宜。而像求见一类的交际活动，只需通报姓名、身份和求见意愿，其他的话都可以留着等到见面时再谈，因此自然是选择简式为宜。

做一张精美名片的秘诀：真实可靠、全面简练、版面设计体现个性。

三、注意事项

①在递交名片时还要注意礼仪要求。首先要把自己的名片准备好，名片要放在易于掏出的口袋或皮包里。不要把自己的名片和他人的名片或其他杂物混在一起，以免用时手忙脚乱或拿错名片。

递交名片要用双手或右手，名片的正面要向着接受者。递交时要目光注视对方，微笑致意，将名片正面对着对方，用双手的拇指和食指分别持握名片上端的两角送给对方。如果是坐着的，应当起立或欠身递送，递送时说一些："我叫×××，这是我的名片，请笑纳。"、"我的名片，请你收下"之类的客套话。递送名片时还要注意，地位低的人先向地位高的人递送名片，男性先向女性递名片，当面对许多人时，应先将名片递给职务较高或年龄较大者，如分不清职务高低和年龄大小时，则可先和自己对面左侧方的人交换名片。

接收他人递过来的名片时，应尽快起身，面带微笑，用双手拇指和食指接住名片下方的两角，并说"谢谢"、"能得到您的名片，深感荣幸"等。名片接到后不能随便乱放，应当郑重其事地收好。如果是初次见面，最好是将名片上的重要内容读出来，如果遇到不认识的字可以请教对方，这样，会使对方认为你很看重他这张名片。当对方递给他名片之后，如果自己没有名片或没带名片，就当首先向对方表示歉意，再如实说明理由，并把你的资料写到一张纸上。

出示名片要把握机会，一是交谈开始前，二是交谈融洽时，三是握手告别时。

②名片上的文字同其他应用文一样，首先要合乎规范，否则就会引起误解，影响交际效果。在合乎规范的前提下，可以表现自己的个性。

③名片的制作。首先明确制作名片的用途，然后据此选择名片的款式及所用材料。印制名片，要依据用途加以设计，设计既要规范，又要有自己的风格。名片的风格、个性，主要表现在片面布局与字体的选择等设计方面。就字体而言，行、草、篆、隶及各种美术字体均可。可以把名片片文视为取纸款式考究的正面具名的便条，从款式到各个构件的语词选择也都更注重礼节。

在设计名片时，行业常影响文字造型的表现方式。例如，软笔字体适合应用在茶艺馆上。

文字设计的题材来源有:公司中英文全名、中英文字首、文字标志等,字形则包罗万象,设计的字形、篆刻的字形、传统的字形。最后,要注意字体与书面的配合,来营造版面的所应有的气氛,将名牌塑造成另一种新视觉语言。

四、写作训练

①假如你是某公司公关部职员,要参加一个酒会,会上与新老朋友会面,请你把自己设计好的名片呈递给众人。

②请你为自己设计一张个性化的名片。

请　柬

一、文体知识

请柬又称请帖,是人们在节日和各种喜事中请客用的一种简便邀请信。请柬是为邀请宾客参加某一活动时所使用的一种书面形式的通知。在党政机关、企事业单位、人民团体或个人的对外交往中,诸如节庆、奠基、落成、开业、娱乐、宴会、典礼、仪式、展览、舞会、演出、新闻发布等等都可以使用请柬。值得注意的是:请柬一般逢重大活动或庄重场合才使用;需要用请柬邀请的对象,一般多为意见领袖、社区代表、政府官员、协作单位负责人、新闻记者等。即使被邀请对象近在咫尺,也须用请柬来表示主人对被邀请者的尊敬、重视和礼遇。请柬有时作为入场或报到的凭证,比如哈尔滨冰雪节向有关人员发的请柬即有入场券的作用。

请柬的种类,从形式角度分有卡片式、折叠式、竖式与横式,从内容角度分有喜庆请柬、丧葬请柬、日常应酬请柬、礼请柬与谢请柬。

请柬的特点是请柬从内容到形式都极富礼仪特征,因而也就具有浓重的传统文化色彩。

二、格式和写法

示例

例文一:

请　柬

尊敬的××先生:

　　敝公司定于2006年6月30日至7月5日8:00~17:00在哈尔滨北方大厦3号楼展览大厅举办第七届哈尔滨国际贸易洽谈会。恭候光临。

海琴公司
二〇〇六年五月二十五日

评析:

　　这是一份邀请对方参加贸易洽谈会的请柬。时间、地点具体明确,内容简洁,语言谦恭得体。

例文二：

一组请柬

第一篇：端午聚会请柬

×××女士/先生：

兹定于5月27日晚7：00～9：00在市政协礼堂举行端午茶话会，届时敬请光临。此致

敬礼！

××市老年协会
2012年5月17日

第二篇：邀请采访请柬

××老师：

兹定于五月四日晚八时整，在××学院多功能礼堂举行纪念"一二·九"合唱比赛，请您担任评委。届时恭请××老师光临。

××学院学生会文艺部
五月二日

第三篇：召开座谈会请柬

×××报社：

兹定于十一月十六日上午九时，在本社召开纪念×××人民出版社建社五十周年的座谈会。届时恭请贵报社光临指导。致以

敬礼！

××出版社
××年十一月一日

> **评析：**
> 　　以上三篇范文，第一篇是政协邀请有关人士端午聚会发份请柬，既庄重严肃，又显得喜庆和对知名人士的尊重。时间、地点和具体内容在短短的一句话中全部表达出来，显得简洁明确。第二篇也是以团体的名义发出的，所不同的是该文的邀请对象不是要作为客人参加会议或聚会，而是要前往进行评委工作。这份请柬实际还起到了提供某种新闻信息的作用。语言上也是用语不多，却将所要告知的信息全部说出，简洁明快，不拖泥带水。第三篇将请柬封面一并刊出，所用格式采用竖排形式，典雅不俗。竖排是最为常用的形式，它符合中国人的文化传统。因此在购买已印制好的请柬时，可根据对方的具体情况选择合适的请柬版式。另外在书写请柬时，还应注意字体的大小疏密、排列等问题，务必做到美观大方。

请柬包括封面和封里两部分。

1. 封面

请柬封面有横式和竖式两种，一般用彩纸独立制作，还可进行艺术加工，配以图画、装饰等。封面的内容应为"请柬"两个大字，或在用较小的字在"请柬"的上一行或下一行说明邀请的理由。如使用商店出售的请柬，一般封面已印制好，不需再增添内容。

2. 封里

买的现成的请柬，一般应有内容提示已印制好，只需按提示填空即可。若自己制作，应包括以下内容。

(1) 标题

标题应在第一行正中写"请柬"二字，字可大些。

(2) 称谓

称谓处应写明被邀请者的名称。在标题下一行顶格写清被邀请单位名称或个人姓名，其后加冒号。如"×××铁道职业技术学院道路桥梁工程技术专业部"。个人姓名后要注明职务或称谓，个人姓名前有时可以加尊称，如"尊敬的李明先生"、"刘洋院长"。

(3) 正文

正文在称呼下另起一行，前空两格。写清活动内容，如开座谈会、联欢晚会、生日派对、国庆宴会、婚礼、寿诞等，写明时间、地点、方式，如果是请人看戏或其他表演还应将入场券附上，若有其他要求也需注明，如"请准备发言"、"请准备节目"等。

(4) 祝颂词

祝颂词处要写上礼节性问候语或恭候语，如"敬请光临"、"顺致崇高的敬意"等。

(5) 落款

落款应写上发请柬者的名称和发请柬的日期。如是单位发出的邀请，应写明单位全称并加盖公章；如果是几人一起发出邀请，可把邀请人全部写上；如发邀请人过多，可用

×××等收束。

三、注意事项

①请柬不同于一般书信。一般书信都是因双方不便或不宜直接交谈而采用的交际方式。请柬却不同,即使被请者近在咫尺,也须送请柬,这主要是表示对客人的尊敬,也表明邀请者对此事的郑重态度。
②参加活动的时间、地点、内容等要交代得具体、明确。
③语言上除要求简洁、明确外,还要措辞文雅、大方和热情。
④请柬如是手书书写,字迹要工整美观。
⑤选用市场上的各种专用请柬时,要根据实际需要选购合适的类别、色彩、图案。
⑥请柬发送要掌握好时间,发送的太早,被邀请者容易遗忘;发送太晚,又容易使被邀请者感到时间仓促,安排有困难。所以,请柬发送的时间一定要适当。

四、写作训练

①请指出下面请柬存在的问题。
×××同学:
兹定于2000年3月6日上午9时到校医院看望病重的××老师,届时请准时到校医院指导。

××班委
2000年3月4日

②下面是一则会议请柬,请指出其中的两个错误。

请　柬

尊敬的涂红新教授:
　　兹定于2012年元月23日上午在学府宾馆举行哈市经济和社会发展专家咨询委员会年会,敬请光临。

哈市发展和改革委员会(盖章)
二〇一二年元月二十日

③院文艺部将举办"迎教师节文艺晚会",请你拟写邀请学院教师参加晚会的请柬。

第四节　邀约信与庆贺信

邀约信和庆贺信都属于公关礼仪用的书信。邀约信用于邀约对方参加会议、看戏、旅游、参观、宴会等;庆贺信,用于团体与团体之间、个人与团体之间、个人与个人之间的为值得高兴、祝福的事情庆贺。两者都是使用频率很高的书信。如邀约信,朋友亲戚之间相邀约时用它,进行学术交流邀请专家名流要用它,聚餐设宴要用它,请人讲演讲学要用它;庆贺信,单位开业、朋友结婚得子、生日寿诞等均可写信表示祝贺。它们都是人们之间感情交流的一项重要的媒介和方式,因此掌握这两种书信的写法也是十分必要的。

邀约信

一、文体知识

邀约信是为了增进友谊,发展业务,邀请客人参加庆典、会议及各种活动而提前向对方发出的信函。邀约信与请柬、请帖一样,一般应写明邀请的对象、事由、时间、地点等,但在写作手法上,则不像请柬、请帖拘谨,而是比较灵活、轻松、自由。

邀约信的语体视内容而定,可用准确、简明、周密的事务语体(如约人参加一些比较大型的、隆重的活动,只须开门见山,把邀约的事情交代清楚,无须曲折铺叙);也可融入情意性、形象性的文艺语体(如约人游山玩水等悠闲之事,行文中除交代清楚所约的时间、地点、事情外,融入感情,效果更佳)。

邀请书一般来讲有以下两个特点。

1. 邀请书的礼仪色彩

同请柬一样,邀请书也具有邀请的功能,要求有一些礼仪色彩。但相较而言,邀请书更朴实、更常用一些。它没有请柬的过分庄重严肃,但却也礼仪周到,受到人们普遍的喜爱。

2. 邀请书的书信体格式

邀请书用语上比请柬随意,而且要求有较详细的邀约内容,所以采用书信体的格式。

二、格式和写法

示例

例文一:

运用事物语体写作的邀约信

××大学:

根据省委宣传部关于今年重大活动宣传的统一部署,我厅将举办"五月的鲜花——纪念'五·四'运动八十周年大型歌咏会"。由××教育电视台等单位负责承办。本活动时间拟订于5月2日下午,在××工业大学室外演出并电视直播。因演出活动的需要,经编导与贵单位领导初步协商落实,今正式向贵单位发出参加活动邀请书。请将回执单填好传真给××教育电视台节目编导组。

因本次演出纪念活动为全省电视直播,恳请贵单位认真抓好节目的整体质量。节目审查时间为4月20日左右。具体事宜请与编导组联系。联系电话(传真):8077×××-33××。

联系人:王××、周××、陈××

另外,请贵单位领队及节目指导教师于本月23日(星期二)下午2:00到××教育电视台四楼会议室参加节目协调会。

此致

敬礼!

××广播电视厅(章)
2007年3月19日

评析:

这是一篇以事务语体为主的邀约信,邀约事情交代简明清晰,细致有条理;礼仪周到,真诚恳切;内容完整,庄重得体。

例文二:

运用文艺语体写作的一组邀约信

第一篇:请聚会

肖健吾弟:

多日不见,不知你近来可好?

我一年到头"空中飞人",难得落地,这几天恰在家里休息,想邀请你和弟妹来我家小聚,品尝一下我的厨艺(我最近又学会了两样川菜)。定于本周日十二时,在舍间薄备小酌,请你来此一叙。还有两个神秘嘉宾,都是你我儿时的朋友,猜一猜是谁? 一定会给你意想不到的惊喜。你老弟是我最好的朋友,当然不会推辞的,也希望你顺便带孩子一块儿来,7岁了吧?他还记得我这个叔叔吗?翘盼你们的到来。

兄:崔卫
八月四日

第二篇:约滑雪

韩琳同学:

秋去冬来,又是山舞银蛇,原驰蜡象之时。还有五天冰雪节就开幕了!各个学校到时候也一定会放假吧? 想你们学校当然也不例外。我已约好了四位同学,准备去二龙山滑雪,我想你这个野丫头也一定会和我们一同前往的。尤其你的滑雪技术高超,有你参加、同行,必定大家更受鼓舞,特地写信给你,请你务必同去。现已决定于1月4日上午9时,在我处集合出发,望准时!切记:带上滑雪板!

万一你因事不能去,请你提前给我一个回信。

祝愉快!

同学:杨杨
1月1日

> 第三篇：邀约返家
>
> 赵哥：
> 　　我在哈尔滨打工已经快一年了,听说你也在阿城打工,我想干得还不错吧。春节将至,我准备春节前就返家,不知你什么时候返乡。我想约你在哈尔滨碰头,然后结伴一同返家,不知意下如何？如你同意,请回信。我将于2月3日早7点整在哈尔滨火车站售票处等你。
> 　　李青他们已于前日返家,所以,这次只有我们二人。恭候回音。
> 　　祝顺利！
>
> 　　　　　　　　　　　　　　　　　　　　　　　　　　弟：小凯
> 　　　　　　　　　　　　　　　　　　　　　　　　　　1月29日
>
> **评析：**
> 　　这里录辑了三篇邀约类书信,第一篇请聚会,第二篇约滑雪,第三篇邀约返家。三篇文章均不太长,注重了礼仪用语。它没有请柬的过分庄重和严肃,但轻松明白,让人感到亲切自然。
> 　　文中都将要交代的事情逐一列出,具体可行。以第二篇为例,作者将已约的人数、旅行的地点、具体的时间及出发的地点交代的十分明白。对方前往时应带的物品也一并列出,而且为防意外,要求对方如果不去务必先给个回信。这是一篇严谨有序,写的较为圆满的邀请书信。其他两篇书信基本上也是如此,于简洁的语言中包含着所有邀约的具体内容。行文流畅,无赘语晦言,十分好读。

邀约信通常由标题、称呼、正文、结尾和落款五部分组成。

1. 标题

邀约信的标题一般有两种方式构成。单独以文种名称组成,如《邀约信》、《邀请信》。由发文原因和文种名称共同组成,如《关于出席亚太经济发展会议的邀请书》。

2. 称呼

称呼要顶格写被邀请的单位或个人的名称或姓名。也就是要写明主送对象。如"×××大学:"、"××同志:"。

3. 正文

邀约信的正文通常要求写出举办活动的内容、活动目的、活动时间、活动地点、活动方式、邀请的对象以及邀请对象所作的工作等。活动的各种事宜务必在邀请书中写清楚、写周详。若附有票、券等物也应同邀请书一并送给主送对象。

若相距较远,则应写明交通路线,以及来回接送的方式等。其他差旅费及活动经费的开销来源及被邀人所应准备的材料文件、节目发言等也应在正文中交代清楚。

4. 结尾

结尾处要表示期待回复。还要写上礼节性的问候语。如"恳请光临"、"致以敬意"等。

5. 落款

邀约信的落款要署上发文单位名称或发文个人的姓名,署上发文日期。邀请单位还应加盖公章,以求慎重。有的还要写上联系人、电话、地址等。

邀约信是写信人对收信人的一种盛情邀约,一般分为正式的和非正式的两种。格式与其他信函相同。就本质而言正式与非正式的邀请信并没有什么区别,只是正式的邀约信比较注意文采,而且往往需要表现出更大的热诚。邀约朋友参加特殊聚会,共度假期,或者访问自己的家乡等的邀请信,可以采用半正式文体。

三、注意事项

①根据邀约活动的规模选择发请柬、请帖还是发邀约信的方式。一般说来,活动规模较大,邀请的人较多,则发请柬、请帖;如较小或只是双方个人的会晤,则发邀约信。

②要交待清楚邀请的原因、会面或活动安排的细节,也可让对方知道参加活动的其他成员。邀请书务必事项周详,邀请书是被邀人进行必要准备的一个依据,所以各种事宜一定要在邀请书上显示出来,使邀请对象可以有备而来,也会使活动主办的个人或单位减少一些意想不到的麻烦。

③态度要诚恳、热情,用语要礼貌、简约、典雅。应该避免使用套话或语气冷漠、语言粗俗、生硬。语气要热情真挚,但不要强人所难。语言要含有尊敬之意,邀请书的主要内容类似于通知,但又有几分商量的意思,它不能是行政命令式的态度,所以在用词上一定要礼貌。有些邀请书在开头还应解释一下自己不能亲自当面邀请的原因,以免引起不必要的误会。

④邀约信一般不用计算机打印,要亲笔书写,以表示郑重和诚意。

⑤邀约信要提前发送。邀约信要使被邀人早些拿到邀请书,这样可以使他对各种事务有一个统筹的安排,而不会由于来不及准备或拿到邀约信时已过期而参加不了举办的活动。

四、写作训练

①12级测量专业的学生为了使自己更好地成长为祖国铁路现代化建设所需要的人才,特邀请10届和11届测量专业的毕业生回校座谈,请以12级测量班班委会的名义,向10届和11届校友发一封邀约信。

②指出下面这封邀约信的错漏。

邀 约 信

赵经理：

　　您好！鉴于现在我们对铁路现场施工、工作情况了解甚少，特别对铁路基建的艰苦性、重要性认识不够。为使同学们对将要从事的职业有更多的了解、认识，毕业后更能适应工作，特邀您光临敝校，与我们开一次座谈会，介绍铁路现场的一些情况及工作中碰到的一些问题。请先生谈谈大屿山隧道工程的成功和工作程序，同学们对此很感兴趣。我们全班同学恭候您的光临。

　　此致

敬礼！

小平
2007年11月25日

庆 贺 信

一、文体知识

　　庆贺信，也称贺电，是指党政机关、企事业单位、社会团体或个人向其他集体、单位或个人表示祝贺的一种专用书信。它是日常应用写作的重要文体之一。今天的庆贺信已成为表彰、赞扬、庆贺对方在某个方面所作贡献的一种常用形式，它还兼有表示慰问和赞扬功能，在单位或和个人之间起到了传达友好信息的作用，是向对方表示表彰、赞扬、庆贺的书信的总称。

　　庆贺信重在表示祝贺赞美。其适用范围为贺庆节日、寿诞、婚嫁、生育、竣工、晋升、移居、获奖等。遇到庆贺的事情，通常以写贺信的方式庆贺。庆贺信可直接寄给对方，也可以张贴、刊登、广播，或自己亲自在庆典上诵读。庆贺信是向对方表示祝贺的信件。庆贺信是人们情感交流的一种方式，多写庆贺信可以使亲戚朋友同事之间加强联系，增进了解，彼此关心。

　　庆贺信一般分两类：一类是出于社交需要，为礼节性的；另一类是发自内心的亲朋之间的祝福。

　　庆贺信在英语国家使用的频率很高。凡是遇到重大的喜庆节日，如圣诞节、新年、婚礼和生日等，亲友间要写祝贺信。当亲友晋升、毕业、考试成功或出国留学时也要写祝贺信。祝贺信相对而言是比较容易写的，但用词必须亲切有礼、表达出真诚的喜悦感情。

　　具体写作步骤：首段表达听到喜讯的心情；主体段落对喜讯进行积极评价；结尾段表达衷心的祝贺之情。

二、格式和写法

例文一：

××省农垦总局给××国际招标公司的一封庆贺信

××国际招标公司：

  值此××国际招标公司成立10周年之际，谨表示热烈的祝贺。10年来，贵公司在我局利用世界银行及亚洲开发银行贷款项目的招标采购工作中，给予了大力支持与协助。特别在签约及执行合同过程中，坚持信守合同，维护我方用户利益，使项目单位尽快产生效益。借此机会，我们再次对贵公司表示衷心地感谢！

  回顾10年历程，我们的合作是真诚友好的。值此庆祝贵公司成立10周年之际，愿我们的合作留下长久的记忆，并期待得到发扬，共同为农垦及外贸事业的发展作出新的贡献！

××省农垦总局
××年××月××日

评析：

  文字精简明白，意思表达清楚。文中既有对对方10周年大庆而表示的真诚由衷地祝福，也有对双方更好合作的热切期待。格式规范，篇幅短小精悍，不冗长，符合庆贺信的写作要求。

例文二：

校 庆 贺 词

  忆往昔，桃李不言，自有风雨话沧桑；

  看今朝，厚德载物，更续辉煌誉五洲。

  金秋时节，丹桂飘香。欣闻母校二十周年校庆，怀着喜悦的心情，写了这封信，以表达我们对母校由衷的祝贺！

  饮水思源，作为校友，我们深切感谢母校的栽培，也密切关注着母校的建设和发展。在母校华诞之际，预祝校庆活动圆满成功！祝愿母校积历史之厚蕴，宏图更展！再谱华章！

  忆往昔，博学石旁，母校的一草一木，老师的一颦一笑，仍记忆犹新。在那绿色的校园里，我们手握春光烂漫的年华，编织着人生的七彩之梦。

  五十年的风雨兼程，母校几经沧桑，奋发图强，赢得桃李满天下，为祖国培养了数以万计的各类人才。回顾过去，我们无比自豪，展望未来，我们信心十足。我们相信，母校的华诞将成为承前启后、继往开来、开拓创新和再创辉煌的新起点。

在这特殊的日子里,我向母校致以最诚挚的祝福,愿母校永远年青,永远充满生机!

致礼!

××届计算机(1)班
20××年9月10日

——摘自 http://www.3lian.com/zl/2006/5-8/21393942445.html,有改动

评析:

这是一篇情真意切的庆贺信,文中洋溢着对母校的款款深情。既热烈又有分寸,情感的抒发如此,对母校的评价亦如此。做到了褒德扬善,协调氛围。

例文三:

教师节贺信

全校教职医护员工:

大家好!

金秋九月,我们迎来了自己的节日——第27个教师节。在这个庄严而喜庆的日子里,我们首先向所有在教学、科研、服务、医疗一线辛勤耕耘、默默奉献的广大教职医护员工,向关心并支持学校发展的老教师、老同志们,致以崇高的敬意和节日的祝贺!

"国将兴,必贵师而重傅。"一年一度的教师节,今年格外具有重要的意义。今年是"十二五"规划的开局之年,《国家中长期教育改革和发展规划纲要(2010—2020年)》已然颁布,描绘了未来10年教育改革发展的宏伟蓝图,指明了教育事业科学发展的方向。胡锦涛总书记在清华大学百年校庆大会的讲话,对高等教育提出了"人才培养、科学研究、服务社会、文化传承创新"等殷切希望,对广大教师提出了"切实肩负起立德树人、教书育人的光荣职责,做学生健康成长的指导者、引路人"的要求。上海交通大学未来十年发展蓝图已经绘就,建设世界一流大学成为全体交大人共同的愿景和追求。

"大学者,非大楼也,大师也。"上海交通大学的发展与历代交大人的努力奋斗紧密相连。如今的上海交通大学在海内外享有崇高的声誉,这是老一辈交大人的奋斗成果,也饱含着如今全体教职医护员工的努力拼搏,特别是近年来,学校的快速发展有目共睹,广大教职医护员工作出了突出的贡献,我校有一批教师获得了全国师德标兵、全国优秀教师、全国教学名师、上海市优秀教师、教学名师等多项殊荣,还有一大批教师在平凡的岗位上恪尽职守、教书育人,赢得了大家的尊重,带来了"身边的感动"。作为一名教师,我们责无旁贷、责任重大、使命光荣!

"士不可以不弘毅,任重而道远。"在这个属于全体教职医护员工的特别日子里,谨以此向广大同仁致敬,并与所有同仁共勉。

衷心祝愿大家教师节快乐!

上海交通大学党委、校行政(盖章)
2011年9月7日

——摘自上海交通大学在第27个教师节发给全体教师的一封贺信

评析:

  一封贺信让老师们感受到节日欢欣的同时,更充分感受到学校对教师的尊重,起到了很好的交流信息、沟通感情的作用。贺信首先对老师们表示了热切的节日祝贺,接着对老师们历年来辛勤的付出给予极高的评价,明确指出正是老师们孜孜不倦的付出,学校才能取得今天的成绩。最后,表达了对老师们的期待和勉励。语言流畅,入情入理,感人至深。

  庆贺信的写作格式可以比照一般书信的格式。即通常有信头、信内地址、称呼、正文、结语、落款等几个部分组成。但这里需要说明的是根据亲疏关系的不同,有些庆贺信是可以随意一些的。比如信内地址有时可以省略,而信头也大体可以写的简略一些。语言特点是:平实、精练、得体。

1. 标题

  正式的贺信,标题应包括发文单位、内容、文种,如"中共中央 国务院 中央军委对神舟六号载人航天飞行成功的贺电"。也可只用文种名,写在首行中间。

2. 内容

  内容应包括称呼、正文。另起一行顶格写明被祝贺单位或个人的名称或姓名,前面可加敬称,如"敬爱的朱老师"。称呼后用冒号。

  在正文中要首先向对方表示热烈的祝贺。要写明向谁祝贺、祝贺什么、为什么祝贺等。可以写自己是怎样听到好消息的。听到消息后的心情怎样等。要感情饱满地写,但要简明扼要。

  提出自己对有关问题的看法。该项内容要根据所祝贺的事情发表自己的看法、主张,提出一些建议、意见等。如对重大节日或纪念活动的祝贺,可以说明其重大的意义和对所取得的成绩表示祝贺,可以分析一下所取得成绩的主客观原因等;庆贺寿辰的贺信,可简要准确地赞扬对方在事业上的成功;婚姻庆贺,则可以谈些自己关于婚姻生活的一些认识看法等,以期对对方有所帮助。

3. 结尾

  结尾应包括结语及落款。常写一些表示祝愿的话语,如"祝取得更好的成绩"、"祝福如东海,寿比南山"等。结语要视不同情况而写。落款在正文右下方,署上发文单位或个人的姓名,并写上成文日期。

三、注意事项

  ①内容单一,为庆贺而作。信中除了说明不能前往道贺的理由,婉转表达歉意外,一般来

说,不谈及与庆贺无关的事,更不要谈及有关个人的不快之事。

②对对方的颂扬、祝贺,既要热烈又要注意把握分寸,表彰、赞扬对方在某方面作出贡献的庆贺信尤应如此。赞美对方切实做到实事求是,恰如其分,不要故意拔高,甚至献媚,以至无法起到应有的表示祝贺的目的。感情要真诚,富有鼓舞人心的力量。

③措辞须真挚、雅丽、扼要,热情恳切。要符合喜庆、吉利的氛围。引经据典,套用成语在庆贺信中可恰当运用。

④写法视祝贺对象、事情而定。如祝贺会议召开,可略提会议的内容、重要性以及会议召开的背景等;贺某人的生辰,可概括对方的贡献、品德等。

⑤庆贺信要做到整洁、大方,用词要恰当、简练,篇幅不宜太长。写庆贺信时,所用信封和信纸都要经过认真选择,不能随意对付。

四、写作训练

①你的同学在遇到小偷持刀抢劫他人时,挺身而出,抓获罪犯,而因此得到了"见义勇为好市民"的称号。请试写一封拟在院广播站播出的庆贺信。

②请以元旦联欢会主持人的身份写一篇《元旦贺词》。

③下面这封开业贺信在内容和形式上都有些毛病,请一一指出,并加以修改。

贺　　信

尊敬的徐洋:

　　你好!

　　听说你的文具店开业了,我们都为你高兴。回想起我们的同窗生涯,真是感慨良多,我们一起去食堂,一起去运动场,一起去教室,结下了深厚的情谊。当然,你最可贵的就是你一直在校园实训基地忙着。你说,我们要学习知识,培养能力,学校给我们提供了这么好的环境让我们积累经验,增强我们的实践能力,我们该好好把握。你也说,有朝一日一定要有一番作为。今天,你终于实现了做老板的梦想,你应该很开心吧。

　　预祝你取得成功。

307 舍全体舍友
2011 年 10 月

第五节　诉状类文书

诉讼是检察机关、法院以及民事案件的当事人、刑事案件中的自诉人解决案件时所进行的活动。在诉讼活动(俗称"打官司")过程中,依法向人民法院提出请求和陈述有关事实与理由的书面材料叫诉状。诉状是诉讼当事人(公民、法人和其他组织),行使和履行诉讼权利和义务的重要工具,它是具有特定的法律意义并能产生一定的法律后果的诉讼文书。

诉状类文书可以作如下分类:按案件性质的不同,可分为刑事诉状、民事诉状和行政诉状;按诉讼程序的不同,可分为一审程序的诉状、二审程序的诉状、审判监督程序的诉状;按其内容、作用的不同,可以分为起诉状、上诉状、答辩状和申诉状等。

各种诉状就其共同作用来说,主要有以下两个方面:一是便于当事人或法定代理人依法行使诉讼权利,以通过法定程序保护其合法权益;二是便于人民法院正确及时地审理各种案件,以达到公正裁判,保护人民,惩治罪犯,保证社会主义建设事业顺利进行的目的。

诉状的写作要求有以下五点:一要格式规范,项目齐全;二要请求明确、具体、合理;三要事实清楚,证据确凿;四要理由充分,引"法"准确;五要语言平实、准确、严谨、庄重,行文简明,书写工整。

本节内容所讲的就是根据其内容、作用的不同而分的四种诉状类文书。

起 诉 状

一、文体知识

起诉状,是由原告依据事实和法律,向人们法院提出诉讼请求,说明事实、根据和理由的一种诉讼文书。是刑事案件的自诉人或民事、行政案件的原告人向法院提呈的诉讼文书,又称"诉状"。

法律规定任何公民,法人或其他组织在认为自身的合法权益受到侵害,或者与他人发生争议时都有依法起诉权。即可以请求人民法院通过裁判来保护自己的实体权利。如《中华人民共和国民事诉讼法》第一百零九条规定:"起诉应当向人民法院递交起诉状,并按照被告人数量提出副本。手写起诉状确有困难的,可以口头起诉,由人民法院记入笔录,并告知对方当事人。"可见,口头起诉只是因书写确有困难才允许,属于个别情况,递交书面的起诉状则是提起诉讼的主要形式。

二、格式和写法

例文一:

离婚起诉状

原告:李某,女,××年××月××日出生,汉族,职工,住××市×××路×××号

被告:陈某,男,××年××月××日出生,汉族,职工,住××市×××路×××号

诉讼请求:

1. 请判令原、被告离婚。
2. 婚生女儿由原告抚养,由被告支付抚养费。
3. 共同财产依法分割,共同债务依法承担(具体见清单)。

事实和理由:

原、被告在1990年上半年经人介绍认识，1991年5月18日在某某镇人民政府办理结婚登记手续，1993年2月1日生一女，取名×××，现在×××小学读书。

婚后，原、被告感情尚好，共同生活一段时间后，被告丑陋脾气暴露无遗，每次酗酒后就动手殴打原告。在原告怀孕5个月时，原告却叫被告回家，被告不顾原告有孕在身，动手殴打原告，还用甘蔗刀恐吓原告。1998年4、5月，被告开始在夜总会坐台，长期包嫖，今年还把坐台女带回家，2000年3月8日，在×××出租私房嫖娼时被×××派出所警察抓住。1998年9月2日，被告又因琐事殴打原告，致使原告头部、鼻出血，左足多处软组织挫伤，全身乌青。2000年11月9日，被告又乘酒兴殴打原告，还用菜刀背敲打原告头部，至今原告头部常常疼痛。2000年11月19日，被告跑到原告上班处叫原告回家，遭原告拒绝，被告就把原告拉到本市人民路上殴打，致使原告多处皮血肿，软组织挫伤。

原告认为：被告的种种恶劣行径严重伤害了原告的感情，致使原本脆弱的夫妻感情完全破裂，没有和好的可能。今原告为解除痛苦，特根据《中华人民共和国婚姻法》第32条之规定，向贵院起诉，请依法判如诉请，不胜感激。

证据及证据来源：
1. 身份证复印件
2. 结婚证复印件
3. 房产证复印件
4. 财产及债务清单各一份

此致
上海市长宁区人民法院

附件：本诉状副本一份

20××年1月12日
起诉人：李某某
——摘自河北离婚网，有改动

评析：
这是以家庭暴力及丈夫对婚姻生活不忠诚为由要求离婚的民事起诉状。事实和理由表述明确，具体陈述了在婚姻生活中丈夫的种种劣迹，分析了性质，指出了被告应该承担的责任，用语简单、平实。

例文二：

经济纠纷起诉状

原告：张××，男，42岁，汉族，××省××市人，个体经营户，住本市××路××街102号

被告：李××，男，55岁，汉族，××省××市人，个体经营户，住本市××街2号

> 诉讼请求：
> 　　确认原告借款给被告的借款合同到期，请法院责令被告李××付清原告的 4 万元人民币借款。
> 　　事实和理由：
> 　　2010 年 4 月 24 日，被告因无力偿还因开店亏本带来的债务，在四处求助无果的情况下，向原告提出了借款请求。原告当时考虑到帮人如帮己，于是答应借给被告 4 万元人民币以帮助他还债。当时双方商议，原告借给被告 4 万元人民币现金，被告 1 年之后归还我，为了表示公正和还款的决心，被告强烈要求双方签订一份借款合同，并请了×××、×××、××× 3 人作为见证人。2011 年 6 月 12 日，原告因生意不景气要求被告归还原告借款。但被告拒绝承认，并说根本未曾签订什么借款合同。原告多次找人和被告交涉未果，不得不向人民法院提请裁决。请求人民法院依法作出判决。
> 　　证据：
> 　　现提供原告与被告在 2010 年 4 月 24 日签订的借款合同一份。另外，当时的 3 个见证人都愿意为原告作证。他们是×××、×××、×××。
> 　　此致
> 　　××市××区人民法院
>
> 　　附件：1. 本诉状副本一份
> 　　　　　2. 借款合同一份
> 　　　　　3. 证人×××、×××、×××，住址××××××××
>
> 原告：张××
2011 年 7 月 11 日

评析：
　　本篇经济纠纷起诉状的请求事实具体、全面，诉讼理由充分，案件事实与理由之间因果关系明确，引用的法律条文准确、完备，语言表述逻辑性强。

原告提出起诉，要准备好诉状，即起诉状。诉状要有以下内容。

1. 首部

首部包括标题和当事人的基本情况。

标题，第一行居中写明"××起诉状"。

双方当事人（原被告）的基本情况，包括姓名、性别、年龄、民族、工作单位和地址。如是单位应写明单位名称、所在地及法定代表人的姓名、职务。

2. 正文

正文包括诉讼请求和所依据的事实和理由。所谓诉讼请求，即要求解决的问题，如请求离婚或要求赔偿多少钱等。

3. 尾部

尾部写明证据和证据来源，证人的姓名和住址。除应写明上述内容外，还应写明诉状所递交的人民法院名称，起诉时的年、月、日，诉状还要有原告的签名和盖章。还要提供与被告人数相应的副本（除正本外，多一个被告增加一份，即一个被告两份，两个被告三份）。

民事、行政等案件公民提出起诉的格式如下。

示例

起 诉 状

原告：性别　年龄　民族　工作单位　地址
法定代表人（单位）：
被告：性别　年龄　民族　工作单位　地址
法定代表人：
诉讼请求（简要叙述自己的要求）：
1.……
2.……
事实与理由（简要阐明纠纷产生的缘由，以及对自己有利的证据，重申自己要求）：

证据和证据来源，证人姓名和住址
此致
人民法院

附件：本诉状副本　份

具状人：
年　月　日

注：
① 本诉状供公民提起民事、行政起诉用，用钢笔或毛笔书写。
② "原告"、"被告"栏，均应写明性别、出生年月日（对民事被告的出生年月确实不知的，可写其年龄）、民族、籍贯、职业或工作单位和职务、住址等。被告是法人、组织或行政机关的，应写明其名称和所在地址。
③ "事实与理由"部分的空格不够用时，可增加中页。
④ 起诉状副本份数应按被告的人数提交。

三、注意事项

① 起诉状和起诉书的区别。起诉书是人民检察院对公安机关侦查终结，移送审查起诉的案件后对直接受理侦查终结的案件，经过审查后认为被告人的犯罪事实已经查清，

证据确实、充分，依法应当追究刑事责任，代表国家对被告人向人民法院提起公诉时所制作的文书。起诉书的制作是人民检察院行使国家公诉权，惩罚犯罪，保护人民的依据，一经送达即产生法律效力，标志着公诉案件已经进入审判程序，其写作主体和格式都有特殊的规定，标题应分两行书写检察机关名称和文书种类，在标题的右下方写上编号，与起诉状的格式有着很大的差别，一字之差，性质迥异，因此在拟写诉状的标题时，切不可麻痹大意，弄错了案件的性质。

②原告的资格。在对原告身份情况的说明中，除姓名、性别、民族、职业、工作单位和住所外，年龄是一个不可忽视的填写项目，据此可以直接判断其有无诉讼行为能力，其监护人是否已作为法定代理人代为参加诉讼，在写作起诉状时，如果原告无诉讼行为能力，一定要在原告之后列出法定代理人的基本情况及与原告的关系，理顺当事人之间的内部关系。

③被告和被告人的区别。根据刘复之主编的《中华人民共和国法律大辞书》的解释：被告人，是刑事被告人的简称，是指依法被控诉犯罪，并由司法机关追究刑事责任的人；被告，是原告对立的一方，被诉侵犯他人民事权益而被法院通知到庭应诉的当事人。由此可见，"被告人"只能在刑事诉讼一审程序中使用，提起诉讼的要么是"公诉人"检察院，要么是刑事自诉案件中的"自诉人"（在刑事附带民事诉讼中提起诉讼的可称"原告人"，在民事诉讼中提起诉讼的不能称"原告人"），而"被告"则在民事诉讼中使用，两者不可混用。

④案由之有无。案由即案件的内容提要。这里需要补充的一点是，由于刑事附带民事诉状的写作格式与民事诉状有差异，因此，在民事诉状的诉讼请求中不应附有追究被告刑事责任的内容，以免混淆了案件的性质。

⑤诉讼请求的数额确定原则。诉讼请求应提出具体的数额，不能笼统地说"赔偿原告的一切损失"之类，这是没有争议的，但并不等于在提出诉讼请求时多多益善，比较切合实际的请求数额，不仅可以减收诉讼成本，降低诉讼风险，而且有利于法院的调解和双方当事人的和解。

⑥事实和理由的写作技巧。从理论上说，法院审理案件是以事实为依据、以法律为准绳，根据这一要求，起诉状的事实部分应该详尽具体、重点突出，理由部分应该合理合法、论证严密。在实际的写作中，应考虑到诉状不仅是呈给法官的，同时还要送达对方当事人，因此还应该注意写作的技巧，不能一览无余，使自己在庭审的辩论中处于被动的地位。

⑦法院的管辖问题。民事诉状致送法院时，还涉及法院管辖权的问题。例如，产品侵权赔偿案件，被告所在地、侵权行为实施地、侵权结果发生地的法院都有管辖权，选择哪一个法院对原告最有利，就需要综合考虑。

四、写作训练

根据下面材料的内容，拟写一份经济纠纷的起诉状。

A建筑公司曾长期向B房地产公司提供建筑材料。2009年1月，经双方对账，B房地产公司尚欠该建筑公司建材款900万元人民币。经双方协商，B房地产公司承诺分三期还清所欠货款。同年11月,该建筑公司因B房地产公司未依约分期付款而予以催讨,B房地产公司称目前已无财产还债,欲出售其仅有的一栋厂房。按照当时市价,该厂房估价约为人民币900万元。同年12月,B房地产公司将其厂房以300万元的价格卖给其上级集团公司下属的H公司。H公司也知道B房地产公司以明显低价出售厂房的起因是A建筑公司索赔。该建筑公司得知此事后,再次索债。B房地产公司在偿还300万欠款后声称已无力偿还能力。该建筑公司在催款不成的情况下,于2010年6月向B房地产公司所在地××市中级人民法院提起诉讼,请求法院撤销B房地产公司低价出售厂房的行为。

上 诉 状

一、文体知识

1. 上诉状的概念

上诉状,是民事、行政案件的当事人和刑事案件中有权提出上诉的当事人,或者他们的法定代理人,不服地方各级人民法院的第一审判决或裁定,在法定上诉期内,向原审法院的上一级法院要求撤销、变更原裁判所提交的书状。

2. 上诉状的分类

根据案件性质不同,上诉状可以分为以下3种:
①刑事上诉状,是指当事人不服法院的刑事判决,包括刑事责任和民事责任,向上级法院上诉的法律文书。
②民事上诉状,是指当事人不服民事权利和义务的判决向上级法院上诉的法律文书。
③行政上诉状,是指当事人不服行政行为的判决向上级法院上诉的法律文书。

3. 上诉状的特点

我国法律规定,案件审理实行二审终审制。当事人对第一审裁判不服,有权提出上诉,任何人不得以任何借口剥夺其上诉权。但是,在刑事案件中,刑事自诉案件的自诉人和被告人均有权提出上诉,而公诉案件的被害人,由于他们不是案件的当事人,无权提出上诉。如果是刑事附带民事诉讼,属于公诉案件的,被害人和他们的法定代理人只能对第一审裁判中附带民事诉讼部分提出上诉,对刑事部分则无权提出上诉。公诉人如不同意第一审的裁判,就在法定的上诉期内提出抗诉。

上诉状有以下几个特点:一是明显的实效性。当事人必须在法定期限内向上一级人民法院提起上诉。不服一审判决时在判决书送达之日起15日内,不服一审裁定是在裁定书送达之日起10日内。如果当事人不在我国境内居住,其不服裁决的上诉期限为60日。逾期不提起上诉的,人民法院的一审判决或裁定即发生效力。二是说理的针对性。要针对一审判决或裁定的错误、失实或不当之处提出上诉理由,摆事实,讲道理。三是较强的辩驳性。对一审判决或裁定的错误和不当，从认定事实、采用证据到使用法律等方面，有的放矢地据理辩驳。

上诉是法律赋予公民的一种诉讼权利，是第二审人民法院进行审理的依据。上诉状提出的诉讼请求正当，并有充足的事实和理由作依据，对于第二审人民法院作出正确的裁决有至关重要的作用。

> **知识链接**
>
> **上诉状和起诉状的区别**
>
> （1）起诉状是针对被告侵犯原告的合法权益的行为，向人民法院提起诉讼；上诉状则是针对原审人民法院尚未发生法律效力的判决或裁定，向原审人民法院的上一级人民法院提起诉讼。
>
> （2）起诉状一般向基层人民法院提交；上诉状则向原审人民法院的上一级法院提交。
>
> （3）起诉状由受理人民法院进行审理，依法作出判决、裁定；上诉状必须由上诉人民法院进行二次审理，依法作出终审判决、裁定。

二、格式和写法

示例

例文一：

刑事上诉状

上诉人：陈××，男，××岁，×族，××省××县人，××厂会计，住××市××街××号

上诉人因盗窃一案，不服××市××区人民法院19××年××月××日（××）刑普判字第××号刑事判决，现提出上诉。

上诉理由和上诉请求：

我于19××年××月××日盗窃了林××自行车一辆，卖给×××，得人民币100元。当被公安机关发觉后，我立即坦白交代，并主动将赃款全部退出。在审讯中，××法院审判员张××再三追逼，说我是个惯犯，决不只盗窃一辆自行车，一定还有很多，如不交代，就要从严判处；如果彻底交代，保证从宽处理、不判刑或者只判很轻的刑。为了争取"坦白从宽"，我就捏造事实，说从19××年××月到19××年××月一共盗窃了11辆自行车。谁知这一"交代"，不但得不到宽大，反而以此为根据（判决书上说我供认不讳，罪行严重）判处徒刑10年。我所坦白的那10辆自行车全是假的，根本没有的事；只有盗窃林××的那一辆才是真的，一被发觉，我即坦白

认罪,并积极退款。根据党的政策,我是符合"坦白从宽"的条件的。可是原审人民法院却判我10年徒刑,这是不符合法律规定和政策精神的,因此我不服原判,特提出上诉,请求撤销原判,重新审理,依法改判,给我以宽大处理。

此致

××市中级人民法院

附件:1.上诉状副本两份
　　　2.张审判员审问我的情况,有记录在卷,请查对

上诉人:陈××

代书人:律师王××

19××年××月××日

——摘自中山律师法律在线,有改动

评析:

　　这是因盗窃一案不服一审法院判决提起上诉而制作的一份民事上诉状。上诉请求内容明确、具体。上诉理由,针对我对一审审判员在认定事实方面的有关做法的疑问,摆事实,据理力驳,层次清晰,语言简明、通俗。

例文二:

民事上诉状

上诉人:××市种子公司经营部　　地址:××市市中区五一路×号

法定代表人:罗××,男,52岁,××市种子公司经营部经理

诉讼代理人:王××,女,××市市中区法律顾问处律师

被上诉人(原审被告):××县种子公司

上诉人因不服××县人民法院20××年12月24日(初)法经判字第×号判决,现依法提起上诉。

诉讼请求:

1.××县种子公司立即给付我方货款及包装、运输费共13 358.08元。

2.××县种子公司按每日3‰(自20××年8月20日起至付款之日止)偿付延期付款的赔偿金。

3.××车站的罚款由××县种子公司承担。

4.一、二审诉讼费用以及由于诉讼而引起我方支出的费用,由××县种子公司承担。

事实和理由:

一、原判决认定事实部分失实

原判决称:"20××年9月10日被告接到××火车站提货通知单后,即派杨××到××车站提货,因货物未附植物检疫证书和种子合格证而未提货,并电告了原告。"这段话认定了两个事实:第一,被告未提货的原因是因为原告没有提供植物检疫证书和种子合格证;第二,被告当时就把未提货的上述原因告诉了原告。然而,事实并非如此,为了澄清事实不得不赘述纠纷过程。

××县种子公司(原审被告)于20××年7月7日电报邀请我方签订5 000市斤的大葱种子购销合同,同年8月1日被告派杨××来与我方正式签订1 000市斤大葱种子购销合同。合同各项具体规定请见附件。20××年8月15日我方如约发运大葱种子4 055斤,9月5日到达××车站,次日车站向被告发了领取货物的通知书。9月16日,我方通过银行向被告托收货款及包装、运输费13 358.08元。时过半月,××县农业银行以被告"要求退货,希望双方协商解决"为由,拒绝托收货款,退回了托收凭证。9月17日,我方再次要求××农行托收,由于被告仍然拒付,农行退回了托收凭证。与此同时,杨××于9月3日、8日、10日三次分别来电、来函,要求终止合同、退货。杨称"由于今年我订的承包任务重,购的货太多,领导要求我停止执行合同、停止进货,请贵部谅解为盼"。杨当时所有的函件中从未提到检疫和种子合格证问题。由于货物已发出,我方不同意退货,要求继续履行合同。在这种情况下,在我方发出托收凭证后的第39天,即9月25日,××县农行才发出通知,告诉我方,被告拒付的理由是:"检疫证明和种子合格证均无。"但是令人费解的是,农行发出的拒收理由通知的次日,被告才申报了拒绝付款申请书(××农行寄来的凭证可以证明)。

由此可见,原判认定的第一点事实是错误的。被告并非因为"没有植物检疫证书和种子合格证书"而不提货,而是因为被告的代理人杨××盲目订合同,购货过剩,不得不终止合同,退掉订货。在我方不接受其无理要求的情况下,时过39天,杨才找出这样一条逃避法律、推卸责任、转嫁经济损失的脱身之计。原判决认定的第二点也是失实的。9月10日杨××并未将"没有检疫证明和种子合格证"这一点电告我方,而是来电请求终止合同,并请求我方"谅解"他的过错。

二、双方签订的订购大葱种子合同是合法有效合同

原判决称:根据《中华人民共和国经济合同法》第七条规定,原告与被告所订立的购销合同是无效合同。对照《中华人民共和国经济合同法》第七条,我方认为我们并未违反四项规定中的任何一项。唯一可能涉嫌的大约是"违反国家利益和社会公共利益"一项。因为我方提供的大葱种子没有进行检疫。然而,我方走访了种子检疫部门,查阅了有关文件。根据我国农牧渔业部制订的全国农业植物检疫对象名单所列,大葱种子并非必须检疫的对象,是可以免检的种子。所以,以我方提供的种子没有检疫为由来否定原合同是不妥当的。原合同是合法的有效合同,对合同双方均具有法

律约束力。也正是因为大葱种子可以免检,铁路方面承运了这批种子。有关这个问题的详细材料请见附件和原审中我方提供的代理词。

三、原判决对双方的裁决是不公正的

大葱种子至今在××车站库房存放了三个多月,造成了葱种的变质。由于被上诉人长期不提货,××车站库房根据有关规定,处以正常罚款的三倍予以重罚。这两项经济损失,不言自明,是由于被上诉人的违约过错导致的。但是,原判决称"原告已发到××的4 050市斤大葱种子由原告自行处理,并承担××车站库房罚款总额的50%""其他损失各自负担"。上诉人认为,这样的判决是极不公正的。原判没有弄清事实真相,因而不能分清当事人双方的是非和责任,又错误地适用法律,把一个合法有效的合同判为无效合同,从而使被告的违法行为得不到制裁,我方的合法利益得不到保护,反而要我方承担因被告违法行为造成的经济损失。这种不公正的判决,我方不能接受。

综上所述,恳请××地区中级人民法院根据《中华人民共和国经济合同法》第6条、第32条、第35条、第38条第2款第2项,《植物检疫条例》第4条、第9条、第10条,农牧渔业部制订的全国农业植物检疫对象分布名单,以及《中国人民银行结算办法》第6条第2款、第7条有关承付和延期付款的规定另行公正判决。

此致

××地区中级人民法院

上诉人:××市种子公司经营部
××年××月××日

——摘自文祕中国网

评析:

上诉书不服原审判决的意向明确,诉讼请求概括、简洁,使人一目了然。上诉的理由充分有力、直击要害。

上诉状的一般格式和写法如下。

1. 首部

上诉状的首部由标题和当事人的基本情况两个部分组成。

标题,属刑事案件的写"刑事上诉状",属民事、行政案件的写"民事上诉状"或"行政上诉状"。

当事人的基本情况,应写明姓名、性别出生年月日、民族、籍贯、职业或工作单位和职务、住址等。"刑事上诉状"只写上诉人情况。民事、行政案件的"上诉状",应写明上诉人和被上诉人情况。当事人是法人、其他组织或行政机关的,还应写出名称、地址、法定代表人等情况。

2. 正文

正文由案由、上诉请求和上诉理由三个部分组成。

①案由，应写明："上诉人因（案由）一案，不服××人民法院××年××月××日（××）字第××号的判决（或裁定），现提出上诉。"

②上诉请求，应先写明请求人民法院撤销或变更原审裁判，然后列出其他要求。

③上诉理由，是上诉状的核心。应以上诉请求为中心，针对原审判决或裁定中的不当之处进行说理。

3. 尾部

尾部写明致送法院、附项、签署上诉人的姓名或法人、其他组织的全称，并加盖单位公章，注明年月日。上主状副本份数按被上诉人的人数提交。

民事、行政等案件公民提出上诉的格式如下。

示例

上 诉 状

上诉人：（姓名　性别　出生年月日　民族　籍贯　单位　住址）

被上诉人：（姓名　性别　出生年月日　民族　籍贯　单位　住址）

上诉人因（案由）一案，不服××人民法院××年×月×日（××）字第××号刑事判决（裁定），现提出上诉。

上诉请求：

上诉理由：

此致

×××人民法院

附件：本上诉状副本　份

上诉人：
××年××月××日

注：

①本上诉状供民事、行政案件的公民当事人对一审判决、裁定不服提出上诉用，用钢笔或毛笔书写。

②"上诉人"、"被上诉人"栏，均应写明姓名、性别、出生年月日、民族、籍贯、职业或工作单位和职务、住址等。被上诉人是法人、组织或行政机关的，应写明其名称、地址、法定代表人或代表人的姓名。

③上诉理由部分的空格不够用时，可增加中页。

④上诉状副本份数，应按被上诉人的人数提交。

三、注意事项

①事实是否可靠,要让证据来说话,没有证据,就谈不上确认案件的事实和情节,就不能作出正确的裁判结论。

②应着重阐明:原审法院裁判所依据的事实是否有出入?定性或量刑是否恰当?合法或违法的认定是否正确?运用法律是否准确?审理过程有没有违反诉讼程序以致影响正确裁判的地方?案件的具体情况不同,写法也须有所变化。有的突出案件的关键性情节,集中说明理由;有的根据案情,针对原审法院的裁判逐条阐明不服原判的理由,这一部分的结尾处,一般应概括前文,写明:"综上所述,原审法院……(裁判的主要错误),为此提起上诉,请求你院……(撤销或变更裁判)。"

③上诉状,从文体角度说是一篇驳论性议论文。正文部分应以论理为主,即使是叙述事实,也不能散漫无归,而必须落实到反驳原审裁判的"理"上。只有依据法律抓住原审裁判中的有关问题针锋相对地把道理说透,足以从事实和法理上全部或部分推翻原审裁判,上诉才能达到预期的目的。

④各类案件的上诉有相应的法定期限。不服第一审判决的,刑事案件上诉期限为10日,但杀人、强奸、抢劫、爆炸及其他严重危害公共安全应当判处死刑的犯罪分子,上诉期限为3日;民事案件和行政案件,上诉期限为15日(如果当事人不在我国领域内居住,上诉期限为60日)。不服第一审裁定的上诉期限,刑事案件为5日,民事案件和行政案件为10日。以上期限,均从当事人接到判决书或裁定书的第二日起计算。

四、写作训练

下面这份民事上诉状有不少毛病,请指出其在格式上和内容上所存在的不足之处。

民事上诉状

上诉人:周××,男,33岁,汉族,××省××县人,本市××肉联加工厂六车间工人,现住××肉联厂宿舍。

被上诉人:谭××,男,56岁,汉族,××省××县人,社员,现住××县××公社十大队三生产队。

上诉人因赡养一案,不服××市××区人民法院于[××]法民字第××号民事判决,现提起上诉。上诉的理由和请求如下:

一、谭××虽是我的生父,但我自幼与谭分离,不知其声貌,更谈不上感情。据母亲称:谭与她离婚,实系谭的过错。谭好逸恶劳,道德败坏,对妻子儿女打骂成性。更为恶劣的是,当时竟用手枪将妻子赶出家门,并殃及子女。后由××县人民法院判决离婚,将我兄妹三人判由母亲抚养,从此断绝了与谭的一切关系。

二、谭××对我未尽养育义务。在我兄妹寄居他人篱下,靠母亲帮人度日,吃残汤,捡破烂,受饥寒时,谭未接济过一分钱。据母亲讲,从我出生后,连谭某的一根纱线也未沾过。对这一事实,连谭本人都承认,判决又根据什么判决谭要我赡养的"理由正当"呢?

三、判决书只强调谭××的告状理由,而对我的陈诉,证人的证言等毫不重视,只简单地写了一句"被告不同意"。至于我为什么不同意？理由何在？判决书上避而不谈。这怎么使人心服口服呢？另外，判决书上写我现在"33"岁，又说"1971年谭××与妻子周××离婚后，3岁的周×由母亲抚养"。既然我现在是33岁，71年时怎么能才3岁？这难道仅仅是计算上的失误吗？由此可见，审判员根本没有认真审理此案。

四、我夫妻二人均系下岗工人，每月总收入只有980元，连四个人的生活都很困难，根本无力再支付赡养费380元，这是不合理的。

综上所述，我不同意赡养谭××。请法院秉公处理。

此致

××市中级人民法院

上诉人：周×（盖章）

××年××月××日

答 辩 状

一、文体知识

1. 答辩状的概念

答辩状是指民事、刑事案的被告人或被上诉人，针对原告人起诉的或上诉人上诉的事实与理由而进行答复辩解的诉讼文书，是与起诉状、上诉状形成对立的书状。答辩状的使用，有利于法院全面查明案情，做到兼听则明，公正判决或裁定，防止误判或误裁。答辩是应诉行为，是法律赋予被告人和被上诉人的诉讼权利。因此，被告方或被上诉方应依照法律规定，充分利用答辩权利，认真制作答辩状，以维护自己的合法权益。

2. 答辩状的分类

答辩状根据不同的分类标准，有不同的种类名称。

①根据审判的程序不同，答辩状可分为一审程序答辩状和二审程序答辩状。

②根据法律适用的范围不同，答辩状可分为民事答辩状、刑事答辩状、行政答辩状三类。

民事答辩状，是民事被告、被上诉人针对原告或被上诉人的起诉或上诉，阐述自己认定的事实和理由，予以答复和辩驳的一种书状。

刑事答辩状，是刑事自诉案件被告人针对自诉人控诉向法院以书面形式提交的辩解材料。

行政答辩状，是被告或被上诉人针对原告或上诉人在起诉状或上诉状中提出的起诉或上诉请求事项、事实和理由向人民法院作出的书面答复。

根据我国诉讼法的规定，人民法院应在规定时间内将起诉状副本和上诉状副本送达被告或被上诉人。被告或被上诉上人应在法定时间内向人民法院递交答辩状，否则就被视为放弃答辩的权利，不影响人民法院对案件的审理。

《中华人民共和国民事诉讼法》第113条第1款规定："人民法院对追索赡养费、抚养费、抚育费、抚恤金和劳动报酬的案件，应当在立案之日起5日内将起诉状副本发送被告，被告在收到之日起,15日内提出答辩状。"第150条第1款规定:"原审人民法院收到上诉状,应当在5日内将上诉状副本送达对方当事人,对方当事人在收到上诉状副本之日起,15日内提出答辩状。"

3. 答辩状的特点

①特定性。答辩者必须是刑事自诉案件和民事、行政案件的被告或刑事、民事、行政上诉案件的被上诉人。

②限定性。答辩状必须在法定期限内提出。

③针对性。答辩状必须针对起诉状和上诉状的内容进行答辩。

二、格式和写法

例文:

行政答辩状

答辩人:××省××县城乡建设委员会,住所地××县××街××号

法定代表人:冉××,主任

因郑××不服土地管理行政处罚一案,提出答辩如下:

郑××本在云台乡利民村四组有砖木结构瓦房,××××年3月又向乡政府申请在自己承包的耕地上兴建住房,乡政府认为该地段不是农房建设规划点,因此没有同意。郑××既未经土地管理部门审核批准,又未领取建房许可证,便擅自在承包耕地上兴建住房,是违反《××省土地管理实施办法》第21条之规定的。在施工期间、乡政府曾多次派人前往现场劝阻施工,并发出《关于郑××违章建筑通知书》,限期将正在兴建的房屋拆除还耕,但郑××不予理睬,乡政府于××年××月××日给县城乡建设委员会打了《关于对郑××强行占用良田熟地建房的处理报告》。经我们调查核实,认为郑××违反了《中华人民共和国土地管理法》第三十八条第一款关于农村居民建住宅"使用耕地的,经乡级人民政府审核后,报县级人民政府批准"的规定。为此,我们依据该法第四十五条关于"农村居民未经批准或者采取欺骗手段骗取批准,非法占用土地建住宅的,责令退还非法占用的土地,限期拆除或者没收在非法占用的土地上新建的房屋"的规定,于××年××月××日作出《关于拆除郑××非法占耕地所建住房的处罚决定》。

郑××以"建房是经群众讨论通过的"为由,不服土地管理行政处罚,向人民法院提起诉讼,这个所谓"理由"是站不住脚的,请依法裁判。

证据:

1. ××乡政府《关于郑××违章建筑通知书》一份
2. ××乡政府《关于郑××强行占用良田熟地建房的处理报告》一份
3. 本委员会《关于拆除郑××非法占耕地所建住房的处罚决定》一份

> 此致
> ××县人民法院
>
> 附件：本答辩状副本一份
>
> 　　　　　　　　　　　答辩人：××县城乡建设委员会（盖章）
> 　　　　　　　　　　　　　　　××年××月××日
> 　　　　　　　　　　　　——摘自中国企管网，有改动
>
> **评析：**
> 　　这是一起对原告起诉的不服土地管理行政处罚一案而制作的一审程序的行政答辩状。抓住了关键，澄清事实，列举证据，引用有关法律条文，逐项据理辩驳，分清了是非，具有较强的针对性和说理性。在充分阐明答辩理由的基础上，清晰地说明答辩的观点和主张，经过综合归纳，就所答辩的问题，简单明了地提出自己的答辩意见或反诉请求。

答辩状的一般格式和写法如下。

1. 首部

答辩状的首部由标题、答辩人的基本情况两个部分组成。

标题，写明"××答辩状"字样。

答辩人的基本情况，写明答辩人的姓名、性别、年龄、民族、职业、住址等。当事人是法人或其他组织的写明其名称、所在地、法定代表人的姓名与职务。答辩缘由，写明答辩人因××案进行答辩。

2. 正文

正文由案由、答辩理由和答辩意见三个部分组成。

①案由，写明因何人上告何案而提出答辩。一审答辩状用"因原告人×××（案由）现答辩如下"。二审答辩状用"因××不服××人民法院××字××号判决，提起上诉一案，现答辩如下"。

②答辩理由，应针对原告或上诉人的诉讼请求及其所依据的事实与理由进行反驳与辩解。要清晰地阐明自己对案件的主张和理由。

③答辩请求，是答辩人在阐明答辩理由的基础上向人民法院提出的要求和主张。答辩中有关举证事项，应写明证据的名称、件数、来源或证据线索。有证人的，应写明证人的姓名、住址。

答辩的论点和论据是答辩状的主体部分，或者说是关键部分。大体包括以下三个方面：

①就事实部分进行答辩对原告诉状中所写的事实是否符合实际情况表示意见。如果所诉事实全部不能成立，就全部予以否定；部分不能成立，就部分予以否定。提出符合客观真实的事实来加以证明。就事实部分进行论证，要着重列举出反面的证据来证明原告诉状中所述事实不能

成立,并且要求反证确实、充分,不能凭空否认原告诉状中所叙述的事。这里所说的反面证据,一种是直接与原告所提的证据相对抗的证据,另一种是足以否定原告所述事实的证据。

②就适用法律方面进行答辩。一是事实如果有出入,当然就会引起适用法律上的改变,论证理由自然可以从简,这叫事实胜于雄辩。二是事实没有出入,而原告对实体法条文理解错误,以致提出不合法要求的,则可据理反驳。三是在程序方面,如果原告起诉违反民事诉讼法的规定,没有具备引起诉讼发生和进行的条件,则可就适用程序法方面进行反驳。

③提出答辩主张在提出事实、法律方面的答辩之后,引出自己的答辩主张,即对原告诉状中的请求是完全不接受,还是部分不接受,对本案的处理依法提出自己的主张,请求法院裁判时予以考虑。

3. 尾部

尾部包括致送人民法院名称;答辩人签名、盖章;答辩时间;如果委托律师代书答辩状,应在最后写上代书律师所在的律师事务所名称。在附项中,应注明有关的人证、物证、书证等。

民事、行政等案件公民提出答辩的格式如下。

例文:

答 辩 状

答辩人:姓名、性别、年龄、民族、籍贯、职业、单位、住址、联系电话、邮政编码。

因××案提出答辩如下:(写明答辩所要达到的目的)

答辩的案由和理由:(写明答辩的事实依据和法律依据,应针对原告、上诉人、申诉人,即被答辩人提出起诉、上诉、申诉所依据的事实、法律和所提出的主张陈述其不能成立的理由)

——————

此致
××人民法院

附件:本答辩状副本　份(按被答辩人人数确定份数)

答辩人:××
××年××月××日

注:
民事、行政、刑事自诉各类案件答辩状的格式基本相同。

三、注意事项

①充分做好答辩准备,写作之前,要全面熟悉对方诉状的内容,从事实、证据、法律适用、逻辑、诉讼程序等方面找出可答辩之处,尤其要抓住其要害问题,如纠纷的起因、争执的焦点、事实真相和关键性证据等,确定答辩重点。在明确答辩方向的基础上,可分主次先后设计出答辩提纲,并找出确定充分的证据和过硬的法律依据。

②答辩要遵循实事求是的原则,真实反映纠纷情况。如果对方说法有误,要求不合理,要据理辩驳;而对对方所述属实、要求合理的部分,则应予以认可,不可强词夺理。要充分用证据进行有力支持。否则"空口无凭",法院便无法采信。如:一起"排除妨碍纠纷"案,原告要求法院判令被告将其在原告房屋拆迁后剩余的宅基地上私建的"一铁皮房"搬走,并提供了某市土地管理局发放给原告的剩余宅基地"使用证"。被告"辩称"、"原告所诉与事实不符。这块地方应属××村一队集体所有,我是××村一队派来看管这块地方的,原告无权让我搬走,请求驳回原告的诉讼请求"。可是,被告的答辩状却没有提供相应的证据。结果,法院认为"被告所辩,证据不足,不予采信",判决被告"立即从占用原告的宅基地上迁出。"

③语言要准确、朴实、简洁,有的放矢,避免空发议论。诉讼实践中,语言不规范的答辩状也有不少。如:"明明是他打人在前,现在反而恶人先告状,捏造事实,诬陷好人,说我'故意伤害'他,简直是颠倒黑白、血口喷人。请法院明察秋毫,依法驳回原告的无理请求"。此答辩状说原告所述违背事实,却不能列举事实、证据进行证明,只是堆砌一些过激的言词进行批驳,发泄了心中愤怒,辩驳效果却是苍白无力的。

四、写作训练

①答辩状在写法上要求澄清事实,核对证据,准确地引用法律。阅读答辩状例文,具体说明答辩人是怎样据理辩驳的。

②针对上诉状的例文写一篇答辩状。

申 诉 状

一、文体知识

1. 申诉状的概念

申诉是案件当事人及其法定代理人对人民法院已经发生法律效力的判决或裁定认为有错误,向原审人民法院或者原审的上一级人民法院要求纠正的行为。

申诉状是指刑事、民事和行政诉讼中的当事人或其法定代理人、被害人及其家属等,对已经产生法律效力的判决、裁定不服,向司法机关(主要指人民法院)重新调查或重新审理时使用的书面请求。

申诉权是公民在诉讼中的一项基本权利,人民法院的判决、裁定,一经生效,必须严格执行。但是,当诉讼当事人发现已产生法律效力的判决或裁定确有错误时,可以行使国家赋予的申诉权,用申诉状向司法机关提出复查纠正的要求。人民法院如果认为申诉有理,即将案件随时提交审判委员会讨论。向人民检察院申诉的刑事、民事案件,检察院如果认为申诉有理,即按审判监督程序向上一级人民法院提起抗诉。因此,申诉状是司法机关决定是否引起审判监督程序的重要参考材料,是再审案件的来源之一,是司法机关发现冤案、错案的一个重要途经。

2. 申诉状的特点

申诉状通常具有以下三个特点：

①必须是与本身权益有关的公民(行政申诉、民事申诉、法人或其他组织)提出。

②可以向人民检察院(仅指刑事申诉，而民事、行政申诉不能向人民检察院提出)、原审法院或原审的上一级人民法院提出。

③申诉是对已经发生法律效力的判决或裁定不服提出的。

3. 申诉状的分类

根据案件性质不同，申诉状可以分为以下三类：

①刑事申诉状，是当事人对刑事判决(包括刑事责任和民事责任)不服而写的法律文书。

②民事申诉状，是当事人对民事判决不服而写的法律文书。

③行政申诉状，是当事人对行政判决不服而写的法律文书。

知识链接

申诉状与上诉状的区别

(1)申诉状是针对已经发生法律效力的判决、裁定不服提出的；而上诉状是对未发生法律效力的判决、裁定进行上诉。

(2)申诉状可根据具体情况向原审法院或原审法院的上一级人民法院、人民检察院提出；而上诉状只能向原审法院上一级人民法院提出。

(3)申诉状没有时间限制，民事再审申请必须在判决、裁定发生法律效力后的两年内提出，否则，再审申诉的诉讼权利丧失；上诉状有时间限制。

二、格式和写法

示例

例文：

行政申诉状

申诉人：罗××，男，××岁，汉族，××县人，医务工作者，住××县××街××号

申诉人：陈××，女，××岁，汉族，××县人，个体工商户，住址同上，系罗××之妻

申诉人因不服××县人民法院(××)字号行政裁定，特依法向你院提出申诉。

申诉请求：请求人民法院依法受理申诉人诉××县人民政府之不应出租房屋而出租产权纠纷一案。

事实和理由：

申诉人向××县人民法院提起诉讼的一起落实解决私房改造遗留问题的案件。

所争执之房屋现为××县××街××号（与申诉人现住房为一个房号）。该房系申诉人罗××之父罗云藻××年购得旧房后改建而成，面积281.76m^2。罗云藻在该房建成后因劳累过度吐血死亡。××年，申诉人罗××之母王素容因后夫赵俊臣的成分问题与后夫一起被迫迁往农村居住。其时，申诉人罗××尚且年幼，在城里投靠亲友读书，房屋锁闭。此后，城关镇（现云溪镇）政府部门，未征得房主同意，擅自开门，先后安排东街伙食团和甜食店等单位使用，直至××年，城关镇和县房管部门将东街17号纳入私房社会主义改造。××年经县领导处理，该房全部退还房主，但在××年申诉人一家又被强行赶出。申诉人全家7口无处栖身，不断申诉，要求退还私房。××年××县人民政府以（××）××号文件决定发还其中72.9m^2作为补留住房。申诉人认为，东街17号确系申诉人一家的自住房，在私房改造前确无私人之间的租赁关系，此情况有本案一、二审代理律师的调查材料和知情的东街干部群众证明，县政府将其纳入私改，实行出租，最后没收该房，违反了国家关于出租房屋的有关政策，也不符合××省基本建设委员会川建委发（××）城××号文件的规定，属于不符合私改条件而私改，应予纠正。故申诉人一直向县政府有关部门申诉，但均无结果，不得已向××县人民法院提起诉讼，希望能依据《中华人民共和国行政诉讼法》来保护自己的合法权益。但县人民法院在已经受理此案（已收取了案件受理费，至今尚未退还）的情况下，又以此案不属于法院审理行政案件的受理范围为由不予受理。上诉后，你院又以"最高人民法院，城乡建设环境保护部关于复查历史案件中处理私人房产的有关事项的通知精神"为由，裁定驳回上诉，致使申诉人有冤无处申，合法权益得不到保护。

申诉人认为，你院裁定驳回上诉，维护原裁定的理由不能成立。××年××月××日施行的《中华人民共和国行政诉讼法》开宗明义，在第1条中就指出了颁布行政诉讼法的目的是"为保证人民法院正确、及时审理行政案件，保护公民、法人和其他组织的合法权益，维护和监督行政机关依法行使行政职权"。私房改造问题是个历史遗留问题，行政诉讼法当然不可能单独列出，所以该法第11条规定的受案范围才单列了第八项"认为行政机关侵犯其人身权、财产权"的案件，属于人民法院受案范围。根据该条该项的规定，人民法院应当受理本案，这样做，也才能体现行政诉讼法的目的。

你院在（××）字号行政裁定中作为驳回上诉的理由提到的"最高法院，城乡建设环境保护部关于复查历史案件中处理私人房产有关事项的通知"，想来就是最高人民法院会同城乡建设环境保护部于××年××月××日发布的法（研）发〔××〕

××号文件《关于复查历史案件中处理私人房产有关事项的通知》(以下简称《通知》)。该《通知》中指出了"私房因社会主义改造遗留问题应移送当地落实私房政策部门办理"。申诉人认为,依据这一规定来确定人民法院受理行政案件的范围也是错误的。第一,该《通知》只是提出了私房问题的一些处理方法并不是对人民法院受案范围的规定;第二,城乡建设环境保护部只是一个政府部门,既无立法权,又无司法解释权,最高人民法院会同该部下发的文件并不具有司法解释,更不具有立法效力;第三,该《通知》发布于××年××月××日,《中华人民共和国行政诉讼法》生效于××年××月××日。再者,本案是由县人民政府直接作出行政决定的,人民法院拒绝受理,如何能实现和保护宪法赋予公民的合法权利!

由于申诉人的私房被错误私改,申诉人一家受到了极大的损害,全家7口只有一人有户口,子女入学、就业都无着落,全家仅靠申诉人摆地摊维持生计。为此,恳请贵院能依法撤销原裁定,受理本案,以保障申诉人的合法权益。

此致
××省××市中级人民法院

附件:1.《行政起诉状》副本两份
　　　2.××县人民法院盐法行诉字第××号裁定书一份
　　　3.××市中级人民法院(××)字号行政裁定书一份行政申诉状

申诉人:××,××

××年××月××日

——摘自找资料网,有改动

评析:
　　这是因房屋产权一案不服人民法院的判决,而请求人民法院按审理监督程序调卷审理的一份民事诉讼状。这份书状抓准原裁判审理不当之处条理分明地分析辩驳,证据充分,论证有力,请求合理、合法,文字简明质朴。

申诉状的结构由首部、正文和尾部三部分组成。

1. 首部

(1)标题

在文书顶端写"刑事申诉状"、"民事申诉状"或者"行政申诉状"。

(2)当事人身份概况

刑事公诉案件的申诉状,只有申诉人栏,没有被申诉人栏。如系被告人提出申诉的,则写为"二申诉人(注明原审诉讼地位)姓名、性别、年龄、民族、籍贯、职业、住址"。如系被告人的近亲属或者其他公民提出申诉的,则写"申诉人(注明与被告人的关系)姓名、性别、年龄、民族、籍贯、职业和住址"。刑事自诉案件、民事案件和行政案件、提出申诉的当事人称"申诉人",未提出申诉的一方称为"被申诉人",并在称谓原用括号注明各自的申诉地位。然后依次写明各自身份等基本情况。不服人民检察院不起诉决定而提出申诉的在申诉人后括号注明"被不起诉人"或"被害人",接着写姓名、性别、年龄、民族、籍贯、职业和住址。

2. 正文

①案由。应写明何人因何案,不服何法院何字号的判决或裁定而提出申诉。写为:"申诉人××对××人民法院××年××月××日(×)字×号刑(民)事(行政)判决不服,提出申诉。"

②请求的事项。用简明扼要的概括法写明请求人民法院(或人民检察院)予以解决何问题,说明原来受的处理有何不当,要求给予撤销,变更的意见,以供人民法院或人民检察院审查时考虑。写法为"请××人民法院撤销(或变更)原判决(或原判定、决定)"、"予以改判(或重新审理等)"。请求事项若有两项以上,应分别列项书写。

③申诉的理由。申诉理由是申诉状的核心内容。这也是能够引起审判监督程序(或复查)的重要依据。因此,该内容一定要写清楚。不论刑事、民事还是行政案件,均应写明以下主要内容:

a. 如实写明客观事实。在叙述事实时,针对原审判决、裁定认定事实方面的不当,提供全面、准确、最新、详实的事实。

b. 列示证据。为了说明申诉的事实准确可靠,列示与请求目的相符的人证、物证、书证。

c. 依法说理。要紧扣原审判决或裁定在适应法律条文方面的错误,用法学原理和法律条文进行申辩。

3. 尾部

①申诉状致送机关名称。

②附项。

a. 案卷名称及份数。

b. 申诉人如为在押犯,现在的羁押处所。

c. 物证、书证的名称及数量,有证人的,列出证人姓名、住址。

③申诉人署名或盖章,并注明制作的日期。如系律师代书,还应在申诉人姓名之后写明"代书人:××律师事务所律师××"。

④如果是别人代书的,应写明代书人的单位和代书人姓名。

三、注意事项

①突出主要矛盾,理由阐述准确。申诉人不服原审法院的裁判,其申诉理由必须针对原判认定的事实和结论,将自己不服判的论点明确写出。

②逻辑严密,反驳有力。在摆出不服原判的论点后,充分运用事实论据进行说理、反驳及论证。论点与论据要一致、原因和结果、前提和结论吻合。

③结构严谨,层次分明。

④措辞准确,语言规范。

⑤写明案由和原审法院情况。包括被告人姓名,因何案,不服何法院的判决或裁定及其案号(并提供原一、二审法律文书复印件)。写明递交法院的名称、申诉人姓名、日期。如有新的证据,应附上有关证据材料或书证的复印件。

四、写作训练

申诉理由要针对原裁判的错误之处,从认定事实,核对证据和使用法律方面提出申辩。要通过摆事实,出事证据,说明法律适用情况等,阐明申诉请求的合法性。阅读例文,试说明该文是如何体现这一要求的。

劳动仲裁申请书

一、文体知识

劳动仲裁申请书是当事人在发生劳动争议时为维护自己的合法权益,依法将劳动争议提请劳动争议仲裁委员会仲裁的一类应用文体。

劳动仲裁是劳动争议当事人向人民法院提起诉讼的必经程序。在我国,劳动争议是不能直接提交人民法院审理的,只有对仲裁不服时才可交法院审理。《中华人民共和国劳动法》规定,提起劳动仲裁的一方应在劳动争议发生之日起 60 日内向劳动争议仲裁委员会提出书面申请。

根据《中华人民共和国企业劳动争议处理条例》规定,劳动争议是指:

①因企业开除、除名、辞退职工和职工辞职、自动离职发生争议。

②因执行国家有关工资、保险、福利、培训、劳动保护的规定发生的争议。

③因履行劳动合同发生的争议。

④法律、法规规定应当依照本条例处理的其他劳动争议。

只有在上述几种情形下,争议双方当事人方可填写劳动争议仲裁申请书提起仲裁程序。如果发生劳动争议的一方当事人在 3 人以上,并且有共同理由的,应当推荐代表人进行劳动调解或者仲裁活动。

二、格式和写法

例文一：

劳动争议仲裁申请书

申诉人：赵××，男，××岁，汉族，住××省××市××路×号609室

被申诉人：××省××市××公司

地址：××市××街××号

单位性质：私营公司

法定代表人：李×× 职务：经理

申诉请求：

1. 请求被申诉人履行与申请人签订的2006年劳动合同书，为申请人安排工作并支劳动报酬。

2. 请求被申诉人支付未支付给申请人2007年、2008年两年的工资共20040元整。

事实和理由：

申诉人自2008年以来，一直在被申诉人××省××市的××公司上班。2010年6月18日上午，申诉人为被申诉人出外采购货物时发生车祸，随后住院治疗，肇事单住也对申诉人人进行了一定的赔偿。2011年，申诉人身体基本痊愈，就向被申诉人提出上班要求，可是，被申诉人法人代表李××说申诉人身体刚刚恢复，并且公司目前没有适合申诉人的工作，让申诉人先在家休息，以后有了合适的工作就给申诉人安排。申诉人信以为真，可这一等就是一年。每次申诉人要求上班时，被申诉人都说再等等。被申诉人既没有按照劳动合同给申诉人安排工作，也没有给申诉人支付工资。申诉人由于没有了生活来源，现生活困难，无法维持生计，只好付诸仲裁，请求还申诉人一个公道。

所以，请求裁决被申诉人履行与申请人签订的2008年劳动合同，给申诉人安排工作并支付劳动报酬。请依法裁决。

此致

××市劳动仲裁委员会

附件：本申请书副本一份

申请人：赵××

二〇一二年七月十六日

例文二：

（二）劳动仲裁申请书

申请人：王×，男，××年××月××日生，原系某公司职员，住××市××区，电话：130××××××××

被申请人：××有限公司，地址：××市××区，法定代表人：××，电话：020-×××××××

请求事项：

1. 被申请人向申请人支付失业保险待遇损失 860×80‰×5＝3440 元。
2. 被申请人向申请人补交两个月的基本养老保险和医疗保险。
3. 支付经济补偿金 860 元（3440×0.25＝860 元）。
4. 合计人民币 4300 元。
5. 被申请人承担劳动仲裁费用。

事实和理由：

申请人于 2007 年 4 月应聘到某有限公司，2012 年 3 月聘用合同到期，双方不再续约。由于公司管理人员管理水平极其有限，解聘时没有为申请人提供解除劳动关系证明，没有提醒或为申请人办理劳动手册，没有提醒或为申请人办理失业待遇核定手续，没有提醒或为申请人办理失业证等。总之，几乎没有任何手续或提醒。

以致申请人在此后的求职和生活中屡屡碰壁，也失去几次工作机会和按时享受失业保险待遇的机会，给申请人造成了一定的经济损失和精神压力。申请人在与一些单位和部门机构打交道的过程中，才明白这些手续的重要性，积极督促被申请人提供一些便利，办理了劳动手册和失业证。

此外，被申请人在申请人两个月的试用期间，没有交纳任何社会保险费用。

基于以上事实，根据《中华人民共和国劳动法》和《失业保险条例》等的相关规定，诉讼贵处，请求依法裁决，支持申请人的请求。

此致

××市××区劳动局劳动仲裁委员会

申请人：×××
二○一三年三月十四日

评析：

两则劳动仲裁申请书是由劳动争议当事人认为自己权利受到侵害，而向劳动仲裁机关就劳动争议事项提出仲裁请求的法律文书。请求事项清晰合理，事实与理由也呈现得较充分。

劳动仲裁申请书由首部、正文、尾部三个部分组成。

1. 首部

第一页第一行居中书写标题"劳动仲裁申请书"。

2. 正文

劳动仲裁申请书的正文由开头和主体两个部分组成。

①开头。写明申诉人与被申诉人的基本情况。如果是单位，应写明名称、单位性质、地址、

法定代表人姓名及其职务等。

②主体。主体部分包括仲裁请求事项、事实和理由、根据等。

3.尾部

尾部包括申请书呈送的仲裁机构名称、申诉人署名和申请日期。
附件包括副本份数、证据名称和份数。

三、写作训练

①劳动仲裁申请书是当事人在（　　）时为维护自己的合法权益,依法将（　　）仲裁的一类应用文书。

②阅读以下材料,为张××代写一份劳动仲裁申请书。

张××是××工厂的一名合同工,合同期5年,自2009年3月25日开始。张××在职期间工作一直兢兢业业,从未出现失误。2011年11月12日,工厂突然通知张××被解雇了,而且拒绝说明原因。张××多次找到厂长询问,不仅得不到答复,而却厂长拒绝将张××要求的3万元违约金支付给张××。于是张××提请当地劳动仲裁委员会进行仲裁,要求××工厂支付3万赔偿金。

章末练习

一、填空题

1.写起诉状要尊重客观事实,(　　),全面、详尽地反映(　　)的本来面目,不许歪曲和(　　),否则会造成诬告对方,要(　　)法律责任。

2.写好起诉状对于(　　)了解情况和及时、正确地(　　)案件,以达到公正(　　),具有十分重要的作用。

3.根据案件的性质,上诉状可分为(　　)、(　　)和(　　)。

4.上诉状有三个特点,分别是(　　)、(　　)、(　　)。

5.对于民事案件,对判决提出上诉的期限为(　　)日,对裁定提起上诉的期限为(　　)日。

6.上诉状的正文由(　　)、(　　)和(　　)三个部分组成。

7.答辩状是与(　　)、(　　)相对应的文书。一审程序的答辩状,是被告人针对(　　)的诉状提出;二审程序的答辩状,是被上诉人针对(　　)提出的。

8.申诉是诉讼当事人的(　　),体现了国家法律的(　　)和(　　)。

9.申诉状是(　　)维护申诉人合法权益的文书。它有(　　)、(　　)和(　　)3种。

10.申诉状的正文由(　　)、(　　)和(　　)3个部分组成。

11.日用书信一般由(　　)和(　　)两部分组成。

二、判断题

1. 起诉状只限于公民在自身的经济利益和其他权益受到侵犯时依法制作。（　）
2. 上诉状的主要目的是对一审法院的判决或裁定提出不同意见。（　）
3. 逾期不提出上诉的,人民法院的一审判决或裁定立即发生效力。（　）
4. 日用书信一般用毛笔、钢笔、铅笔或圆珠笔书写。（　）
5. 在递交名片时还要注意礼仪要求。首先要把自己的名片准备好,名片要放在易于掏出的口袋或皮包里。递交名片要用双手或右手,名片的反面要向着接受者。（　）
6. 邀约信一般不用计算机打印。（　）

三、单项选择题

1. 起诉状的格式包括三部分,它们是(　　)。
   A. 标题、正文、结尾
   B. 首部、正文、尾部
   C. 标题、内容、尾部

2. 在起诉状中,原告要陈述被告侵权违法行为的具体事实,应包括(　　)。
   A. 争执的焦点、实质性分析、视听材料等。
   B. 时间、地点、目的、手段、情节、后果等。
   C. 债务纠纷、财产分割、赡养争执、合同纠纷。

3. 刑事公诉案件的被告人和刑事自诉案件的自诉人、被告人不服一审法院的裁决,在法定的上诉期限内,向原审法院的上级法院提出的要求重审改判的法律文书,称为(　　)。
   A. 刑事自诉状　　　　　　　B. 刑事答辩状
   C. 刑事申诉状　　　　　　　D. 刑事上诉状

4. 诉状一般都要以书面的形式提出,关于诉状的写法,司法机关都有统一的格式,因此诉状具有特点(　　)。
   A. 格式严谨完备　　　　　　B. 形式化
   C. 具体性　　　　　　　　　D. 时效性

5. 即使被邀请者近在咫尺,只要有必要,都可以郑重其事地发出请柬,以表示对被邀请者表示敬重,礼貌和热情,以及对有关活动的郑重态度,因此请柬具有特点(　　)。
   A. 重要性　　B. 礼节性　　C. 繁琐性　　D. 夸张性

6. 单位、团体、个人邀请有关人员参加或出席某些重要活动或会议的一种告知性礼仪文书是(　　)。
   A. 欢迎词　　B. 请柬　　C. 申请书　　D. 慰问信

7. 被告人或被上诉人针对原告的起诉状或上诉人的上诉状而制作的,用以答复或驳诉的书面文书称为(　　)。
   A. 民事诉状　　　　　　　　B. 行政诉状
   C. 答辩状　　　　　　　　　D. 申请执行书

8. 根据诉讼案件性质的不同,可以将诉状分为(　　)。

A. 答辩状 B. 民事诉状
C. 刑事诉状 D. 行政诉状

四、多项选择题

1. 民事起诉状中"请求事项"部分的内容,可以是(　　)。
   A. 请求偿还债务 B. 请求撤销原判
   C. 请求履行合同 D. 请求遗产继承
   E. 请求依法处理 F. 请求解决损害赔偿

2. 写好答辩状的作用是(　　)。
   A. 反驳对方无理或违法的起诉或上诉
   B. 具有历史档案的重要作用
   C. 维护答辩人的合法权益
   D. 有助于法院正确审理案件

3. 答辩状和上诉状两者的相同点是(　　)。
   A. 时限上都具有法定期限
   B. 内容上都具有很强的针对性和辩驳性
   C. 两者处理程序相同
   D. 都要求澄清事实,核对证据,引准法律

4. 诉状的写作格式包括(　　)。
   A. 标题　　B. 首部　　C. 主体　　D. 尾部　　E. 附件

5. 邀请书通常包括(　　)。
   A. 标题　　B. 称呼　　C. 正文　　D. 结尾　　E. 落款

五、评析题

民事上诉状

上诉人(一审原告):乙省B公司

所在地址:乙省××市

法定代表人:×××

职务:经理

电话:×××××××

企业性质:××

工商登记核准号:××××××

经营方式和范围:××××××

开户银行:×××××　　账号:××××××

被上诉人(一审被告):甲省A公司

所在地址:甲省××市

法定代表人:×××

职务：经理

电话：××××××××

上诉人因乙省B公司诉甲省A公司赔偿损失一案，不服甲省××市××区人民法院××年××月××日（××）××字第××号民事判决，现提出上诉。

上诉请求

一、判令A公司接受现有13吨洗衣粉，每吨计700元，共偿付上诉人货款9 100元人民币；

二、判令被上诉人赔偿上诉人经济损失26 100元；

三、本案诉讼费由被上诉人承担。

上诉理由

一、上诉人延期交货系不可抗力所致，故不应承担延期交货的责任；

二、货物的损失系由被上诉人拒绝收货造成；

三、在上诉人迟延交货无过错的情况下，被上诉人依法不应拒收货物；

四、被上诉人对造成的损失应负全部责任。

此致

甲省××市人民法院

附件：本案上诉状副本一份

上诉人：乙省B公司
代书人：×××
××年××月××日

六、写作题

1. 今年是××电力大学建校五十周年，学校准备举行校庆，特邀请国家电力总公司的张经理参加学校的庆典仪式。请你根据上述内容写一份请柬。

要求格式完整、正确。

2. 给你以前的某位老师写一封信，介绍自己到新学校之后的情况。

要求格式准确，符合日用书信的写作要求。

3. 根据下面材料的内容，代李××起草一份上诉状。

李××、王××均为××公司的职员，二人因单位分房一事积怨较深。××年××月××日二人因口角发生抓扯，扭打过程中王××摔倒在地，造成左手小臂骨折，经一个月住院治疗后痊愈。经王××申请，医疗部门鉴定其为轻伤。王××向李××提出赔偿要求未果，遂于××年××月××日向××市××区人民法院提起刑事附带民事诉讼，请求法院依法追究李××的刑事责任，并赔偿王××因住院、耽误工作造成的经济损失××××元。法院受理此案后，依法向李××送达了传票和起诉状副本。

××市××区人民法院以××法刑字第×号刑事判决书判决李××伤害罪成立，判处1年有期徒刑，缓刑2年执行。李××不服判决，准备上诉。

附录一

党政机关公文处理工作条例

（中办发〔2012〕14号）

第一章 总　　则

第一条　为了适应中国共产党机关和国家行政机关（以下简称党政机关）工作需要，推进党政机关公文处理工作科学化、制度化、规范化，制定本条例。

第二条　本条例适用于各级党政机关公文处理工作。

第三条　党政机关公文是党政机关实施领导、履行职能、处理公务的具有特定效力和规范体式的文书，是传达贯彻党和国家的方针政策，公布法规和规章，指导、布置和商洽工作，请示和答复问题，报告和交流情况等的重要工具。

第四条　公文处理工作是指公文拟制、办理、管理等一系列相互关联、衔接有序的工作。

第五条　公文处理工作应当坚持实事求是、准确规范、精简高效、安全保密的原则。

第六条　各级党政机关应当高度重视公文处理工作，加强组织领导，强化队伍建设，设立文秘部门或者由专人负责公文处理工作。

第七条　各级党政机关办公厅（室）主管本机关的公文处理工作，对下级机关的公文处理工作进行业务指导和督促检查。

第二章 公文种类

第八条　公文种类主要有：

（一）决议。适用于会议讨论通过的重大决策事项。

（二）决定。适用于对重要事项作出决策和部署、奖惩有关单位和人员、变更或者撤销下级机关不适当的决定事项。

（三）命令（令）。适用于公布行政法规和规章、宣布施行重大强制性措施、批准授予和晋升衔级、嘉奖有关单位和人员。

（四）公报。适用于公布重要决定或者重大事项。

（五）公告。适用于向国内外宣布重要事项或者法定事项。

（六）通告。适用于在一定范围内公布应当遵守或者周知的事项。

（七）意见。适用于对重要问题提出见解和处理办法。

（八）通知。适用于发布、传达要求下级机关执行和有关单位周知或者执行的事项，批转、转发公文。

（九）通报。适用于表彰先进、批评错误、传达重要精神和告知重要情况。

（十）报告。适用于向上级机关汇报工作，反映情况，回复上级机关的询问。

（十一）请示。适用于向上级机关请求指示、批准事项。

(十二)批复。适用于答复下级机关请示事项。

(十三)议案。适用于各级人民政府按照法律程序向同级人民代表大会或者人民代表大会常务委员会提请审议事项。

(十四)函。适用于不相隶属机关之间商洽工作、询问和答复问题、请求批准和答复审批事项。

(十五)纪要。适用于记载会议主要情况和议定事项。

第三章 公文格式

第九条 公文一般由份号、密级和保密期限、紧急程度、发文机关标志、发文字号、签发人、标题、主送机关、正文、附件说明、发文机关署名、成文日期、印章、附注、附件、抄送机关、印发机关和印发日期、页码等组成。

(一)份号。公文印制份数的顺序号。涉密公文应当标注份号。

(二)密级和保密期限。公文的秘密等级和保密的期限。涉密公文应当根据涉密程度分别标注"绝密"、"机密"、"秘密"和保密期限。

(三)紧急程度。公文送达和办理的时限要求。根据紧急程度,紧急公文应当分别标注"特急"、"加急",电报应当分别标注"特提"、"特急"、"加急"、"平急"。

(四)发文机关标志。由发文机关全称或者规范化简称加"文件"二字组成,也可以使用发文机关全称或者规范化简称。联合行文时,发文机关标志可以并用联合发文机关名称,也可以单独用主办机关名称。

(五)发文字号。由发文机关代字、年份、发文顺序号组成。联合行文时,使用主办机关的发文字号。

(六)签发人。上行文应当标注签发人姓名。

(七)标题。由发文机关名称、事由和文种组成。

(八)主送机关。公文的主要受理机关,应当使用机关全称、规范化简称或者同类型机关统称。

(九)正文。公文的主体,用来表述公文的内容。

(十)附件说明。公文附件的顺序号和名称。

(十一)发文机关署名。署发文机关全称或者规范化简称。

(十二)成文日期。署会议通过或者发文机关负责人签发的日期。联合行文时,署最后签发机关负责人签发的日期。

(十三)印章。公文中有发文机关署名的,应当加盖发文机关印章,并与署名机关相符。有特定发文机关标志的普发性公文和电报可以不加盖印章。

(十四)附注。公文印发传达范围等需要说明的事项。

(十五)附件。公文正文的说明、补充或者参考资料。

(十六)抄送机关。除主送机关外需要执行或者知晓公文内容的其他机关,应当使用机关全称、规范化简称或者同类型机关统称。

(十七)印发机关和印发日期。公文的送印机关和送印日期。

(十八)页码。公文页数顺序号。

第十条 公文的版式按照《党政机关公文格式》国家标准执行。

第十一条 公文使用的汉字、数字、外文字符、计量单位和标点符号,按照有关国家标准和规定执行。民族自治地方的公文,可以并用汉字和当地通用的少数民族文字。

第十二条 公文用纸幅面采用国际标准 A4 型。特殊形式的公文用纸幅面,根据实际需要确定。

第四章 行 文 规 则

第十三条 行文应当确有必要,讲求实效,注重针对性和可操作性。

第十四条 行文关系根据隶属关系和职权范围确定。一般不得越级行文,特殊情况需要越级行文的,应当同时抄送被越过的机关。

第十五条 向上级机关行文,应当遵循以下规则:

(一)原则上主送一个上级机关,根据需要同时抄送其他相关上级机关和同级机关,不抄送下级机关。

(二)党委、政府的部门向上级主管部门请示、报告重大事项,应当经本级党委、政府同意或者授权,属于部门职权范围内的事项应直接报送上级主管部门。

(三)下级机关的请示事项,如需以本机关名义向上级机关请示,应当提出倾向性意见后上报。不得原文转报上级机关。

(四)请示应当一文一事,不得在报告等非请示性公文中夹带请示事项。

(五)除上级机关负责人直接交办事项外,不得以本机关名义向上级机关负责人报送公文,也不得以本机关负责人名义向上级机关报送公文。

(六)受双重领导的机关向一个上级机关行文,必要时应当抄送另一个上级机关。

(七)不符合行文规则的上报公文,上级机关的文秘部门可退回下级呈报机关。

第十六条 向下级机关行文,应当遵循以下规则:

(一)主送受理机关,根据需要抄送相关机关。重要行文应当同时抄送发文机关的直接上级机关。

(二)党委、政府的办公厅(室)根据本级党委、政府授权,可以向下级党委、政府行文,其他部门和单位不得向下级党委、政府发布指令性公文或者在公文中向下级党委、政府提出指令性要求。需经政府审批的具体事项,经政府同意可由政府职能部门行文,文中需注明已经政府同意。

(三)党委、政府的部门在各自职权范围内可以向下级党委、政府的相关部门行文。

(四)涉及多个部门职权范围内的事务,部门之间未协商一致的,不得向下行文;擅自行文的,上级机关应当责令其纠正或者撤销。

(五)上级机关向受双重领导的下级机关行文,必要时抄送该下级机关的另一个上级机关。

第十七条 同级党政机关、党政机关与其他同级机关必要时可以联合行文。属于党委、政府各自职权范围内的工作,不得联合行文。党委、政府的部门依据职权可以相互行文。部门内设机构除办公厅(室)外不得对外正式行文。

第五章 公文拟制

第十八条 公文拟制包括公文的起草、审核、签发等程序。

第十九条 公文起草应当做到:

(一)符合国家的法律法规和党的路线方针政策,完整准确体现发文机关意图,并同现行有关公文相衔接。

(二)一切从实际出发,分析问题实事求是,所提政策措施和办法切实可行。

(三)内容简洁,主题突出,观点鲜明,结构严谨,表述准确,文字精练。

(四)文种正确,格式规范。

(五)公文涉及其他部门职权范围事项的,起草单位必须征求相关部门意见,力求达成一致。

(六)深入调查研究,充分进行论证,广泛听取意见。

(七)机关负责人应当主持、指导重要公文起草工作。

第二十条 公文文稿签发前,应当由发文机关办公厅(室)进行审核。审核的重点是:

(一)行文理由是否充分,行文依据是否准确。

(二)内容是否符合国家法律法规和党的路线方针政策;是否完整准确体现发文机关意图;是否同现行有关公文相衔接;所提政策措施和办法是否切实可行。

(三)涉及有关地区或者部门职权范围的事项是否经过充分协商并达成一致意见。

(四)文种是否正确,格式是否规范;人名、地名、时间、数字、段落顺序、引文等是否准确;文字、数字、计量单位和标点符号等用法是否符合规定。

(五)其他内容是否符合公文起草的有关要求。

需要发文机关审议的重要公文文稿,审议前由发文机关办公厅(室)进行初核。

第二十一条 经审核不宜发文的公文文稿,应当退回起草单位并说明理由;符合发文条件但内容需作进一步研究和修改的,由起草单位修改后重新报送。

第二十二条 公文应当经本机关负责人审批签发。重要公文和上行文由机关主要负责人签发。党委、政府的办公厅(室)根据党委、政府授权制发的公文,由受权机关主要负责人签发或者按照有关规定签发。签发人签发公文,应当签署意见、姓名和完整日期;圈阅或者签名的,视为同意。联合行文由所有联署机关的负责人会签。

第六章 公文办理

第二十三条 公文办理包括收文办理、发文办理和整理归档。

第二十四条 收文办理主要程序是:

(一)签收。对收到的公文应当逐件清点,核对无误后签字或者盖章,并注明签收时间。

(二)登记。对公文的主要信息和办理情况应当详细记载。

(三)初审。对收到的公文应当进行初审。初审的重点是:是否应当由本机关办理;是否符合行文规则;文种、格式是否符合要求;涉及其他地区或者部门职权范围的事项是否已经协商、会签;是否符合公文起草的其他要求。经初审不符合规定的公文,应当及时退回来文单位并说明理由。

(四)承办。阅知性公文应当根据公文内容、要求和工作需要确定范围后分送。批办性公文应当提出拟办意见报本机关负责人批示或者转有关部门办理；需要两个以上部门办理的，应当明确主办部门。紧急公文应当明确办理时限。承办部门对交办的公文应当及时办理，有明确办理时限要求的应当在规定时限内办理完毕。

(五)传阅。根据领导批示和工作需要将公文及时送传阅对象阅知或者批示。办理公文传阅应当随时掌握公文去向，不得漏传、误传、延误。

(六)催办。及时了解掌握公文的办理进展情况，督促承办部门按期办结。紧急公文或者重要公文应当由专人负责催办。

(七)答复。公文的办理结果应当及时答复来文单位，并根据需要告知相关单位。

第二十五条 发文办理主要程序是：

(一)复核。已经发文机关负责人签批的公文，印发前应当对公文的审批手续、内容、文种、格式等进行复核；需作实质性修改的，应当报原签批人复审。

(二)登记。对复核后的公文，应当确定发文字号、分送范围和印制份数并详细记载。

(三)印制。公文印制必须确保质量和时效。涉密公文应当在符合保密要求的场所印制。

(四)核发。公文印制完毕，应当对公文的文字、格式和印刷质量进行检查后分发。

第二十六条 涉密公文应当通过机要交通、邮政机要通信、城市机要文件交换站或者收发件机关机要收发人员进行传递，通过密码电报或者符合国家保密规定的计算机信息系统进行传输。

第二十七条 需要归档的公文及有关材料，应当根据有关档案法律法规及机关档案管理规定，及时收集齐全、整理归档。两个以上机关联合办理的公文，原件由主办机关归档，相关机关保存复制件。机关负责人兼任其他机关职务的，在履行所兼职务过程中形成的公文，由其兼职机关归档。

第七章 公文管理

第二十八条 各级党政机关应当建立健全本机关公文管理制度，确保管理严格规范，充分发挥公文效用。

第二十九条 党政机关公文由文秘部门或者专人统一管理。设立党委(党组)的县级以上单位应建立机要保密室和机要阅文室，并按有关保密规定配备工作人员和必要的安全保密设施。

第三十条 公文确定密级前，应当按照拟定的密级先行采取保密措施。确定密级后，应当按照所定密级严格管理。绝密级公文应当由专人管理。公文的密级需要变更或者解除的，由原确定密级的机关或者其上级机关决定。

第三十一条 公文的印发传达范围应当按照发文机关的要求执行；需要变更的，应当经发文机关批准。涉密公文公开发布前应当履行解密程序。公开发布的时间、形式和渠道，由发文机关确定。经批准公开发布的公文，同发文机关正式制发的公文具有同等效力。

第三十二条 复制、汇编机密级、秘密级公文，应当符合有关规定并经本机关负责人批准。绝密级公文一般不得复制、汇编，确有工作需要的，应当经发文机关或者其上级机关批准。复制、汇编的公文视同原件管理。

复制件应当加盖复制机关戳记。翻印件应当注明翻印的机关名称、日期。汇编本的密级按照编入公文的最高密级标注。

第三十三条 公文的撤销和废止,由发文机关、上级机关或者权力机关根据职权范围和有关法律法规决定。公文被撤销的,视为自始无效;公文被废止的,视为自废止之日起失效。

第三十四条 涉密公文应当按照发文机关的要求和有关规定进行清退或者销毁。

第三十五条 不具备归档和保存价值的公文,经批准后可以销毁。销毁涉密公文必须严格按照有关规定履行审批登记手续,确保不丢失、不漏销。个人不得私自销毁、留存涉密公文。

第三十六条 机关合并时,全部公文应当随之合并管理;机关撤销时,需要归档的公文整理后按照有关规定移交档案管理部门。

工作人员调离岗位时,所在机关应当督促其将暂存、借用的公文按照有关规定移交、清退。

第三十七条 新设立的机关应当向党委、政府的办公厅(室)提出发文立户申请。经审查符合条件的,列为发文单位,机关合并或者撤销时,相应进行调整。

第八章 附 则

第三十八条 党政机关公文含电子公文。电子公文处理工作的具体办法另行制定。

第三十九条 法规、规章方面的公文,依照有关规定处理。外事方面的公文,依照外事主管部门的有关规定处理。

第四十条 其他机关和单位的公文处理工作,可以参照本条例执行。

第四十一条 本条例由中共中央办公厅、国务院办公厅负责解释。

第四十二条 本条例自2012年7月1日起施行。1996年5月3日中共中央办公厅印发的《中国共产党机关公文处理条例》和2000年8月24日国务院发布的《国家行政机关公文处理办法》停止执行。

附录二

党政机关公文格式

(GB/T 9704—2012)

1 范围

本标准规定了党政机关公文通用的纸张要求、排版和印制装订要求、公文格式各要素的的编排规则,并给出了公文的式样。

本标准适用于各级党政机关制发的公文。其他机关和单位的公文可以参照执行。

使用少数民族文字印制的公文,其用纸、幅面尺寸及版面、印制等要求按照本标准执行,其余可以参照本标准并按照有关规定执行。

2 规范性引用文件

下列文件对于本标准的应用是必不可少的。凡是注日期的引用文件,仅所注日期的版本适用于本标准。凡是不注日期的引用文件,其最新版本(包括所有的修改单)适用于本标准。

GB/T 148　印刷、书写和绘图纸幅面尺寸
GB 3100　国际单位制及其应用
GB 3101　有关量、单位和符号的一般原则
GB 3102(所有部分)　量和单位
GB/T 15834　标点符号用法
GB/T 15835　出版物上数字用法

3 术语和定义

下列术语和定义适用于本标准。

3.1 字 word

标示公文中横向距离的长度单位。在本标准中,一字指一个汉字宽度的距离。

3.2 行 line

标示公文中纵向距离的长度单位。在本标准中,一行指一个汉字的高度加 3 号汉字高度的 7/8 的距离。

4 公文用纸主要技术指标

公文用纸一般使用纸张定量为 $60g/m^2 \sim 80g/m^2$ 的胶版印刷纸或复印纸。纸张白度 $80\% \sim 90\%$,横向耐折度≥15 次,不透明度≥85%,pH 值为 7.5~9.5。

5 公文用纸幅面尺寸及版面要求

5.1 幅面尺寸

公文用纸采用 GB/T 148 中规定的 A4 型纸,其成品幅面尺寸为:210mm×297mm。

5.2 版面

5.2.1 页边与版心尺寸

公文用纸天头(上白边)为 37mm±1mm,公文用纸订口(左白边)为 28mm±1mm,版心尺寸为 156mm×225mm。

5.2.2 字体和字号

如无特殊说明,公文格式各要素一般用 3 号仿宋体字。特定情况可以作适当调整。

5.2.3 行数和字数

一般每面排 22 行,每行排 28 个字,并撑满版心。特定情况可以作适当调整。

5.2.4 文字的颜色

如无特殊说明,公文中文字的颜色均为黑色。

6 印制装订要求

6.1 制版要求

版面干净无底灰,字迹清楚无断划,尺寸标准,版心不斜,误差不超过 1mm。

6.2 印刷要求

双面印刷;页码套正,两面误差不超过 2mm。黑色油墨应当达到色谱所标 BL100%,红色油墨应当达到色谱所标 Y80%、M80%。印品着墨实、均匀;字面不花、不白、无断划。

6.3 装订要求

公文应当左侧装订,不掉页,两页页码之间误差不超过 4mm,裁切后的成品尺寸允许误差±2mm,四角成 90°,无毛茬或缺损。

骑马订或平订的公文应当:

a)订位为两钉外订眼距版面上下边缘各 70mm 处,允许误差±4mm;

b)无坏钉、漏钉、重钉,钉脚平伏牢固;

c)骑马订钉锯均订在折缝线上,平订钉锯与书脊间的距离为 3mm～5mm。

包本装订公文的封皮(封面、书脊、封底)与书芯应吻合、包紧、包平、不脱落。

7 公文格式各要素编排规则

7.1 公文格式各要素的划分

本标准将版心内的公文格式要素各划分为版头、主体、版记三部分。公文首页红色分隔线以上的部分称为版头;公文首页红色分隔线(不含)以下、公文末页首条分隔线(不含)以上的部分称为主体;公文末页首条分隔线以下、末条分隔线以上的部分称为版记。

页码位于版心外。

7.2 版头

7.2.1 份号

如需标注份号,一般用 6 位 3 号阿拉伯数字,顶格编排在版心左上角第一行。

7.2.2 密级和保密期限

如需标注密级和保密期限,一般用 3 号黑体字,顶格编排在版心左上角第二行;保密期限中的数字用阿拉伯数字标注。

7.2.3 紧急程度

如需标注紧急程度,一般用 3 号黑体字,顶格编排在版心左上角;如需同时标注份号、密级和保密期限、紧急程度,按照份号,密级和保密期限、紧急程度的顺序自上而下分行排列。

7.2.4 发文机关标志

由发文机关全称或者规范化简称加"文件"二字组成,也可以使用发文机关全称或者规范化简称。

发文机关标志居中排布,上边缘至版心上边缘为 35mm,推荐使用小标宋体字,颜色为红色,以醒目、美观、庄重为原则。

联合行文时,如需同时标注联署发文机关名称,一般应当将主办机关名称排列在前;如有"文件"二字,应当置于发文机关名称右侧,以联署发文机关名称为准上下居中排布。

7.2.5 发文字号

编排在发文机关标志下空二行位置,居中排布。年份、发文顺序号用阿拉伯数字标注;年份应标全称,用六角括号"〔 〕"括入;发文顺序号不加"第"字,不编虚位(即 1 不编为 01),在阿拉伯数字后加"号"字。

上行文的发文字号居左空一字编排,与最后一个签发人姓名处在同一行。

7.2.6 签发人

由"签发人"三字加全角冒号和签发人姓名组成,居右空一字,编排在发文机关标志下空二行位置。"签发人"三字用 3 号仿宋体字,签发人姓名用 3 号楷体字。

如有多个签发人,签发人姓名按照发文机关的排列顺序从左到右、自上而下依次均匀编排,一般每行排两个姓名,回行时与上一行第一个签发人姓名对齐。

7.2.7 版头中的分隔线

发文字号之下 4mm 处居中印一条与版心等宽的红色分隔线。

7.3 主体

7.3.1 标题

一般用 2 号小标宋体字,编排于红色分隔线下空二行位置,分一行或多行居中排布;回行时,要做到词意完整,排列对称,长短适宜,间距恰当,标题排列应当使用梯形或菱形。

7.3.2 主送机关

编排于标题下空一行位置,居左顶格,回行时仍顶格,最后一个机关名称后标全角冒号。如主送机关名称过多导致公文首页不能显示正文时,应当将主送机关名称移至版记,标注方法见 7.4.2。

7.3.3 正文

公文首页必须显示正文。一般用 3 号仿宋体字,编排于主送机关名称下一行,每个自然段左空二字,回行顶格。文中结构层次序数依次可以用"一、""(一)""1""(1)"标注;一般第一层用黑体字、第二层用楷体字,第三层和第四层用仿宋体字标注。

7.3.4 附件说明

如有附件,在正文下空一行左空二字编排"附件"二字,后标全角冒号和附件名称,如有多个附件,使用阿拉伯数字标注附件顺序号(如"附件:1.××××××");附件名称后不加标点符号。附件名称较长需回行时,应当与上一行附件名称的首字对齐。

7.3.5 发文机关署名、成文日期和印章

7.3.5.1 加盖印章的公文

成文日期一般右空四字编排,印章用红色,不得出现空白印章。

单一机关行文时,一般在成文日期之上、以成文日期为准居中编排发文机关署名,印章端正,居中下压发文机关署名和成文日期,使发文机关署名和成文日期居印章中心偏下位置,印章顶端应当上距正文(或附件说明)一行之内。

联合行文时,一般将各发文机关署名按照发文机关顺序整齐排列在相应位置,并将印章一一对应、端正。居中下压发文机关署名,最后一个印章端正、居中下压发文机关署名和成文日期,印章之间排列整齐、互不相交或相切,每排印章两端不得超出版心,首排印章顶端应当上距正文(或附件说明)一行之内。

7.3.5.2 不加盖印章的公文

单一机关行文时,在正文(或附件说明)下空一行右空二字编排发文机关署名,在发文机关署名下一行编排成文日期,首字比发文机关署名首字右移二字,如成文日期长于发文机关署名,应当使成文日期右空二字编排,并相应增加发文机关署名右空字数。

联合行文时,应当先编排主办机关署名,其余发文机关署名依次向下编排。

7.3.5.3 加盖签发人签名章的公文

单一机关制发的公文加盖签发人签名章时,在正文(或附件说明)下空二行右空四字加盖签发人签名章,签名章左空二字标注签发人职务,以签名章为准上下居中排布。在签发人签名章下空一行右空四字编排成文日期。

联合行文时,应当先编排主办机关签发人职务、签名章,其余机关签发人职务、签名章依次向下编排,与主办机关签发人职务、签名章上下对齐;每行只编排一个机关的签发人职务、签名章;签发人职务应当标注全称。

签名章一般用红色。

7.3.5.4 成文日期中的数字

用阿拉伯数字将年、月、日标全,年份应标全称,月、日不编虚位(即1不编为01)。

7.3.5.5 特殊情况说明

当公文排版后所剩空白处不能容下印章或签发人签名章、成文日期时,可以采取调整行距、字距的措施解决。

7.3.6 附注

如有附注,居左空二字加圆括号编排在成文日期下一行。

7.3.7 附件

附件应当另面编排,并在版记之前,与公文正文一起装订。"附件"二字及附件顺序号用3号黑体字顶格编排在版心左上角第一行。附件标题居中编排在版心第三行。附件顺序号和附件标题应当与附件说明的表述一致。附件格式要求同正文。

如附件与正文不能一起装订,应当在附件左上角第一行顶格编排公文的发文字号并在其后标注"附件"二字及附件顺序号。

7.4 版记

7.4.1 版记中的分隔线

版记中的分隔线与版心等宽,首条分隔线和末条分隔线用粗线(推荐高度为 0.35mm),中间的分隔线用细线(推荐高度为 0.25mm)。首条分隔线位于版记中第一个要素之上,末条分隔线与公文最后一面的版心下边缘重合。

7.4.2 抄送机关

如有抄送机关,一般用 4 号仿宋体字,在印发机关和印发日期之上一行、左右各空一字编排。"抄送"二字后加全角冒号和抄送机关名称,回行时与冒号后的首字对齐,最后一个抄送机关名称后标句号。

如需把主送机关移至版记,除将"抄送"二字改为"主送"外,编排方法同抄送机关。既有主送机关又有抄送机关时,应当将主送机关置于抄送机关之上一行,之间不加分隔线。

7.4.3 印发机关和印发日期

印发机关和印发日期一般用 4 号仿宋体字,编排在末条分隔线之上,印发机关左空一字,印发日期右空一字,用阿拉伯数字将年、月、日标全,年份应标全称,月、日不编虚位(即 1 不编为 01),后加"印发"二字。

版记中如有其他要素,应当将其与印发机关和印发日期用一条细分隔线隔开。

7.5 页码

一般用 4 号半角宋体阿拉伯数字,编排在公文版心下边缘之下,数字左右各放一条一字线;一字线上距版心下边缘 7mm。单页码居右空一字,双页码居左空一字。公文的版记页前有空白页的,空白页和版记页均不编排页码。公文的附件与正文一起装订时,页码应当连续编排。

8 公文中的横排表格

A4 纸型的表格横排时,页码位置与公文其他页码保持一致,单页码表头在订口一边,双页码表头在切口一边。

9 公文中计量单位、标点符号和数字的用法

公文中计量单位的用法应当符合 GB 3100、GB 3101 和 GB 3102(所有部分),标点符号的用法应当符合 GB/T 15834,数字用法应当符合 GB/T 15835。

10 公文的特定格式

10.1 信函格式

发文机关标志使用发文机关全称或者规范化简称,居中排布,上边缘至上页边为 30mm,推荐使用红色小标宋体字。联合行文时,使用主办机关标志。

发文机关标志下 4mm 处印一条红色双线(上粗下细),距下页边 20mm 处印一条红色双线(上细下粗),线长均为 170mm,居中排布。

如需标注份号、密级和保密期限、紧急程度,应当顶格居版心左边缘编排在第一条红色双线下,按照份号、密级和保密期限,紧急程度的顺序自上而下分行排列,第一个要素与该线的距离为 3 号汉字高度的 7/8。

发文字号顶格居版心右边缘编排在第一条红色双线下,与该线的距离为 3 号汉字高度的

7/8。

发文字号顶格居版心右边缘编排在第一条红色双线下,与该线的距离为3号汉字高度的7/8。

标题居中编排,与其上最后一个要素相距二行。

第二条红色双线上一行如有文字,与该线的距离为3号汉字高度的7/8。

首页不显示页码。

版记不加印发机关和印发日期、分隔线,位于公文最后一面版心内最下方。

10.2 命令(令)格式

发文机关标志由发文机关全称加"命令"或"令"字组成,居中排布,上边缘至版心上边缘为20mm,推荐使用红色小标宋体字。

发文机关标志下空二行居中编排令号,令号下空二行编排正文。

签发人职务、签名章和成文日期的编排见7.3.5.3。

10.3 纪要格式

纪要标志由"××××纪要"组成,居中排布,上边缘至版心上边缘为35mm,推荐使用红色小标宋体字。

标注出席人员名单,一般用3号黑体字,在正文或附件说明下空一行左空二字编排"出席"二字,后标全角冒号,冒号后用3号仿宋体字标注出席人单位、姓名,回行时与冒号后的首字对齐。

标注请假和列席人员名单,除依次另起一行并将"出席"二字改为"请假"或"列席"外,编排方法同出席人员名单。

纪要格式可以根据实际制定。

11 式样

A4型公文用纸页边及版心尺寸见附图2-1;公文首页版式见附图2-2;联合行文公文首页版式1见附图2-3;联合行文公文首页版式2见附图2-4;公文末页版式1见附图2-5;公文末页版式2见附图2-6;联合行文公文末页版式1见附图2-7;联合行文公文末页版式2见附图2-8;附件说明页版式见附图2-9;带附件公文末页版式见附图2-10;信函格式首页版式见附图2-11;命令(令)格式首页版式见附图2-12。

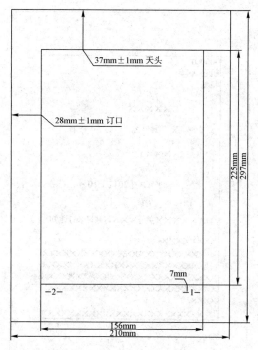

附图2-1　A4型公文用纸页边及版心尺寸

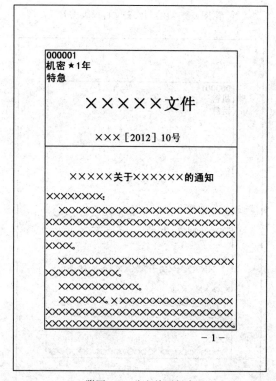

附图2-2　公文首页版式

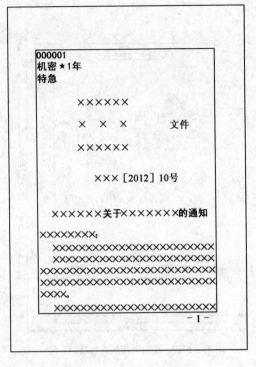

附图 2-3 联合行文公文首页版式 1

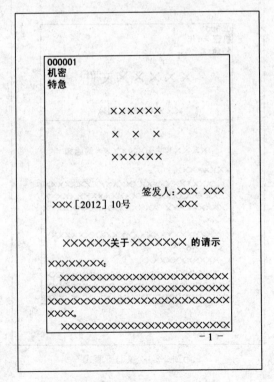

附图 2-4 联合行文公文首页版式 2

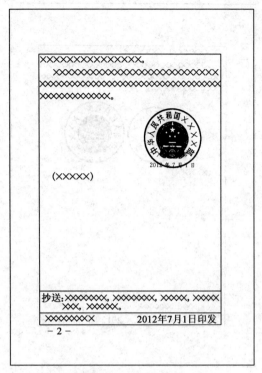

附图2-5　公文末页版式1

附图2-6　公文末页版式2

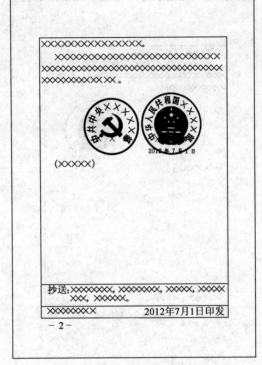

附图 2-7　联合行文公文末页版式 1

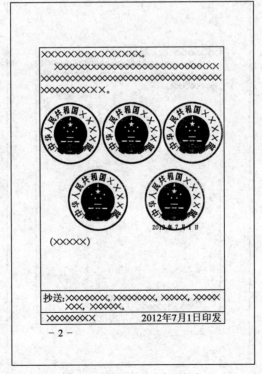

附图 2-8　联合行文公文末页版式 2

××××××××××××××。

××。

附件:1.××××××××××××××××××××
××××××

2.××××××××××××

××××××××

××××

2012年7月1日

(×××××)

－2－

附图 2-9　附件说明页版式

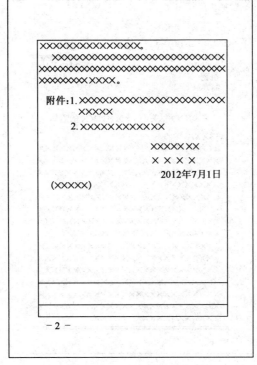

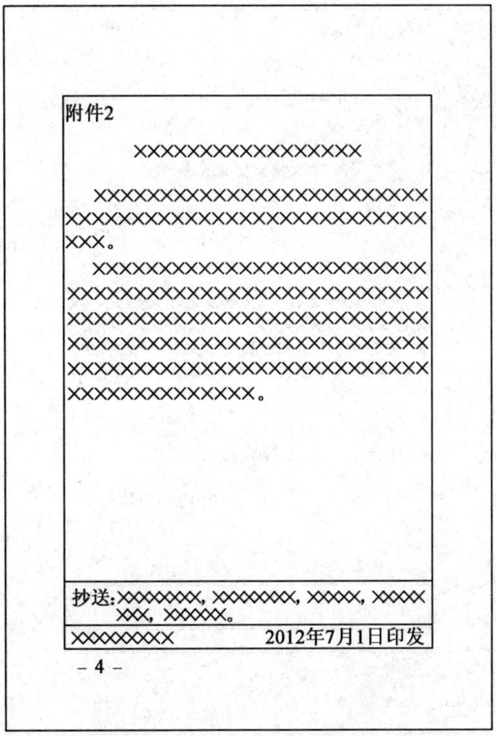
附件2

××××××××××××××××

××。

××。

抄送:×××××××,×××××××,×××××,×××××××,××××××。

××××××××　2012年7月1日印发

－4－

附图 2-10　带附件公文末页版式

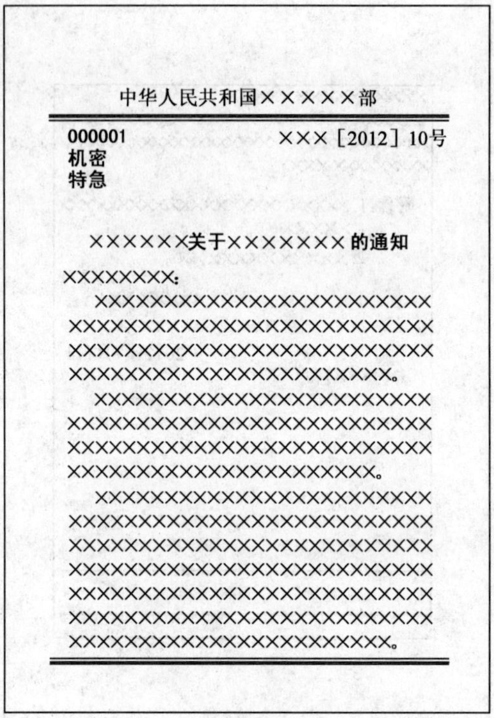

附图 2-11　信函格式首页版式

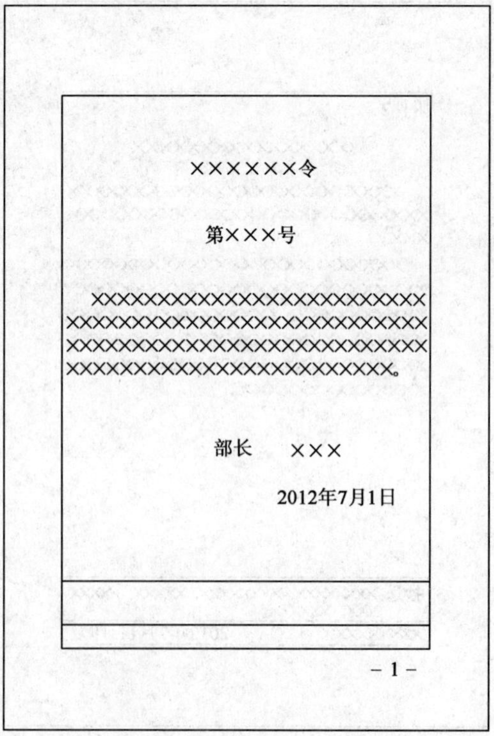

附图 2-12　命令(令)格式首页版式

附录三

标点符号用法

(GB/T 15834—2011)

1 范围

本标准规定了现代汉语标点符号的用法。
本标准适用于汉语的书面语(包括汉语和外语混合排版时的汉语部分)。

2 术语和定义

下列术语和定义适用于本文件。

2.1 标点符号 punctuation
辅助文字记录语言的符号,是书面语的有机组面部分,用来表示语句的停顿、语气以及标示某些成分(主要是词语)的特定性质和作用。
注:数字符号、货币符号、校勘符号、辞书符号、注音符号等特殊领域的专门符号不属于标点符号。

2.2 句子 sentence
前后都有较大停顿、带有一定的语气和语调、表达相对完整意义的语言单位。

2.3 复句 complex sentence
由两个或多个在意义上有密切关系的分句组成的语言单位,包括简单复句(内部只有一层语义关系)和多重复句(内部包含多层语义关系)。

2.4 分句 clause
复句内两个或多个前后有停顿、表达相对完整意义、不带有句末语气和语调、有的前面可添加关联词语的语言单位。

2.5 语段 expression
指语言片段,是对各种语言单位(如词、短语、句子、复句等)不做特别区分时的统称。

3 标点符号的种类

3.1 点号
点号的作用是点断,主要表示停顿和语气。分为句末点号和句内点号。

3.1.1 句末点号
用于句末的点号,表示句末停顿和句子的语气。包括句号、问号、叹号。

3.1.2 句内点号
用于句内的点号,表示句内各种不同性质的停顿,包括逗号、顿号、分号、冒号。

3.2 标号
标号的作用是标明,主要标示某些成分(主要是词语)的特定性质和作用。包括引号、括号、破折号、省略号、着重号、连接号、间隔号、书名号、专名号、分隔号。

4 标点符号的定义、形式和用法

4.1 句号

4.1.1 定义

句末点号的一种,主要表示句子的陈述语气。

4.1.2 形式

句号的形式是"。"。

4.1.3 基本用法

4.1.3.1 用于句子末尾,表示陈述语气。使用句号主要根据语段前后有较大停顿、带有陈述语气和语调,并不取决于句子的长短。

示例1:北京是中华人民共和国的首都。

示例2:(甲:咱们走着去吧?)乙:好。

4.1.3.2 有时也可表示较缓和的祈使语气和感叹语气。

示例1:请您稍等一下。

示例2:我不由地感到,这些普通劳动者也同样是很值得尊敬的。

4.2 问号

4.2.1 定义

句末点号的一种,主要表示句子的疑问语气。

4.2.2 形式

问号的形式是"?"。

4.2.3 基本用法

4.2.3.1 用于句子末尾,表示疑问语气(包括反问、设问等疑问类型)。使用问号主要根据语段前后有较大停顿、带有疑问语气和语调,并不取决于句子的长短。

示例1:你怎么还不回家去呢?

示例2:难道这些普通的战士不值得歌颂吗?

示例3:(一个外国人,不远万里来到中国,帮助中国的抗日战争。)这是什么精神?这是国际主义的精神。

4.2.3.2 选择问句中,通常只在最后一个选项的末尾用问号,各个选项之间一般用逗号隔开。当选项较短且选项之间几乎没有停顿时,选项之间可不用逗号。当选项较多或较长,或有意突出每个选项的独立性时,也可每个选项之后都用问号。

示例1:诗中记述的这场战争究竟是真实的历史描述,还是诗人的虚构?

示例2:这是巧合还是有意安排?

示例3:要一个什么样的结尾:现实主义的? 传统的? 大团圆的? 荒诞的? 民族形式的? 有象征意义的?

示例4:(他看着我的作品称赞了我。)但到底是称赞我什么:是有几处画得好? 还是什么都敢画? 抑或只是一种对于失败者的无可奈何的安慰? 我不得而知。

示例5:这一切都是由客观的条件造成的? 还是由行为的惯性造成的?

4.2.3.3　在多个问句连用或表达疑问语气加重时,可叠用问号。通常应先单用,再叠用,最多叠用三个问号。在没有异常强烈的情感表达需要时不宜叠用问号。

示例:这就是你的做法吗?你这个总经理是怎么当的??你怎么竟敢这样欺骗消费者???

4.2.3.4　问号也有标号的用法,即用于句内,表示存疑或不详。

示例1:马致远(1250?—1321),大都人,元代戏曲家,散曲家。

示例2:钟嵘(?—518),颍川长社人,南朝梁代文学批评家。

示例3:出现这样的文字错误,说明作者(编者?校者?)很不认真。

4.3　叹号

4.3.1　定义

句末点号的一种,主要表示句子的感叹语气。

4.3.2　形式

叹号的形式是"!"。

4.3.3　基本用法

4.3.3.1　用于句子末尾,主要表示感叹语气,有时也可表示强烈的祈使语气、反问语气等。使用叹号主要根据语段前后有较大停顿、带有感叹语气和语调或带有强烈的祈使、反问语气和语调,并不取决于句子的长短。

示例1:才一年不见,这孩子都长这么高啦!

示例2:你给我住嘴!

示例3:谁知道他今天是怎么搞的!

4.3.3.2　用于拟声词后,表示声音短促或突然。

示例1:咔嚓!一道闪电划破了夜空。

示例2:咚!咚咚!突然传来一阵急促的敲门声。

4.3.3.3　表示声音巨大或声音不断加大时,可叠用叹号;表达强烈语气时,也可叠用叹号,最多叠用三个叹号。在没有异常强烈的情感表达需要时不宜叠用叹号。

示例1:轰!!在这天崩地塌的声音中,女娲猛然醒来。

示例2:我要揭露!我要控诉!!我要以死抗争!!!

4.3.3.4　当句子包含疑问、感叹两种语气且都比较强烈时(如带有强烈感情的反问句和带有惊愕语气的疑问句),可在问号后再加叹号(问号、叹号各一)。

示例1:这么点困难就能把我们吓倒吗?!

示例2:他连这些最起码的常识都不懂,还敢说自己是高科技人材?!

4.4　逗号

4.4.1　定义

句内点号的一种,表示句子或语段内部的一般性停顿。

4.4.2　形式

逗号的形式是","。

4.4.3　基本用法

4.4.3.1　复句内各分句之间的停顿,除了有时用分号(见4.6.3.1),一般都用逗号。

示例1:不是人们的意识决定人们的存在,而是人们的社会存在决定人们的意识。

示例2:学历史使人更明智,学文学使人更聪慧,学数学使人更精细,学考古使人更深沉。

示例3:要是不相信我们的理论能反映现实,要是不相信我们的世界有内在和谐,那就不可能有科学。

4.4.3.2 用于下列各种语法位置:

a)较长的主语之后。

示例1:苏州园林建筑各种门窗的精美设计和雕镂功夫,都令人叹为观止。

b)句首的状语之后。

示例2:在苍茫的大海上,狂风卷集着乌云。

c)较长的宾语之前。

示例3:有的考古工作者认为,南方古猿生存于上新世至更新世的初期和中期。

d)带句内语气词的主语(或其他成分)之后,或带句内语气词的并列成分之间。

示例4:他呢,倒是很乐意地、全神贯注地干起来了。

示例5:(那是个没有月亮的夜晚。)可是整个村子——白房顶啦,白树木啦,雪堆啦,全看得见。

e)较长的主语中间、谓语中间或宾语中间。

示例6:母亲沉痛的诉说,以及亲眼见到的事实,都启发了我幼年时期追求真理的思想。

示例7:那姑娘头戴一顶草帽,身穿一条绿色的裙子,腰间还系着一根橙色的腰带。

示例8:必须懂得,对于文化传统,既不能不分青红皂白统统抛弃,也不能不管精华糟粕全盘继承。

f)前置的谓语之后或后置的状语、定语之前。

示例9:真美啊,这条蜿蜒的林间小路。

示例10:她吃力地站了起来,慢慢地。

示例11:我只是一个人,孤孤单单的。

4.4.3.3 用于下列各种停顿处:

a)复指成分或插说成分前后。

示例1:老张,就是原来的办公室主任,上星期已经调走了。

示例2:车,不用说,当然是头等。

b)语气缓和的感叹语、称谓语或呼唤语之后。

示例3:哎哟,这儿,快给我揉揉。

示例4:大娘,您到哪儿去啊?

示例5:喂,你是哪个单位的?

c)某些序次语("第"字头、"其"字头及"首先"类序次语)之后。

示例6:为什么许多人都有长不大的感觉呢?原因有三:第一,父母总认为自己比孩子成熟;第二,父母总要以自己的标准来衡量孩子;第三,父母出于爱心而总不想让孩子在成长的过程中走弯路。

示例7:《玄秘塔碑》所以成为书法的范本,不外乎以下几方面的因素:其一,具有楷书点画、构体的典范性;其二,承上启下,成为唐楷的极致;其三,字如其人,爱人及字,柳公权高尚的书品、人品为后人所崇仰。

示例8：下面从三个方面讲讲语言的污染问题：首先，是特殊语言环境中的语言污染问题；其次，是滥用缩略语引起的语言污染问题；再次，是空话和废话引起的语言污染问题。

4.5 顿号

4.5.1 定义

句内点号的一种，表示语段中并列词语之间或某些序次语之后的停顿。

4.5.2 形式

顿号的形式是"、"。

4.5.3 基本用法

4.5.3.1 用于并列词语之间。

示例1：这里有自由、民主、平等、开放的风气和氛围。

示例2：造型科学、技艺精湛、气韵生动，是盛唐石雕的特色。

4.5.3.2 用于需要停顿的重复词语之间。

示例：他几次三番、几次三番地辩解着。

4.5.3.3 用于某些序次语（不带括号的汉字数字或"天干地支"类序次语）之后。

示例1：我准备讲两个问题：一、逻辑学是什么？二、怎样学好逻辑学？

示例2：风格的具体内容主要有以下四点：甲、题材；乙、用字；丙、表达；丁、色彩。

4.5.3.4 相邻或相近两数字连用表示概数通常不用顿号。若相邻两数字连用为缩略形式，宜用顿号。

示例1：飞机在6 000米高空水平飞行时，只能看到两侧八九公里和前方一二十公里范围内的地面。

示例2：这种凶猛的动物常常三五成群地外出觅食和活动。

示例3：农业是国民经济的基础，也是二、三产业的基础。

4.5.3.5 标有引号的并列成分之间、标有书名号的并列成分之间通常不用顿号。若有其他成分插在并列的引号之间或并列的书名号之间（如引语或书名号之后还有括注），宜用顿号。

示例1："日""月"构成"明"字。

示例2：店里挂着"顾客就是上帝""质量就是生命"等横幅。

示例3：《红楼梦》《三国演义》《西游记》《水浒传》，是我国长篇小说的四大名著。

示例4：李白的"白发三千丈"（《秋浦歌》）、"朝如青丝暮成雪"（《将进酒》）都是脍炙人口的诗句。

示例5：办公室里订有《人民日报》（海外版）、《光明日报》和《时代周刊》等报刊。

4.6 分号

4.6.1 定义

句内点号的一种，表示复句内部并列关系分句之间的停顿，以及非并列关系的多重复句中第一层分句之间的停顿。

4.6.2 形式

分号的形式是"；"。

4.6.3 基本用法

4.6.3.1 表示复句内部并列关系的分句（尤其当分句内部还有逗号时）之间的停顿。

示例1:语言文字的学习,就理解方面说,是得到一种知识;就运用方面说,是养成一种习惯。

示例2:内容有分量,尽管文章短小,也是有分量的;内容没有分量,即使写得再长也没有用。

4.6.3.2 表示非并列关系的多重复句中第一层分句(主要是选择、转折等关系)之间的停顿。

示例1:人还没看见,已经先听见歌声了;或者人已经转过山头望不见了,歌声还余音袅袅。

示例2:尽管人民革命的力量在开始时总是弱小的,所以总是受压的;但是由于革命的力量代表历史发展的方向,因此本质上又是不可战胜的。

示例3:不管一个人如何伟大,也总是生活在一定的环境和条件下;因此,个人的见解总难免带有某种局限性。

示例4:昨天夜里下了一场雨,以为可以凉快些;谁知没有凉快下来,反而更热了。

4.6.3.3 用于分项列举的各项之间。

示例:特聘教授的岗位职责为:一、讲授本学科的主干基础课程;二、主持本学科的重大科研项目;三、领导本学科的学术队伍建设;四、带领本学科赶超或保持世界先进水平。

4.7 冒号

4.7.1 定义

句内点号的一种,表示语段中提示下文或总结上文的停顿。

4.7.2 形式

冒号的形式是":"。

4.7.3 基本用法

4.7.3.1 用于总说性或提示性词语(如"说""例如""证明"等)之后,表示提示下文。

示例1:北京紫禁城有四座城门:午门、神武门、东华门和西华门。

示例2:她高兴地说:"咱们去好好庆祝一下吧!"

示例3:小王笑着点了点头:"我就是这么想的。"

示例4:这一事实证明:人能创造环境,环境同样也能创造人。

4.7.3.2 表示总结上文。

示例:张华上了大学,李萍进了技校,我当了工人:我们都有美好的前途。

4.7.3.3 用在需要说明的词语之后,表示注释和说明。

示例1:(本市将举办首届大型书市。)主办单位:市文化局;承办单位:市图书进出口公司;时间:8月15日—20日;地点:市体育馆观众休息厅。

示例2:(做阅读理解题有两个办法。)办法之一:先读题干,再读原文,带着问题有针对性地读课文。办法之二:直接读原文,读完再做题,减少先入为主的干扰。

4.7.3.4 用于书信、讲话稿中称谓语或称呼语之后。

示例1:广平先生:……

示例2:同志们、朋友们:……

4.7.3.5 一个句子内部一般不应套用冒号。在列举式或条文式表述中,如不得不套用冒号时,宜另起段落来显示各个层次。

示例:第十条　遗产按照下列顺序继承:

第一顺序:配偶、子女、父母。

第二顺序:兄弟姐妹、祖父母、外祖父母。

4.8　引号

4.8.1　定义

标号的一种,标示语段中直接引用的内容或需要特别指出的成分。

4.8.2　形式

引号的形式有双引号""""和单引号"''"两种。左侧的为前引号,右侧的为后引号。

4.8.3　基本用法

4.8.3.1　标示语段中直接引用的内容。

示例:李白诗中就有"白发三千丈"这样极尽夸张的语句。

4.8.3.2　标示需要着重论述或强调的内容。

示例:这里所谓的"文",并不是指文字,而是指文采。

4.8.3.3　标示语段中具有特殊含义而需要特别指出的成分,如别称、简称、反语等。

示例1:电视被称作"第九艺术"。

示例2:人类学上常把古人化石统称为尼安德特人,简称"尼人"。

示例3:有几个"慈祥"的老板把捡来的菜叶用盐浸浸就算作工友的菜肴。

4.8.3.4　当引号中还需要使用引号时,外面一层用双引号,里面一层用单引号。

示例:他问:"老师,'七月流火'是什么意思?"

4.8.3.5　独立成段的引文如果只有一段,段首和段尾都用引号;不止一段时,每段开头仅用前引号,只在最后一段末尾用后引号。

示例:我曾在报纸上看到有人这样谈幸福:

"幸福是知道自己喜欢什么和不喜欢什么。……

"幸福是知道自己擅长什么和不擅长什么。……

"幸福是在正确的时间做了正确的选择。……

4.8.3.6　在书写带月、日的事件、节日或其他特定意义的短语(含简称)时,通常只标引其中的月和日;需要突出和强调该事件或节日本身时,也可连同事件或节日一起标引。

示例1:"5·12"汶川大地震

示例2:"五四"以来的话剧,是我国戏剧中的新形式。

示例3:纪念"五四运动"90周年

4.9　括号

4.9.1　定义

标号的一种,标示语段中的注释内容、补充说明或其他特定意义的语句。

4.9.2　形式

括号的主要形式是圆括号"(　)",其他形式还有方括号"[　]"、六角括号"〔　〕"和方头括号"【　】"等。

4.9.3　基本用法

4.9.3.1 标示下列各种情况,均用圆括号:
a)标示注释内容或补充说明。
示例1:我校拥有特级教师(含已退休的)17人。
示例2:我们不但善于破坏一个旧世界,我们还将善于建设一个新世界!(热烈鼓掌)
b)标示订正或补加的文字。
示例3:信纸上用稚嫩的字体写着:"阿夷(姨),你好!"。
示例4:该建筑公司负责的建设工程全部达到优良工程(的标准)。
c)标示序次语。
示例5:语言有三个要素:(1)声音;(2)结构;(3)意义。
示例6:思想有三个条件:(一)事理;(二)心理;(三)伦理。
d)标示引语的出处。
示例7:他说得好:"未画之前,不立一格;既画之后,不留一格。"(《板桥集·题画》)
e)标示汉语拼音注音。
示例8:"的(de)"这个字在现代汉语中最常用。

4.9.3.2 标示作者国籍或所属朝代时,可用方括号或六角括号。
示例1:[英]赫胥黎《进化论与伦理学》
示例2:〔唐〕杜甫著

4.9.3.3 报刊标示电讯、报道的开头,可用方头括号。
示例:【新华社南京消息】

4.9.3.4 标示公文发文字号中的发文年份时,可用六角括号。
示例:国发〔2011〕3号文件

4.9.3.5 标示被注释的词语时,可用六角括号或方头括号。
示例1:〔奇观〕奇伟的景象。
示例2:【爱因斯坦】物理学家。生于德国,1933年因受纳粹政权迫害,移居美国。

4.9.3.6 除科技书刊中的数学、逻辑公式外,所有括号(特别是同一形式的括号)应尽量避免套用。必须套用括号时,宜采用不同的括号形式配合使用。
示例:〔茸(róng)毛〕很细很细的毛。

4.10 破折号

4.10.1 定义
标号的一种,标示语段中某些成分的注释、补充说明或语音、意义的变化。

4.10.2 形式
破折号的形式是"——"。

4.10.3 基本用法

4.10.3.1 标示注释内容或补充说明(也可用括号,见4.9.3.11;二者的区别另见B.1.7)。
示例1:一个矮小而结实的日本中年人——内山老板走了过来。
示例2:我一直坚持读书,想借此唤起弟妹对生活的希望——无论环境多么困难。

4.10.3.2 标示插入语(也可用逗号,见4.4.3.3)。

示例:这简直就是——说得不客气点——无耻的勾当!

4.10.3.3　标示总结上文或提示下文(也可用冒号,见4.7.3.1、4.7.3.2)。

示例1:坚强,纯洁,严于律己,客观公正——这一切都难得地集中在一个人身上。

示例2:画家开始娓娓道来——

　　　　数年前的一个寒冬,……

4.10.3.4　标示话题的转换。

示例:"好香的干菜,——听到风声了吗?"赵七爷低声说道。

4.10.3.5　标示声音的延长。

示例:"嘎——"传过来一声水禽被惊动的鸣叫。

4.10.3.6　标示话语的中断或间隔。

示例1:"班长他牺——"小马话没说完就大哭起来。

示例2:"亲爱的妈妈,你不知道我多爱您。——还有你,我的孩子!"

4.10.3.7　标示引出对话。

示例:——你长大后想成为科学家吗?

　　　——当然想了!

4.10.3.8　标示事项列举分承。

示例:根据研究对象的不同,环境物理学分为以下五个分支学科:

　　——环境声学;

　　——环境光学;

　　——环境热学;

　　——环境电磁学;

　　——环境空气动力学。

4.10.3.9　用于副标题之前。

示例:飞向太平洋

　　——我国新型号运载火箭发射目击记

4.10.3.10　用于引文、注文后,标示作者、出处或注释者。

示例1:先天下之忧而忧,后天下之乐而乐。

　　　　　　　　——范仲淹

示例2:乐浪海中有倭人,分为百余国。

　　　　　　　　——《汉书》

示例3:很多人写好信后把信笺折成方胜形,我看大可不必。(方胜,指古代妇女戴的方形首饰,用彩绸等制作,由两个斜方部分叠合而成。——编者注)

4.11　省略号

4.11.1　定义

标号的一种,标示语段中某些内容的省略及意义的断续等。

4.11.2　形式

省略号的形式是"……"。

4.11.3　基本用法

4.11.3.1 标示引文的省略。

示例:我们齐声朗诵起来:"……俱往矣,数风流人物,还看今朝。"

4.11.3.2 标示列举或重复词语的省略。

示例1:对政治的敏感,对生活的敏感,对性格的敏感,……这都是作家必须要有的素质。

示例2:他气得连声说:"好,好……算我没说。"

4.11.3.3 标示语意未尽。

示例1:在人迹罕至的深山密林里,假如突然看见一缕炊烟……

示例2:你这样干,未免太……!

4.11.3.4 标示说话时断断续续。

示例:她磕磕巴巴地说:"可是……太太……我不知道……你一定是认错了。"

4.11.3.5 标示对话中的沉默不语。

示例:"还没结婚吧?"

"……"他飞红了脸,更加忸怩起来。

4.11.3.6 标示特定的成分虚缺。

示例:只要……就……

4.11.3.7 在标示诗行、段落的省略时,可连用两个省略号(即相当于十二连点)。

示例1:从隔壁房间传来缓缓而抑扬顿挫的吟咏声——

   床前明月光,疑是地上霜。

   …………

示例2:该刊根据工作质量、上稿数量、参与程度等方面的表现,评选出了高校十佳记者站。还根据发稿数量、提供新闻线索情况以及对刊物的关注度等,评选出了十佳通讯员。

  …………

4.12 着重号

4.12.1 定义

标号的一种,标示语段中某些重要的或需要指明的文字。

4.12.2 形式

着重号的形式是".",标注在相应文字的下方。

4.12.3 基本用法

4.12.3.1 标示语段中重要的文字。

示例1:诗人需要表现,而不是证明。

示例2:下面对本文的理解,不正确的一项是:……

4.12.3.2 标示语段中需要指明的文字。

示例:下边加点的字,除了在词中的读法外,还有哪些读法?

  着急 子弹 强调

4.13 连接号

4.13.1 定义

标号的一种,标示某些相关联成分之间的连接。

4.13.2 形式

连接号的形式有短横线"-",一字线"—"和浪纹线"～"三种。

4.13.3 基本用法

4.13.3.1 标示下列各种情况,均用短横线:

a)化合物的名称或表格、插图的编号。

示例1:3-戊酮为无色液体,对眼及皮肤有强烈刺激性。

示例2:参见下页表2-8、表2-9。

b)连接号码,包括门牌号码、电话号码,以及用阿拉伯数字表示年月日等。

示例3:安宁里东路26号院3-2-11室

示例4:联系电话:010-88842603

示例5:2011-02-15

c)在复合名词中起连接作用。

示例6:吐鲁番-哈密盆地

d)某些产品的名称和型号。

示例7:WZ-10直升机具有复杂天气和夜间作战的能力。

e)汉语拼音、外来语内部的分合。

示例8:shuōshuō-xiàoxiào(说说笑笑)

示例9:盎格鲁-撒克逊人

示例10:让—雅克·卢梭("让—雅克"为双名)

示例11:皮埃尔·孟戴斯—弗朗斯("孟戴斯—弗朗斯"为复姓)

4.13.3.2 标示下列各种情况,一般用一字线,有时也可以用浪纹线:

a)标示相关项目(如时间、地域等)的起止。

示例1:沈括(1031—1095),宋朝人。

示例2:2011年2月3日—10日

示例3:北京—上海特别旅客快车

b)标示数值范围(由阿拉伯数字或汉字数字构成)的起止。

示例4:25～30g

示例5:第五～八课

4.14 间隔号

4.14.1 定义

标号的一种,表示某些相关联成分之间的分界。

4.14.2 形式

间隔号的形式是"·"

4.14.3 基本形式

4.14.3.1 标示外国人名或少数民族人名内部的分界。

示例1:克里斯蒂娜·罗塞娜

示例2:阿依古丽·买买提

4.14.3.2 标示书名与篇(章、卷)名之间的分界。

示例:《淮南子·本经训》

4.14.3.3　标示词牌、曲牌、诗体名等和题名之间的分界。

示例1:《沁园春·雪》

示例2:《天净沙·秋思》

示例3:《七律·冬云》

4.14.3.4　用在构成标题或栏目名称的并列词语之间。

示例:《天·地·人》

4.14.3.5　以月、日为标志的事件或节日,用汉字数字表示时,只在一、十一和十二月后用间隔号;当直接用阿拉伯数字表示时,月、日之间均用间隔号(半角字符)。

示例1:"九一八"事变　"五四"运动

示例2:"一·二八"事变　"一二·九"运动

示例3:"3·15"消费者权益日　"9·11"恐怖袭击事件

4.15　名号

14.15.1　定义

标号的一种,标示语段中出现的各种作品的名称。

4.15.2　形式

书名号的形式有双书名号"《　》"和单书名号"〈　〉"两种。

4.15.3　基本用法

4.15.3.1　标示书名、卷名、篇名、刊物名、报纸名、文件名等。

示例1:《红楼梦》(书名)

示例2:《史记·项羽本记》(卷名)

示例3:《论雷峰塔的倒掉》(篇名)

示例4:《每周关注》(刊物名)

示例5:《人民日报》(报纸名)

示例6:《全国农村工作会议纪要》(文件名)

4.15.3.2　标示电影、电视、音乐、诗歌、雕塑等各类用文字、声音、图像等表现的作品的名称。

示例1:《渔光曲》(电影名)

示例2:《追梦录》(电视剧名)

示例3:《勿忘我》(歌曲名)

示例4:《沁园春·雪》(诗词名)

示例5:《东方欲晓》(雕塑名)

示例6:《光与影》(电视节目名)

示例7:《社会广角镜》(栏目名)

示例8:《庄子研究文献数据库》(光盘名)

示例9:《植物生理学系列挂图》(图片名)

4.15.3.3　标示全中文或中文在名称中占主导地位的软件名。

示例:科研人员正在研制《电脑卫士》杀毒软件。

4.15.3.4　标示作品名的简称。

示例:我读了《念青唐古拉山脉纪行》一文(以下简称《念》),收获很大。

4.15.3.5 当书名号中还需要书名号时,里面一层用单书名号,外面一层用双书名号。

示例:《教育部关于提请审议〈高等教育自学考试试行办法〉的报告》

4.16 专名号

4.16.1 定义

标号的一种,标示古籍和某些文史类著作中出现的特定类专有名词。

4.16.2 形式

专名号的形式是一条直线,标注在相应文字的下方。

4.16.3 基本用法

4.16.3.1 标示古籍、古籍引文或某些文史类著作中出现的专有名词,主要包括人名、地名、国名、民族名、朝代名、年号、宗教名、官署名、组织名等。

示例1:孙坚人马被刘表率军围得水泄不通(人名)

示例2:于是聚集冀、青、幽、并四州兵马七十多万准备决一死战。(地名)

示例3:当时乌孙及西域各国都向汉派遣了使节。(国名、朝代名)

示例4:从咸宁二年到太康十年,匈奴、鲜卑、乌桓等族人徙居塞内。(年号、民族名)

4.16.3.2 现代汉语文本中的上述专有名词,以及古籍和现代文本中的单位名、官职名、事件名、会议名、书名等不应使用专名号。必须使用标号标示时,宜使用其他相应标号(如引号、书名号等)。

4.17 分隔号

4.17.1 定义

标号的一种,标示诗行、节拍及某些相关文字的分隔。

4.17.2 形式

分隔号的形式是"/"。

4.17.3 基本用法

4.17.3.1 诗歌接排时分隔诗行(也可使用逗号和分号,见 4.4.3.1/4.6.3.1)。

示例:春眠不觉晓/处处闻啼鸟/夜来风雨声/花落知多少。

4.17.3.2 标示诗文中的音节节拍。

示例:横眉/冷对/千夫指,俯首/甘为/孺子牛。

4.17.3.3 分隔供选择或可转换的两项,表示"或"。

示例:动词短语中除了作为主体成分的述语动词之外,还包括述语动词所带的宾语和/或补语。

4.17.3.4 分隔组成一对的两项,表示"和"。

示例1:13/14 次特别快车

示例2:羽毛球女双决赛中国组合杜婧/于洋两局完胜韩国名将李孝贞/李敬元。

4.17.3.5 分隔层级或类别。

示例:我国的行政区划分为:省(直辖市、自治区)/省辖市(地级市)/县(县级市、区、自治州)/乡(镇)/村(居委会)。

5　标点符号的位置和书写形式

5.1　横排文稿标点符号的位置和书写形式

5.1.1　句号、逗号、顿号、分号、冒号均置于相应文字之后，占一个字位置，居左下，不出现在一行之首。

5.1.2　问号、叹号均置于相应文字之后，占一个字位置，居左，不出现在一行之首。两个问号（或叹号）叠用时，占一个字位置；三个问号（或叹号）叠用时，占两个字位置；问号和叹号连用时，占一个字位置。

5.1.3　引号、括号、书名号中的两部分标在相应项目的两端，各占一个字位置。其中前一半不出现在一行之末，后一半不出现在一行之首。

5.1.4　破折号标在相应项目之间，占两个字位置，上下居中，不能中间断开分处上行之末和下行之首。

5.1.5　省略号占两个字位置，两个省略号连用时占四个字位置并须单独占一行。省略号不能中间断开分处上行之末和下行之首。

5.1.6　连接号中的短横线比汉字"一"略短，占半个字位置；一字线比汉字"一"略长，占一个字位置；浪纹线占一个字位置。连接号上下居中，不出现在一行之首。

5.1.7　间隔号标在需要隔开的项目之间，占半个字位置，上下居中，不出现在一行之首。

5.1.8　着重号和专名号标在相应文字的下边。

5.1.9　分隔号占半个字位置，不出现在一行之首或一行之末。

5.1.10　标点符号排在一行末尾时，若为全角字符则应占半角字符的宽度（即半个字位置），以使视觉效果更美观。

5.1.11　在实际编辑出版工作中，为排版美观、方便阅读等需要，或为避免某一小节最后一个汉字转行或出现在另外一页开头等情况（浪费版面及视觉效果差），可适当压缩标点符号所占用的空间。

5.2　竖排文稿标点符号的位置和书写形式

5.2.1　句号、问号、叹号、逗号、顿号、分号和冒号均置于相应文字之下偏右。

5.2.2　破折号、省略号、连接号、间隔号和分隔号置于相应文字之下居中，上下方向排列。

5.2.3　引号改用双引号"﹃""﹄"和单引号"﹁""﹂"，括号改用"︵""︶"，标在相应项目的上下。

5.2.4　竖排文稿中使用浪线式书名号"～"，标在相应文字的左侧。

5.2.5　着重号标在相应文字的右侧，专名号标在相应文字的左侧。

5.2.6　横排文稿中关于某些标点不能居行首或行末的要求，同样适用于竖排文稿。

附录四

校对符号及其用法

(GB/T 14706—1993)

1 主题内容与适用范围

本标准规定了校对各种排版校样的专用符号及其用法。

本标准适用于中文(包括少数民族文字)各类校样的校对工作。

2 引用标准

GB9851 印刷技术术语

3 术语

校对符号(proofreader's mark),以特定图形为主要特征的、表达校对要求的符号。

4 校对符号及其用法示例

常用校对符号一览表

改正		提高出版物质量 提	提高出版物质量
删除		提高出版物产要质量	提高出版物质量
增补		必须搞好校工作 对	必须搞好校对工作
换损		坏字和模糊字要调换 ×	坏字和模糊字要调换
改正上下角		$16=42$ 2 H_2SO 4 尼古拉费帝 $0.25+0.25=0$ 5	$16=4^2$ H_2SO_4 尼古拉·费帝 $0.25+0.25=0.5$
转正		你的做法真不对	你的做法真不对
对调		认真经验总结	认真总结经验
转移		校对工作,提高出版物质量要重视	要重视校对工作,提高出版物质量
接排		要重视校对工作, 提高出版物质量	要重视校对工作,提高出版物质量

续上表

另起段		完成了任务。明年……	完成了任务。 明年……
上下移		序号 名称 数量 01　+++　5	序号　名称　数量 01　　+++　　5
左右移	或	要重视校对工作，提高出版物质量	要重视校对工作，提高出版物质量
排齐	‖	必须提高印刷质量，缩短印刷周期	必须提高印刷质量，缩短印刷周期
排阶梯型		RH2	R_{H_2}
正图	↑		
加大空距	∨	一、校对程∨序 校对胶印读物，影印书刊的注意事项	一、校对程序 校对胶印读物，影印书刊的注意事项
减小空距	∧	一、校对程∧序 校对胶印读物，影印书刊的注意事项	一、校对程序 校对胶印读物，影印书刊的注意事项
空 1 字距 空 1/2 字距 空 1/3 字距 空 1/4 字距	⊢⊣ ⊣⊢ ⊢⊣ ⊣⊢	第一章校对职责和方法	第一章　校对职责和方法
分开	Y	Goodmorning	Good morning
保留	△	认真摘好校对工作	认真摘好校对工作
代替	○ =	机器是由许多零件组成，有的零件是铸出来的，有的零件是锻出来的，有的零件是……	机器是由许多零件组成，有的零件是铸出来的，有的零件是锻出来的，有的零件是……
说明	…	第一章 校对的责任　改黑体	**第一章　校对的责任**

5　使用要求

5.1　校对校样，必须用色笔（黑水笔、圆珠笔等）书写校对符号和示意改正的字符，但是不能用灰色铅笔书写。

5.2　校样上改正的字符要书写清楚。校对外文，要用印刷体。

5.3　校样中的校对引线要从行间画出。墨色相同的校对引线不可交叉。

本标准从 1994 年 7 月 1 日起实施

附录五

出版物上数字用法

（GB/T 15835—2011）

1 范围

本标准规定了出版物上汉字数字和阿拉伯数字的用法。

本标准适用于各类出版物（文艺类出版物的重排古籍除外）。政府和企事业单位公文，以及教育、媒体和公共服务领域的数字用法，也可参照本标准执行。

2 规范性引用文件

下列文件对于本文件的应用是必不可少的。凡是注日期的引用文件，仅注日期的版本适用于本文件。凡是不注日期的引用文件，其最新版本（包括所有的修改单）适用于本文件。

GB/T 7408—2005　数据元和交换格式　信息交换　日期和时间表示法

3 术语和定义

下列术语和定义适用于本文件。

3.1　计量　measuring

将数字用于加、减、乘、除等数学运算。

3.2　编号　numbering

将数字用于为事物命名或排序，但不用于数字运算。

3.3　概数　approximate number

用于模糊计量的数字。

4 数字形式的选用

4.1　选用阿拉伯数字

4.1.1　用于计量的数字

在使用数字进行计量的场合，为达到醒目、易于辨识的效果，应采用阿拉伯数字。

示例1：-125.03　34.05%　63%～68%　1∶500　97/108

当数值伴随有计量单位时，如：长度、容积、面积、体积、质量、温度、经纬度、音量、频率等等，特别是当计量单位以字母表达时，应采用阿拉伯数字。

示例2：523.56km（523.56千米）　346.87L（346.87升）　5.34m^2（5.34平方米）　567mm^3（567立方毫米）　605g（605克）　100～150kg（100～150千克）　34～39℃（34～39摄氏度）　北纬40°（40度）　120dB（120分贝）

4.1.2　用于编号的数字

在使用数字进行编号的场合，为达到醒目、易于辨识的效果，应采用阿拉伯数字。

示例:电话号码:98888
邮政编码:100871
通信地址:北京市海淀区复兴路11号
电子邮件地址:X186@186.net
网页地址:http://127.0.0.1
汽车号牌:京　A00001
公交车号:302路公交车
道路编号:101国道
公文编号:国办发[1987]9号
图书编号:ISBN 978-7-80184-224-4
刊物编号:CN11-1399
章节编号:4.1.2
产品型号:PH—3000型计算机
产品序列号:C84XB-JYVFD-P7HC4-6XKRJ-7M6XH
单位注册号:02050214
行政许可登记编号:0684D10004-828

4.1.3　已定型的含阿拉伯数字的词语

现代社会生活中出现的事物、现象、事件,其名称的书写形式中包含阿拉伯数字,已经广泛使用而稳定下来,应采用阿拉伯数字。

示例:3G手机　MP3播放器　G8峰会　维生素B_{12}　97号汽油　"5·27"事件　"12·5"枪击案

4.2　选用汉字数字

4.2.1　非公历纪年

干支纪年、农历月日、历史朝代纪年及其他传统上采用汉字形式的非公历纪年等等,应采用汉字数字。

示例:丙寅年十月十五日　庚辰年八月五日　腊月二十三　正月初五　八月十五中秋　秦文公四十四年　太平天国庚申十年九月二十四日　清咸丰十年九月二十日　藏历阳木龙年八月二十六日　日本庆应三年

4.2.2　概数

数字连用表示的概数、含"几"的概数,应采用汉字数字。

示例:三四个月　一二十个　四十五六岁　五六万套　五六十年前　几千　二十几　一百几十　几万分之一

4.2.3　已定型的含汉字数字的词语

汉语中长期使用已经稳定下来的包含汉字数字形式的词语,应采用汉字数字。

示例:万一　一律　一旦　三叶虫　四书五经　星期五　四氧化三铁　八国联军　七上八下　一心一意　不管三七二十一　一方面　二百五　半斤八两　五省一市　五讲四美　相差十万八千里　八九不离十　白发三千丈　不二法门　二八年华　五四运动　"一·二八"事变　"一二·九"运动

4.3 选用阿拉伯数字与汉字数字均可

如果表达计量或编号所需要用到的数字个数不多,选择汉字数字还是阿拉伯数字在书写的简洁性和辨识的清晰性两方面没有明显差异时,两种形式均可使用。

示例1:17号楼(十七号楼)　3倍(三倍)　第5个工作日(第五个工作日)　100多件(一百多件)　20余次(二十余次)　约300人(约三百人)　40左右(四十左右)　50上下(五十上下)　50多人(五十多人)　第25页(第二十五页)　第8天(第八天)　第4季度(第四季度)　第45份(第四十五份)　共235位同学(共二百三十五位同学)　0.5(零点五)　76岁(七十六岁)　120周年(一百二十周年)　1/3(三分之一)　公元前8世纪(公元前八世纪)　20世纪80年代(二十世纪八十年代)　公元253年(公元二五三年)　1997年7月1日(一九九七年七月一日)　下午4点40分(下午四点四十分)　4个月(四个月)　12天(十二天)

如果要突出简洁醒目的表达效果,应使用阿拉伯数字;如果要突出庄重典雅的表达效果,应使用汉字数字。

示例2:北京时间2008年5月12日14时28分

十一届全国人大一次会议(不写为"11届全国人大1次会议")

六方会谈(不写为"6主会谈")

在同一场合出现的数字,应遵循"同类别同形式"原则来选择数字的书写形式。如果两数字的表达功能类别相同(比如都是表达年月日时间的数字),或者两数字在上下文中所处的层级相同(比如文章目录中同级标题的编号),应选用相同的形式。反之,如果两数字的表达功能不同,或所处层级不同,可以选用不同的形式。

示例3:2008年8月8日　二〇〇八年八月八日(不写为"二〇〇八年8月8日")

第一章　第二章……第十二章(不写为"第一章　第二章……第12章")

第二章的下一级标题可以用阿拉伯数字编号:2.1,2.2,……

应避免相邻的两个阿拉伯数字造成歧义的情况。

示例4:高三3个班　高三三个班　(不写为"高33个班")

高三2班　高三(2)班　(不写为"高32班")

有法律效力的文件、公告文件或财务文件中可同时采用汉字数字和阿拉伯数字。

示例5:2008年4月保险账户结算日利率为万分之一点五七五零(0.015750％)

35.5元(35元5角　三十五元五角　叁拾伍圆伍角)

5 数字形式的使用

5.1 阿拉伯数字的使用

5.1.1 多位数

为便于阅读,四位以上的整数或小数,可采用以下两种方式分节:

——第一种方式:千分撇

整数部分每三位一组,以","分节。小数部分不分节。四位以内的整数可以不分节。

示例1:624,000　92,300,000　19,351,235.235767　1256

——第二种方式:千分空

从小数点起,向左和向右每三位数字一组,组间空四分之一个汉字,即二分之一个阿拉伯数字的位置。四位以内的整数可以不加千分空。

示例2:55 235 367.346 23   98 235 358.238 368

注:各科学技术领域的多位数分节方式参照 GB 3101—1993 的规定执行。

5.1.2 纯小数

纯小数必须写出小数点前定位的"0",小数点是齐阿拉伯数字底线的实心点"."。

示例:0.46 不写为.46 或 0。46

5.1.3 数值范围

在表示数值的范围时,可采用浪纹式连接号"～"或一字线连接号"—"。前后两个数值的附加符号或计量单位相同时,在不造成歧义的情况下,前一个数值的附加符号或计量单位可省略。如果省略数值的附加符号或计量单位会造成歧义,则不应省略。

示例:−36～−8℃   400—429 页   100—150kg   12 500～20 000 元   9 亿～16 亿(不写为 9～16 亿)   13 万元～17 万元(不写为 13～17 万元)   15%～30%(不写为 15～30%) $4.3×10^6$～$5.7×10^6$(不写为 4.3～$5.7×10^6$)

5.1.4 年月日

年月日的表达顺序应按照口语中年月日的自然顺序书写。

示例1:2008 年 8 月 8 日   1997 年 7 月 1 日

"年""月"可按照 GB/T 7408—2005 的 5.2.1.1 中的扩展格式,用"−"替代,但年月日不完整时不能替代。

示例2:2008-8-8   1997-7-1   8 月 8 日(不写为 8-8)   2008 年 8 月(不写为 2008-8)

四位数字表示的年份不应简写为两位数字。

示例3:"1990 年"不写为"90 年"

月和日是一位数时,可在数字前补"0"。

示例4:2008-08-08   1997-07-01

5.1.5 时分秒

计时方式既可采用 12 小时制,也可采用 24 小时制。

示例1:11 时 40 分(上午 11 时 40 分)   21 时 12 分 36 秒(晚上 9 时 12 分 36 秒)

时分秒的表达顺序应按照口语中时、分、秒的自然顺序书写。

示例2:15 时 40 分   14 时 12 分 36 秒

"时""分"也可按照 GB/T 7408—2005 的 5.3.1.1 和 5.3.1.2 中的扩展格式,用":"替代。

示例3:15:40   14:12:36

5.1.6 含有月日的专名

含有月日的专名采用阿拉伯数字表示时,应采用间隔号"·"将月、日分开,并在数字前后加引号。

示例:"3·15"消费者权益日

5.1.7 书写格式

5.1.7.1 字体

出版物中的阿拉伯数字,一般应使用正体二分字身,即占半个汉字位置。
示例:234 57.236

5.1.7.2 换行
一个用阿拉伯数字书写的数值应在同一行中,避免被断开。

5.1.7.3 竖排文本中的数字方向
竖排文字中的阿拉伯数字按顺时针方向转90度。旋转后要保证同一个词语单位的文字方向相同。
示例:

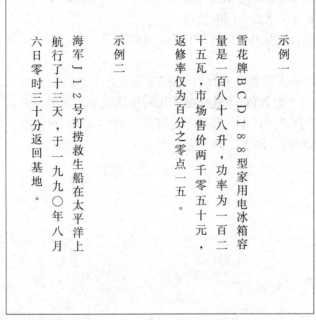

5.2 汉字数字的使用

5.2.1 概数
两个数字连用表示概数时,两数之间不用顿号"、"隔开。
示例:二三米 一两个小时 三五天 一二十个 四十五六岁

5.2.2 年份
年份简写后的数字可以理解为概数时,一般不简写。
示例:"一九七八年"不写为"七八年"

5.2.3 含有月日的专名
含有月日的专名采用汉字数字表示时,如果涉及一月、十一月、十二月,应用间隔号"·"将表示月和日的数字隔开,涉及其他月份时,不用间隔号。
示例:"一·二八"事变 "一二·九"运动 五一国际劳动节

5.2.4 大写汉字数字
——大写汉字数字的书写形式
零、壹、贰、叁、肆、伍、陆、柒、捌、玖、拾、佰、仟、万、亿

——大写汉字数字的适用场合

法律文书和财务票据上，应采用大写汉字数字形式记数。

示例：3,504元（叁仟伍佰零肆圆）　39,148元（叁万玖仟壹佰肆拾捌圆）

5.2.5　"零"和"〇"

阿拉伯数字"0"有"零"和"〇"两种汉字书写形式。一个数字用作计量时，其中"0"的汉字书写形式为"零"，用作编号时，"0"的汉字书写形式为"〇"。

示例："3052（个）"的汉字数字形式为"三千零五十二"（不写为"三千〇五十二"）

"95.06"的汉字数字形式为"九十五点零六"（不写为"九十五点〇六"）

"公元2012（年）"的汉字数字形式为"二〇一二"（不写为"二零一二"）

5.3　阿拉伯数字与汉字数字同时使用

如果一个数值很大，数值中的"万""亿"单位可以采用汉字数字，其余部分采用阿拉伯数字。

示例1：我国1982年人口普查人数为10亿零817万5 288人

除上面情况之外的一般数值，不能同时采用阿拉伯数字与汉字数字。

示例2：108可以写作"一百零八"，但不应写作"1百零8""一百08"

4 000可以写作"四千"，但不应写作"4 千"

附录六

国务院公文主题词表

（国务院办公厅秘书局　一九九七年十二月修订）

使用说明

为适应办公现代化的要求，便于计算机检索和管理公文，特编制《国务院公文主题词表》（以下简称词表）。词表主要用于标引国务院、国务院办公厅印发的文件和各地区、各部门上报国务院及其办公厅的文件。

一、编制原则

（一）词表结构务求合乎逻辑，具有较宽的涵盖面，便于使用。

（二）词表体现文档管理一体化的原则，即词表中主题词的区域分类别词可分别作为档案分类中的大类和属类。

二、体系结构

（一）词表共由15类1049个主题，分为主表和附表两大部分，主表有13类751个主题词，附表有2类298个主题词。词表分为三个层次。第一层是对主题词区域的分类，如"综合经济"、"财政、金融"类等。第二层是类别词，即对主题词的具体分类，如"工交、能源、邮电"类中的"工业"、"交通"、"能源"和"邮电"等。第三层是类属词，如"体制"、"职能"、"编制"等。第二层和第三层统称为主题词，用于文件的标引。

（二）1988年12月和1994年4月修订的词表中曾列入本词表中而不再继续用作标引的主题词，用黑体单列在区域分类的最后部分。

三、标引方法

（一）一份文件的标引，除类别词外最多不超过5个主题词。主题词标在文件的抄送栏之上，顶格写。

（二）标引顺序是先标类别词，再标类属词。在标类属词时，先标反映文件内容的词，最后标反映文件形式的词，如《国务院关于加强水土保持工作的通知》，先标类别词"农业"，再标类属词"水土保持"，最后标上"通知"。

（三）一份文件如有两个以上的主题内容，先集中对一个主题内容进行标引；再对第二个主题内容进行标引。如《国务院关于在若干城市试行国有企业兼并破产和职工再就业有关问题的通知》，先标反映第一个主题内容的类别词"经济管理"，再标类属词"企业"、"破产"；然后标反映第二个主题内容的类别词"劳动"，再标类属词"就业"，最后标"通知"。

（四）根据需要，可将不同类的主题词进行组配标引。如《国务院关于"九五"期间深化科学技术体制改革的决定》，可标"科技、体制、改革、决定"。

(五)当词表中找不出准确反映文件主题内容的类属词时,可以在类别中选择适当的词标引。同时将能够准确反映文件内容的词标在类属词的后面,并在该词的后面加"△"以便区别。

(六)列在区域分类最后,用黑体标出的主题词只供检索用,不再用作标引。

(七)附表中的主题词与主表中的主题词具有同等效力,标引方法相同,不同的是,如果附表中所列的国家、地区的实际名称发生了变化,使用本表的各单位可先按照变化后的标准名称进行修改和使用。国务院办公厅秘书局将定期修订附表。

四、词表管理

(一)本词表由国务院办公厅秘书局负责管理和解释,具体工作由档案数据处承办。

(二)本词表自1998年2月1日起执行,1994年4月修订的词表同时废止。

国务院《公文主题词表》

01 综合经济(77个)

01A 计划

规划,统计,指标,分配,统配,调拨

01B 经济管理

经济 管理 调整 调控 控制 结构 制度 所有制 股份制 责任制 流通 产业 行业 改革 改造 竞争 兼并 开放 开发 协作 资源 土地 资产 资料 产权 物价 价格 投资 招标 经营 生产 转产 项目 产品 质量 承包 租赁 合同 包干 国有 国营 私营 集体 个体 企业 公司 集团 合作社 普查 工商 标 注册 广告 监督 增产 效益 节约 浪费 破产 亏损 特区 开发区 保税区 展销 展览 商品化 横向联系 第三产业 生产资料

02 工交、能源、邮电(69个)

02A 工业

冶金 钢铁 地矿 机械 汽车 电子 电器 仪器 仪表化工 航天 航空 核工 船舶 兵器 军区 轻工 有色金属 盐业 食品 印刷 包装 手工业 纺织 服装 丝绸 设备原料 材料 加工

02B 交通

铁路 公路 桥梁 民航 机场 航线 航道 空中管制 飞机 港口 码头 口岸 车站 车辆 运输 旅客

02C 能源

石油 煤炭 电力 燃料 天然气 煤气 沼气

02D 邮电

通信 电信 邮政 网络 数据 民品 厂矿 空运 三线 通讯 水运 运费

03 旅游、城乡建设、环保(42个)

03A 旅游

03B 服务业

饮食业 宾馆

03C 城乡建设
城市　乡镇　基建　建设　建筑　建材　勘察　测绘　设计　市政　公用事业　监理　环卫　征地　工程　房地产　房屋　住宅　装修　设施　出让　转让　风景名胜　园林　岛屿

03D 环保
保护区　植物　动物　污染　生态　生物　风景　饭店　城乡　国土　沿海

04 农业、林业、水利、气象(56个)

04A 农业
农村　农民　农民负担　农场　农垦　粮食　棉花　油料　生猪　蔬菜　糖料　烟草　水产　渔业　水果　经济作物　农副产品　副业　畜牧业　乡镇企业　农膜　种子　化肥　农药　饲料　灾害　以工代赈　扶贫

04B 林业
绿化　木材　森林　草原　防沙治沙

04C 水利
河流　湖泊　滩涂　水库　水域　流域　水土保持　节水　防汛　抗旱　三峡

04D 气象
气候　预报　预测　烟酒　土特产　有机肥　多种经营　牧业

05 财政、金融(57个)

05A 财政
预算　决算　核算　收支　财务　会计　税务　税率　审计　债务　积累　经费　集资　收费　资金　基金　租金　拨款　利润　补贴　折旧费　附加费　固定资产

05B 金融
银行　货币　黄金　白银　存款　贷款　信贷　贴现　通货膨胀　交易　期货　利率　利息　贴息　外汇　外币　汇率　债券　证券　股票　彩票　信托　保险　赔偿　信用社　现金　留成　流动资金　储蓄　费用　侨汇　折旧率

06 贸易(62个)

06A 商业
商品　物资　收购　定购　购置　市场　集贸　酒类　副食品　日用品　销售　消费　批发　供应　零售　拍卖　专卖　订货　营业　仓库　储备　储运　货物

06B 外贸
对外援助　军贸　进口　出口　引进　海关　缉私　仲裁　商检　外商　外资　合资　合作　关贸　许可证　驻外企业　贸易　倒卖　外向型　议购　议售　垄断　经贸　贩运　票证　外经　交易会

07 外事(42个)

07A 外交
对外政策　对外关系　领土　领空　领海　外交人员　建交　公约　大使　领事　条约　协定　协议　议定书　备忘录　照会　国际　涉外事务　抗议

07B 外事

国际会议　国际组织　对外宣传　出访　出国　出入境　签证　护照　邀请　来访　谈判　会谈　会见　接见　招待会　宴会　外国人　外宾　对外友协　外国专家　涉外

08 公安、司法、监察(46个)

08A 公安

警察　武警　警衔　治安　非法组织　安全　保卫　禁毒　消防　防火　检查　扫黄　案件　处罚　户口　证件　事件　危险品　游行　海防　边防　边界　边境

08B 司法

政法　法制　法律　法院　律师　检察　程序　公证　劳改　劳教　监狱

08C 监察

廉政建设　审查　纪检　执法　行贿　受贿　贪污　处分　侦破

09 民政、劳动人事(85个)

09A 民政

基层政权　选举　行政区划　地名　人口　双拥工作　社会保障　社团　救灾　救济　募捐　婚姻　移民　抚恤　慰问　调解　老龄问题　烈士　纠纷　残疾人　基地　殡费　社区服务

09B 机构

驻外机构　体制　职能　编制　精简　更名

09C 人事

行政人员　干部　公务员　考核　录用　职工　家属　子女　知识分子　专家　参事　院士　文史馆员　履历　聘任　任免　辞退　退职　职称　待遇　离休　退休　交流　安置　调配　模范　表彰　奖励

09D 劳动

就业　失业　招聘　合同制　工人　保护　劳务　第二职业　事故

09E 工资

津贴　奖金　福利　收入　老年　简历　劳资　人才　招工　待业　补助　拥军优属　丧葬　奖惩

10 科、教、文、卫、体(73个)

10A 科技

科学　技术　科普　科研　鉴定　标准　计量　专利　发明　实验　情报　计算机　自动化　信息　卫星　地震　海洋

10B 教育

学校　教师　招生　学生　培训　毕业　学位　留学　教材　校办企业

10C 文化

文字　文史　文学　语言　艺术　古籍　图书　宣传　广播　电视　电影　出版　版权　报刊　新闻　音像　文物　古迹　纪念物　电子出版物

10D 卫生

医院　中医　医疗　医药　药材　防疫　疾病　计划生育　妇幼保健　检验　检疫

10E 体育

运动员 教练员 运动会 比赛 馆所 院校 校舍 地方志 软科学 社科

11 国防(24个)

11A 军事

军队 国防 空军 海军 征兵 服役 转业 民兵 预备役 军衔 复员 文职 后勤 装备 战备 作战 训练 防空 军需 武器 弹药 入伍 退伍

12 秘书、行政(74个)

12A 文秘工作

机关 国旗 国徽 机要 印章 信访 督察 保密 公文 档案 会议 文件 秘书 电报 提案 议案 谈话 讲话 总结 批示 汇报 建议 意见 文章 题词 章程 条例 办法 细则 规定 方案 布告 决议 命令 决定 指示 公告 通告 通知 通报 报告 请示 批复 函 会议纪要

12B 行政事务

行政 工作制度 纪念活动 庆典活动 休假 节假日 着装 参观 接待 措施 调查 视察 考察 礼品 馈赠 服务 出席 发言 转发 名单 批准 审批 信函 事务 活动 纪要 督察

13 综合党团(54个)

13A 党派团体

共产党 民主党派 共青团 团体 工会 协会学会 民间组织 文联 学联 妇女 儿童 基金会

13B 统战

政协 民主人士 爱国人士

13C 民族

民族区域自治 民主事务

13D 宗教

寺庙

13E 侨务

外籍华人 归侨 侨乡

13F 港澳台

香港问题 澳门问题 台湾问题

13G 综合

整顿 形势 社会 精神文明 法人 发展 其他 试点 推广 青年 政治 范围 党派 组织 领导 方针 政策 党风 事业 咨询 中心 清除

附 表

01 中国行政区域(54个)

01A 华北地区

北京 天津 河北 山西 内蒙古

01B 东北地区

辽宁　吉林　黑龙江

01C 华东地区

上海　江苏　浙江　安徽　福建　江西　山东

01D 中南地区

河南　湖北　湖南　广东　广西　海南

01E 西南地区

四川　贵州　云南　西藏　重庆

01F 西北地区

陕西　甘肃　青海　宁夏　新疆

01G 台湾

01H 香港

01I 澳门

哈尔滨　沈阳　大连　青岛　厦门　宁波　武汉　广州　深圳　海南岛　西安
单列市　省市　自治区

02　世界行政区域（244个）

02A 亚洲

中国　蒙古　朝鲜　韩国　日本　越南　老挝　柬埔寨　缅甸　泰国　马来西亚
新加坡　文莱　菲律宾　印度尼西亚　东帝汶　尼泊尔　锡金　不丹　孟加拉国
印度　斯里兰卡　马尔代夫　哈萨克斯坦　吉尔吉斯斯坦　塔吉克斯坦　乌兹别克斯坦
格鲁吉亚　土库曼斯坦　阿塞拜疆　亚美尼亚　巴基斯坦　阿富汗　伊朗　科威特　沙
特阿拉伯　巴林　卡塔尔　阿联酋　阿曼　也门　伊拉克　叙利亚　黎巴嫩　约旦　巴
勒斯坦　以色列　塞浦路斯　土耳其

02B 欧洲

冰岛　法罗群岛　丹麦　挪威　瑞典　芬兰　爱沙尼亚　拉脱维亚　立陶宛　俄罗斯
白俄罗斯　乌克兰　摩尔多瓦　波兰　捷克　斯洛伐克　匈牙利　德国　列支敦士登
瑞士　荷兰　奥地利　比利时　卢森堡　英国　爱尔兰　法国　摩纳哥　安道尔　西班
牙　葡萄牙　意大利　梵蒂冈　圣马力诺　马耳他　南斯拉夫　斯洛文尼亚　克罗地亚
波黑　马其顿　罗马尼亚　保加利亚　阿尔巴尼亚　希腊

02C 非洲

埃及　利比亚　突尼斯　阿尔及利亚　摩洛哥　西撒哈拉　毛里塔尼亚　塞内加尔
马里　冈比亚　布基纳法索　佛得角　几内亚比绍　几内亚　塞拉利昂　利比里亚
科特迪瓦　加纳　多哥　贝宁　尼日利亚　喀麦隆　赤道几内亚　乍得　中非　苏丹
埃塞俄比亚　吉布提　索马里　肯尼亚　乌干达　坦桑尼亚　卢旺达　布隆迪　刚果
加蓬　刚果民主共和国　厄立特里亚　圣多美和普林西比　安哥拉　赞比亚　马拉维
莫桑比克　科摩罗　马达加斯加　塞舌尔　毛里求斯　留尼汪　津巴布韦　博茨瓦纳
纳米比亚　南非　斯威士兰　莱索托　圣赫勒拿

02D 大洋洲

澳大利亚　新西兰　巴布亚新几内亚　所罗门群岛　瓦努阿图　新喀里多尼亚　斐济　基里

巴斯　瑙鲁　密克罗尼西亚联邦　马绍尔群岛共和国　帕劳　西萨摩亚　美属萨摩亚　北马里亚纳群岛自由联邦　瓦利斯群岛和富图纳群岛　图瓦卢　纽埃　托克劳　库克群岛　汤加　法属波利尼西亚　皮特凯恩群岛

02E 美洲

格陵兰　加拿大　圣皮埃尔岛和密克隆　美国　百慕大　墨西哥　危地马拉　伯利兹　萨尔瓦多　洪都拉斯　尼加拉瓜　哥斯达黎加　巴拿马　巴哈马　开曼群岛　牙买加　特克斯群岛和凯科斯群岛　古巴　海地　波多黎各　美属维尔京群岛　英属维尔京群岛　圣其茨和　尼维斯　安圭拉　安提瓜和巴布达　蒙特塞拉特　瓜德罗普　多米尼克　马提尼克　圣卢西亚　圣文森特和格林纳丁斯　巴巴多斯　特立尼达和多巴哥　荷属安的列斯　阿鲁巴　格林纳达　哥伦比亚　委内瑞拉　圭亚那　苏里南　法属圭亚那　厄瓜多尔　秘鲁　巴西　玻利维亚　智利　阿根廷　巴拉圭　乌拉圭　留尼汪岛　圣赫勒那岛和阿森林松岛等　贝劳　马绍尔群岛　北马里亚纳群岛　东萨摩亚　圣皮埃尔和密克隆群岛　百幕大群岛　多米尼加共和国　多米尼加联邦　荷属安的列斯群岛

附录七

中国铁路工程总公司公文主题词表

(2005年12月制订)

一、综合(166)

1. 政务工作(122)

函 办公 信访 办法 报告 资料 保密 备案 变更 布告 材料 程序 处理
传真 措施 分工 档案 电报 要点 研究 整顿 章程 意见 印章 修改 议案
调查 调研 督查 法规 法律 范围 反馈 方案 分析 制度 改革 纲要 工作
公报 公告 公文 治理 规定 规范 规划 规则 规章 归档 安排 会议 汇报
活动 基础 计划 机关 机要 纪律 指示 纪要 记录 检查 简报 建议 监督
讲话 结构 精简 经验 决定 决议 考核 控制 联合 领导 论文 秘书 密码
信息 行政 名单 目标 年鉴 普及 批复 批示 启用 请示 总结 指导 审核
审批 时间 史志 事件 试点 视察 谈话 值班 提纲 体制 条例 调整 通报
通告 通知 文件 文书 细则 协调 协商 协议 协作 办公室 主题词 大事记
命令(令) 电子公文 电子资料 电子档案 电子文件

2. 事务工作(44)

义务 医院 保健 比赛 传染 儿童 房屋 防疫 妇幼 后勤 医疗 演习 修缮
献血 疾病 着装 接待 卫生 节水 检验 康复 考察 礼品 礼仪 总务 女工
庆典 契约 人防 食堂 食物 中毒 生活 福利 宿舍 体检 预防 幼儿园 节
假日 土地管理 计划生育 爱国卫生 红十字会

二、管理(266)

3. 企业管理(48)

整合 业绩 营业 战略 资质 管理 产权 产业 重组 撤销 策划 代理 担保
等级 董事 辅业 改制 改组 工商 购并 委托 股权 行业 合并 合同 合资
揭牌 监事 投资 执照 联营 上市 认证 注册 商标 标准化 企业家 股份制
监事会 委员会 责任制 所有制 主辅分离 驻外机构 BT项目 BOT项目 现代
企业制度

4. 人力资源管理(104)

安置 毕业 专家 表彰 保险 补助 成人 辞退 辞职 待业 待遇 调动 调配
定额 定员 分配 干部 助勤 工资 工龄 工伤 工种 公寓 挂职 函授 计件

机构 技能 鉴定 家属 技校 假期 奖惩 奖金 奖励 教材 教师 教育 缴纳
解除 津贴 就业 进修 晋升 开除 考勤 考试 考研 劳动 劳模 劳务 离岗
离休 履历 录取 民工 职能 招工 职工 培训 培养 聘任 评审 评选 评议
任免 人才 任职 上岗 自考 实习 失业 收入 退休 推荐 外语 下岗 先进
休假 薪酬 选拔 子女 学历 学生 学位 学校 语种 增补 招聘 招生 证书
职教 职称 资格 评定 政审 养老 毕业生 年薪制 公务员 内部退养 工效挂
钩 大病统筹

5. 财务 审计(55)

流失 资金 补贴 拨款 专题 成本 贷款 风险 责任 折旧 资产 资本 债务
核算 货币 豁免 基金 绩效 经费 决算 会计 快报 利润 利息 离任 流动
内控 赔偿 银行 债券 清欠 信贷 信托 融资 租金 收支 税务 销售 外汇
现金 债权 款源 差旅费 管理费 所得税 备用金 拨改贷 工程款 国有资产
固定资产 清产核资 企业年金 住房公积金

6. 经营 统计(23)

标书 定额 费率 分劈 费用 预算 价格 经济 结算 调价 指标 招标 取费
任务 造价 投标 合同额 总承包 建筑业 营业额 劳动生产率

7. 企业文化(17)

标志 道德 准则 精神 作风 宗旨 理念 品牌 识别 使命 形象 哲学 行为
信念 价值观 文明工地

8. 法律事务(19)

政法 仲裁 法制 法院 公证 检察 监狱 律师 劳改 劳教 民事 普法 权益
授权 诉讼 审判 刑事 法律顾问

三、生产(238)

9. 工程(60)

安装 爆破 病害 差价 拆迁 产值 转包 地铁 整治 调度 冬期 发包 分包
改建 工地 工法 工程 公路 缓建 交底 基建 建设 建筑 进度 竣工 扩建
扩能 开工 临建 铺轨 桥梁 轻轨 施工 生产 设施 市政 隧道 提速 铁路
停建 通信 新建 项目 住宅 装修 业主 信号 汛期 验收 移交 养护 征地
高速 临管 电气化 接触网 项目法 项目经理 隐蔽工程

10. 科技(43)

编码 标准 病毒 成果 磁卡 创造 电子 发明 革新 改造 攻关 规程 研发
硬件 专利 引进 计量 技术 学术 交流 课题 科学 科普 科研 系统 联网
情报 软件 协会 数据 试验 实验 挖潜 网站 网页 网络 许可证 特许证
软科学 自动化 合理化 计算机

11. 安全(35)

瓦斯 爆炸 保护 指令 整改 车辆 道路 防火 防护 环保 用品 追尾 消防
伤亡 环境 环卫 火灾 隐患 污染 检审 健康 净化 交通 救援 人身 违章
事故 预案 机动车 驾驶员 危险源 标准工地 压力容器 防暑降温

12. 质量(10)

保修 保证 创优 改进 优质 手册 体系 通病 鲁班奖 自律 举报 廉政
平反 申辩 审查 双规 审理 受贿 贪污 行贿 协办 效能 政纪 专项治理

13. 物资 设备(50)

保养 保管 报废 备件 仓储 柴油 仓库 车轮 采购 大修 电器 盾构 防腐
维修 钢材 更新 供应 购置 机械 价差 战备 节约 建材 检测 节能 金属
木材 能源 评估 拍卖 配件 汽车 汽油 燃料 运输 租赁 水泥 市场 使用
调剂 扣件 轨枕 挖掘机 凿岩机 润滑油 非金属 架桥机 自备车

14. 勘测 设计 咨询(17)

测绘 测量 图纸 选线 地质 走向 监理 遥测 水文 勘察 遥感 任务书 初
步设计 可行性研究

15. 工业(23)

产品 产量 车间 道岔 动力 铸造 工厂 工具 工艺 规模 转产 焊接 机器
加工 制造 修理 仪表 仪器 原料 钢梁 钢结构 生产线

四、党群(107)

16. 党务工作 工会 共青团(80)

征文 团员 报刊 支部 事迹 调解 称号 党费 新闻 党员 组织 达标 慰问
稳定 党风 党委 党校 党性 党建 党籍 党课 党龄 党史 党章 登记 电视
典型 发展 抚恤 妇女 演讲 宣传 救灾 纠纷 广播 救济 政策 纪念 宗教
竞赛 募捐 提案 文化 学习 选举 疗养 民族 扶贫 侨务 荣誉 统战 共产
党 党代会 联络员 红旗手 生活会 党委会 团委会 党工委 研究会 职代会
送温暖 劳动竞赛 三会一课 民主管理 精神文明 社会保障 理论教育 民主党派
双拥工作 积极分子 厂务公开 爱国主义 职工之家 关心下一代 先进工作者 思
想政治工作

17. 纪检 监察(27)

处分 初查 惩处 党纪 腐败 复查 复审 核定 回避 执法

五、其他(81)

18. 公安 综合治理(43)

案件 案例 帮教 保卫 保安 边防 处罚 侦破 逮捕 犯罪 防止 防盗 非法

服役 复员 管辖 国防 户口 征兵 转业 禁毒 警察 警衔 警械 拘留 联防 民兵 治安 人武 扫黄 守护 通缉 武器 证件 武警 训练 游行 严打 危险品 预备役 基干民兵

19. 外事(22)

协定 邀请 边界 边境 出国 外资 翻译 访问 国际 海关 会谈 会见 护照 签证 商务 援助 谈判 外宾 外商 出入境 备忘录

20. 多元经济(16)

宾馆 餐饮 旅游 商贸 物业 娱乐 饭店 服务 集体 房地产 集体经济 集体企业 多种经营 第三产业 私营房地产

附录八

应用文常用术语

用语名称	作用	常用特定用语
开端用语	主要用于文章开头,表示发语、引据	为、为了、为着、查、接、顷接、根据、据、遵照、依照、按、鉴于、关于、兹、兹定于、今、随着、由于
称谓用语	用于表示人称或对单位的称谓	第一人称:我、我单位、本人、本公司、我们。 第二人称:你、你局、贵公司。 第三人称:他、该公司、该项目
递送用语	用于表示文、物递送方向	上行:报、呈。 平行:送。 下行:发、颁发、颁布、印发、发布、下达
引叙用语	用于复文引据	悉、接、顷接、据、收悉
拟办用语	用于审批拟办	拟办:责成、交办、试办、办理、执行。 审批:同意、照办、批准、可行、原则同意
经办用语	用于表明进程	经、业经、已经、兹经
过渡用语	用于承上启下	鉴于、为此、对此,为使、对于、关于
期请用语	用于表示期望请求	上行:请、恳请、拟请、特请。 平行:请、拟请、特请、务请、如蒙。 下行:希、望、尚望、请、希予、勿误

参考文献

[1] 陈宇典.当代应用文书写作[M].广州:暨南大学出版社,2003.
[2] 朱悦雄.新应用文写作[M].广州:广东高等教育出版社,2003.
[3] 白焕然.应用写作[M].北京:中国政法大学出版社,2005.
[4] 胡大奎.应用文学联指导[M].北京:高等教育出版社,1998.
[5] 孙绍玲.应用文写作[M].辽宁:东北财经大学出版社,2006.
[6] 戴夏燕,辛华.应用文写作[M].陕西:西北大学出版社,2006.
[7] 黄瑞泉.铁路应用文[M].北京:海洋出版社,1990.
[8] 霍唤民.应用写作[M].北京:中央广播电视大学出版社,2002.
[9] 温迎军.新编现代应用文写作全书[M].北京:河北教育出版社,2004.
[10] 孟虹,张忍华.应用文情境写作[M].北京:电子工业出版社,2011.
[11] 梁基鹏.土木工程应用文写作[M].成都:西南交通大学出版社,2010.